职业教育现代殡葬技术与管理专业系列教材

殡葬社会工作

周晓光　胡　玲　主编

何振锋　主审

 化学工业出版社

·北京·

内容提要

本书以殡葬社会工作的实际操作为主线，系统介绍了殡葬社会工作的主要内容、方法和技巧。全书分为10个模块，重点介绍了殡葬社会工作的理论基础、主要工作内容，个案工作、小组工作、社区工作在殡葬领域的应用，殡葬社会工作的实务模式和技巧，以及对殡葬社会工作者的从业要求。书中以实例的形式讲解了多种方法的运用，可作为实际工作的参考。

本书可作为职业院校殡葬专业、社会工作专业及相关专业的教材，也可以作为殡葬从业人员、社会工作人员的岗位培训教材。

图书在版编目（CIP）数据

殡葬社会工作/周晓光，胡玲主编. —北京：化学工业出版社，2020.10（2025.6重印）
职业教育现代殡葬技术与管理专业系列教材
ISBN 978-7-122-37375-5

Ⅰ.①殡… Ⅱ.①周… ②胡… Ⅲ.①殡葬业-社会工作-职业教育-教材 Ⅳ.①F719.9

中国版本图书馆CIP数据核字（2020）第126474号

责任编辑：刘　哲　章梦婕　李植峰　　　　　　　　文字编辑：张　龙
责任校对：宋　玮　　　　　　　　　　　　　　　　装帧设计：王晓宇

出版发行：化学工业出版社（北京市东城区青年湖南街13号　邮政编码100011）
印　　装：涿州市般润文化传播有限公司
787mm×1092mm　1/16　印张13　字数318千字　2025年6月北京第1版第3次印刷

购书咨询：010-64518888　　　　　　　　　售后服务：010-64518899
网　　址：http://www.cip.com.cn
凡购买本书，如有缺损质量问题，本社销售中心负责调换。

定　　价：42.00元　　　　　　　　　　　　　　　　　　　版权所有　违者必究

职业教育现代殡葬技术与管理专业系列教材

编撰委员会

主　　编　邹文开

副 主 编　赵红岗　何振锋　孙树仁　孙智勇　卢　军　马　荣

委　　员（按照姓氏汉语拼音顺序排列）

　　毕爱胜　陈　斌　樊晓红　何秀琴　何振锋　胡　玲
　　黄汉卿　姜　笑　李　成　李　曼　李毓超　梁小花
　　林福同　刘　凯　刘　琳　卢　军　吕良武　马　荣
　　牛伟静　彭　珑　亓　娜　沈宏格　孙树仁　孙彦亮
　　孙智勇　王　静　魏加登　魏　童　肖成龙　熊　英
　　徐　莉　徐晓玲　余　廷　翟媛媛　张丽丽　赵红岗
　　赵志国　郑翔宇　钟　俊　周卫华　周晓光　朱文英
　　朱小红　邹文开

职业教育现代殡葬技术与管理专业系列教材

审定委员会

主 任 委 员 赵红岗

副主任委员 刘 珺 何振锋 孙树仁 孙智勇 朱金龙 孙钰林

委　　　员（按照姓氏汉语拼音顺序排列）

　　　　　　曹丽娟　陈　斌　何仁富　何振锋　刘　珺　刘　哲
　　　　　　卢　军　齐晨晖　孙树仁　孙智勇　王　刚　王宏阶
　　　　　　王艳华　肖成龙　杨宝祥　杨德慧　杨根来　赵红岗
　　　　　　周　游　朱金龙

《殡葬社会工作》编审人员名单

主　　编　周晓光　胡　玲
副 主 编　赵　宇　王佳书　崔东艳
编写人员（按姓名汉语拼音顺序排列）

　　　　　　崔东艳（黑龙江省民政职业技术学校）
　　　　　　丁　庆（重庆城市管理职业学院）
　　　　　　胡　玲（重庆市冬青社会工作服务中心）
　　　　　　史金玉（重庆城市管理职业学院）
　　　　　　王佳书（黑龙江省民政职业技术学校）
　　　　　　赵　宇（重庆城市管理职业学院）
　　　　　　周晓光（重庆城市管理职业学院）

主　　审　何振锋（北京社会管理职业学院）

序 一

殡葬服务是基本民生保障工程。随着经济社会的快速发展，人民对美好生活的需求日益提升，百姓对殡葬服务水平和质量提出了更高的要求。"逝有所安"是民生之本。让逝者安息，给生者慰藉，为服务对象提供人文化、个性化服务亟须提上议事日程。目前，我国每年死亡人口近千万，截至 2018 年年底，全国共有殡葬服务机构 4043 个，殡葬服务机构职工 8.0 万人。殡葬从业人员的数量和素质势必影响着殡葬服务的水平和质量。人民群众对殡葬服务日益高质量、多样化、个性化的需求，给殡葬从业人员提出了更高的要求和期待。

党的十九大报告指出："完善职业教育和培训体系，深化产教融合、校企合作"，为新时代职业教育发展明确了思路。2019 年 1 月，国务院印发了《国家职业教育改革实施方案》，把职业教育摆在教育改革创新和经济社会发展全局来进行谋划，提出"职业教育与普通教育是两种不同教育类型，具有同等重要地位"。开启了职业教育改革发展的新征程，提出了深化职业教育改革的路线图、时间表、任务书，为实现 2035 中长期目标以及 2050 远景目标奠定了重要基础。方案中尤其提出"建设一大批校企'双元'合作开发的国家规划教材，倡导使用新型活页式、工作手册式教材并配套开发信息化资源"，更为殡葬专业系列教材编写工作指明了方向。

从殡葬教育发展现状来看，我国现代殡葬教育从无到有，走过了二十多年的发展历程。全国现有近十所院校开设现代殡葬技术与管理专业，累计为殡葬行业培养了近万名专业人才，在提升殡葬服务水平和服务殡葬事业发展方面起到了关键作用。殡葬教育取得成绩的同时，也存在诸多问题，如全国设置殡葬专业的院校，每年毕业的学生合计不足千人；又如尚未有一套专门面向职业院校学生的教材，不能满足新时代殡葬事业发展的需要，严重制约了殡葬教育的发展和殡葬专业人才的培养。

在这样的背景下，北京社会管理职业学院生命文化学院、现代殡葬技术与管理专业教学指导委员会启动了系列教材编写工作，旨在服务于全国各职业院校现代殡葬技术与管理专业的教学需要和行业从业人员的培训需求。教材编写集结了院校教师、行业技能大师、一线技术能手以及全国近四十家殡葬企事业单位。多元力量的参与，有效保障了系列教材在理论夯实的同时保证案例丰富、场景真实，使得教材更加贴近生产实践，具有更强的生命力。

将 20 本系列教材分为三批次出版，有效保障了出版时间的同时深耕细作、与时俱进，使得教材更加紧跟时代发展，具有更强的发展性。本套教材是现代殡葬教育创办以来首套专门为职业院校学生和一线从业人员编写的校企一体化教材。它的编写回应了行业发展的需要以及国家对职业教育发展的定位，满足了殡葬职业教育的实践需求，必将有效提升殡葬人才的专业素质、服务技能以及学历水平，对更新和规范适应发展的殡葬专业教学内容、完善和构建科学创新的殡葬专业教学体系、提高教育教学质量、深化教育教学改革起到强有力的促进作用，也将推动殡葬行业的发展，更好地服务民生。

在这里要向为系列教材编写贡献力量的组织者和参与者表示敬意和感谢。感谢秦皇岛海涛万福环保设备股份有限公司、石家庄古中山陵园、天津老美华鞋业服饰有限责任公司等几家单位，积极承担社会责任，资助教材出版。

希望系列教材能够真正成为殡葬职业教育的一把利器，推进殡葬职业导向的教育向更专业、更优质发展，为培养更多理论扎实、技艺精湛的一线高素质技术技能人才作出积极贡献，促进殡葬教育和殡葬行业健康快速发展。

全国民政职业教育教学指导委员会副主任委员
北京社会管理职业学院党委书记、院长
邹文开

序二

　　生死是宇宙间所有生命体的自然规律。殡葬作为人类特有的文明形式，既蕴含着人文关怀、伦理思想，又依托于先进技术与现代手段。我国的现代殡葬技术与管理专业自20世纪90年代创立，历经20多年的发展，已培养上万名殡葬专业人才，大大推进了我国殡葬事业的文明健康发展。然而，面对每年死亡人口近千万、治丧亲属上亿人的现实，全国殡葬专业每年的培养规模不足千人，殡葬专业人才供给侧与需求侧结构性矛盾突出。要解决这一矛盾，就必须不断提升人才培养的能力，切实加强推进殡葬专业建设。

　　格林伍德在《专业的属性》一书中指出，专业应该具有的特征包括"有一套系统的理论体系；具有专业权威性；从业者有高度认同的价值观；被社会广泛认可；职业内部有伦理守则。"这样看来，殡葬教育要在职业教育层面成为一个专业，教材这个"空白"必须填补。目前，我国尚没有一套专门面向职业院校的殡葬专业教材。在教学实践中，有的科目开设了课程但没有教材，有的科目有教材但内容陈旧，严重与实践相脱离；目前主要应用的基本是自编讲义，大都沿用理论课教材编写体系，缺少行业环境和前沿案例，不能适应实际教学需要。

　　加强教材建设、厘清理论体系、提升学历层次、密切产教融合，真正做实做强殡葬职业教育，培养更多更优秀的殡葬专业人才，以此来回应殡葬行业专业化、生态化高速优质发展的需要，以此来回应百姓对高质量、个性化、人文化殡葬服务的需求，这是教育工作者义不容辞的使命。"建设知识型、技能型、创新型劳动者大军""大规模开展职业技能培训，注重解决结构性就业矛盾"，十九大报告为职业教育发展指明方向。"职业教育与普通教育是两种不同教育类型，具有同等重要地位""建设一大批校企'双元'合作开发的国家规划教材"，《国家职业教育改革实施方案》为职业教育发展圈出重点。

　　"殡葬"不仅要成为专业，而且殡葬专业是关系百姓"生死大事"、关系国家文明发展的专业。我们要通过殡葬人才培养，传导保障民生的力量；要通过殡葬人才培养，传播生态文明的观念；要通过殡葬人才培养，弘扬传统文化的精神。而这些作用的发挥，应当扎扎实实地落实在教材的每一章每一节里，应当有的放矢地体现在教材的每一字每一句中。就是带着这样的使命与责任，就是怀着这样的情结与期待，现代殡葬技术与管理专业教学指导委员会启动了"职业教育现代殡葬技术与管理专业系列教材"的编写工作。计划分三批次出版20本面向职业院校学生和一线从业人员的殡葬专业系列教材。教材编写集结了殡葬专业教师和来自一线的行业大师、技术能手，应用了视频、动画等多媒体技术，实行了以高校教师为第一主编、行业专家为第二主编的双主编制。2018年4月，在北京社会管理职业学院召开第一次系列教材编写研讨会议；2018年7月，在黑龙江民政职业技术学校召开第二次系列教材编写研讨会议；2018年10月，在北京社会管理职业学院召开第一次系列教材审定会议；2019年4月，在北京社会管理职业学院召开第二次系列教材审定会议。踩住时间节点，强势推进工作，加强沟通协调，统一思想认识。我们在编写力量、技术、过程上尽可能地提高标准，旨在开发出一套理论水平高、实践环境真实、技能指导性强，"教师乐教、学生乐学、人人皆学、处处能学、时时可学"的教学与培训用书。殡葬系列教材编写一方面要符合殡葬职业特点、蕴含现代产业理念、顺应新时代需求、传承优秀传统文化，从而优化专业布局和层次结构，另一方面应体现"政治性""文化性""先进性"和"可读性"的原则，全面推进素质教育，弘扬社会主义核心价值观，培养德、智、体、美、劳全面发展的社会主义事业建设者和接班人。

希望此次系列教材的推出能够切实为职业教育殡葬专业师生及行业一线从业人员的学习研究、指导实践提供支持，为提高教育教学质量、规范教学内容提供抓手，为锻炼师资队伍、推动教育教学改革作出贡献，为发展产业市场、提升服务水平贡献人才。

在此特别感谢秦皇岛海涛万福环保设备股份有限公司、石家庄古中山陵园、天津老美华鞋业服饰有限责任公司三家单位，他们都是行业中的佼佼者。他们在积极自我建设、服务社会的同时，以战略的眼光、赤子的情怀关注和支持殡葬教育，为此次系列教材编写与出版提供资金支持。感谢化学工业出版社积极参与教材审定，推动出版工作，给予我们巨大的支持。

现代殡葬技术与管理专业教学指导委员会常务副主任委员
北京社会管理职业学院生命文化学院副院长
何振锋

前言

社会工作是以利他主义价值观为指导，以科学的知识为基础，运用科学方法助人的服务活动，旨在提高社会福利水平和社会生活素质，实现个人和社会的和谐一致，促进社会的稳定和发展。在我国，社会工作不仅包括社会福利、社会保险和社会服务，还包括移风易俗等社会改造方面的工作，是一个全方面服务社会的工作。

随着经济的发展和社会的进步，人们对殡葬行业也提出了更高的要求。殡葬行业也一直进行着改革，其中一个重要的举措便是将社会工作引入到殡葬行业中，借助社会工作的专业知识和技巧，满足人们不断增长的需求和提升殡葬行业的服务质量。

殡葬社会工作是社会工作者在殡葬体系中，用专业化的社会工作服务对殡葬从业人员和丧亲者开展心理援助和情绪疏导，并关注殡葬行业的健康发展和理论研究。

本书的目的就是以殡葬社会工作的实际操作为主线，系统地介绍殡葬社会工作的主要内容、方法和技巧，帮助读者掌握社会工作方法在殡葬领域的应用。

《殡葬社会工作》首先界定了殡葬社会工作的内涵，梳理了殡葬社会工作的基础理论和主要内容，从通用模式和多种工作方法角度阐述了殡葬社会工作的具体应用和工作方法，讲解了殡葬社会工作的实务模式和实务技巧。此外，还介绍了殡葬社会工作者的从业要求。

本教材既探讨了有关殡葬社会工作的概念内涵、理论基础、新趋势，又全面细致地讲解了殡葬社会工作开展过程中所运用的多种方法和技巧，并以实例对多种方法的运用为读者提供了实际工作中的参考；既探讨了殡葬社会工作目前面临的大好发展机遇和应该坚持的发展方向，又深入地论述了新形势、新阶段、新时期中殡葬社会工作所承载的艰巨任务和工作要求；既是指导殡葬社会工作者提升服务素质和服务水平的实用教材和辅导用书，又为殡葬社会工作者提供简单易行、便于掌握的工作新经验、好方法。由于时间和编著团队水平的限制，在教材结构、内容和表述方面存在的疏漏之处，请各位专家与同行不吝赐教。

本教材由重庆城市管理职业学院周晓光、胡玲担任主编，负责全书的组织协调、内容确定、大纲审定、全书总纂及审定稿工作。具体编写分工如下：

模块1、2由重庆城市管理职业学院赵宇编写；模块3、7由黑龙江民政职业技术学校王佳书编写；模块4由重庆城市管理职业学院丁庆编写；模块5由重庆城市管理职业学院史金玉编写；模块6、8由重庆市冬青社会工作服务中心胡玲编写；模块9、10由黑龙江民政职业技术学校崔东艳编写。济南市殡仪馆李健、东莞市殡仪馆陈国泉、重庆市冬青社会工作服务中心胡玲提供了本书部分案例资料。

  在编写过程中，我们参考了很多同类著作和论文，在此向这些著作和论文的作者表示感谢！殡葬社会工作应该说是一个"新职业"，虽然我们已经做出了最大的努力，但我们深知，本书还存在很多不足的地方，我们真诚地希望能够得到读者和专家的批评指正。本书的出版得到了化学工业出版社的大力支持，北京社会管理职业学院何振锋教授为本书的出版付出了很多精力，在此一并致谢！

编者

2020.4

目录 CONTENTS

模块 1　殡葬社会工作概述

1.1　殡葬社会工作 001
1.2　殡葬社会工作价值观 004
1.3　社会工作介入殡葬的必要性和可行性 008
1.4　社会工作介入殡葬领域的角色定位和途径 010
1.5　殡葬社会工作发展现状及展望 013

模块 2　殡葬社会工作的理论基础

2.1　心理学基础 018
2.2　社会学基础 024
2.3　其他视角下的殡葬社会工作理论 027

模块 3　殡葬社会工作的主要内容

3.1　社会救助 031
3.2　殡葬业务引导与全程伴随服务 032
3.3　悲伤抚慰 036
3.4　殡葬从业人员的心理疏导 039
3.5　殡葬政策宣传与移风易俗推动 040
3.6　生命文化教育 041

模块 4　个案工作在殡葬领域的应用

4.1　殡葬个案工作流程 045
4.2　殡葬个案工作的技巧 055
4.3　殡葬个案工作模式及案例分析 060
4.4　殡葬个案管理 074

模块 5　小组工作在殡葬领域的应用

5.1　殡葬小组工作的概念、类型与特点 084
5.2　殡葬小组工作的过程 087

模块 6　社区工作在殡葬领域的应用

6.1　殡葬社会工作社区工作流程 107
6.2　殡葬社会工作社区工作技巧 111
6.3　殡葬社会工作社区工作模式及案例分析 115

模块 7　其他社会工作方法在殡葬领域的应用

7.1　社会工作行政在殡葬领域的应用 ……………………………………… 123
7.2　社会工作研究在殡葬领域的应用 ……………………………………… 126
7.3　社会工作评估在殡葬领域的应用 ……………………………………… 134

模块 8　殡葬社会工作的实务模式

8.1　危机干预模式 …………………………………………………………… 141
8.2　生命教育模式 …………………………………………………………… 145
8.3　"全程陪伴"模式 ……………………………………………………… 147
8.4　悲伤抚慰模式 …………………………………………………………… 150
8.5　心理社会治疗模式 ……………………………………………………… 154

模块 9　殡葬社会工作的实务技巧

9.1　对于丧者家属的实务技巧 ……………………………………………… 162
9.2　对于殡葬从业者的实务技巧 …………………………………………… 175

模块 10　殡葬社会工作者的从业要求

10.1　殡葬从业者的职业道德 ………………………………………………… 183
10.2　殡葬社会工作者的从业规范 …………………………………………… 187

参考文献 …………………………………………………………………… 193

模块 1
殡葬社会工作概述

学习目标

本模块从殡葬社会工作的含义入手,通过必要性和可行性两方面的论述,介绍开展殡葬社会工作的重要性,在此基础上探讨社会工作者介入殡葬的方式方法和相关思路。

1.1 殡葬社会工作

1.1.1 殡葬社会工作的含义

社会工作是指福利部门和服务机构,针对个人、团体、社区、组织、社会等与其外在环境的不当互动而形成的弱势情况,利用专门的方法和技术,协助当事人改变或推动环境,促进两者的适应性平衡的专职性的活动。

社会工作由四个要素构成。一是工作对象,即服务对象、案主或当事人。社会工作的对象包含个人、团体、社区、组织、社会等多个层面。虽然社会工作开始将普通人士和强势人士纳入服务范畴,并主要针对其弱势领域,但是弱势人士始终是社会工作的最初对象和核心对象。二是服务提供者。社会工作一般而言由福利部门和服务机构实施,社会工作者是关键力量。三是目标。社会工作旨在促进人与环境的"适应性平衡",其基础目标是发挥治疗性功能,帮助解决人与环境互动不当引发的问题。其中间目标是满足个人和社会的需要,使其更好地发挥社会功能;其最终目标是消减不公平,维护社会公正。四是手段。社会工作认为人与环境的失衡源于两者的不当互动,其原因主要在于人,也可能在于环境,因此实现目标的手段可以是助人自助而帮助当事人提高能力,也可以是推动社会环境的重新组合,还可以是上述两者的综合运用。

在社会实践中,可以将社会工作理解为一个专业、一门科学、一门艺术、一种制度,它是通过社会工作实践活动,帮助人们解决个人、群体和社区的问题,并帮助人们获得满意的人际关系、群体关系和社区关系。社会工作的焦点是"人与环境"的互动,帮助个人、团体、社区增强或恢复其社会功能,因此助人是社会工作的本质所在。在实际生活中,并不是有爱心就能够真正地帮助人,盲目的帮助只能使受助人产生依赖心理,而不能解决根本问题。社会工作中的助人是指通过帮助使受助人能够自助地活动或行为,"与其授人以鱼,不如授人以渔"表达的正是这个道理。另外,真正了解受助人的困难和所需是助人的前提,如何做到切实了解受助人的情况,需要社会工作者具有丰富的实践经验和扎实的专业知识。

殡葬社会工作指的是,社会工作者通过一定的专业方法,实现对殡葬行业的介入,在殡葬行业中开展专业的社会工作服务。殡葬社会工作者应当首先基于对殡葬行业相关专业知识的理解和认知,在整个殡葬环节中运用社会工作专业知识和方法,为殡葬活动中的不同角色、不同身份的参与者提供各种所需帮助。因此,殡葬社会工作者的工作场所并不仅限于殡仪馆、殡仪服务站、公墓等殡葬单位中,还需要在医院、养老院、社区等相关机构为丧者家属、殡葬行业从业者提供相关帮助。

殡葬社会工作者需要帮助丧者家属尽快走出哀伤。很多逝者家属在整个丧葬活动过程中都处于非健康状态,尤其需要在心理健康方面进行调整。我国第六次人口普查结果显示,全国总人口为13.7亿人,即使每年有3‰的人因为自己的亲朋好友去世过度悲伤而出现心理障碍,也有逾4000万人需要心理抚慰。目前从事殡葬行业的员工多数在工作中可以顾及到丧者家属的情绪,但是没有精力和时间去为他们做专门的心理疏导。因此殡葬社会工作者应当在丧葬活动中,全程陪伴逝者家属,在辅助他们完成丧事的过程中,利用自己的专业知识帮助他们尽快走出悲伤情绪的困扰。

殡葬社会工作者也能够为殡葬工作人员提供心理疏导帮助。殡葬工作本身难度大、强度高、零容错的要求,给了广大殡葬工作人员很大的心理压力。同时,殡葬单位的工作环境不够好,工作过程中情绪比较压抑而且得不到缓解。因此殡葬社会工作者可以帮助殡葬单位工作人员缓解心理压力,更好地建立职业信心,为广大群众更加热情、更加努力地提供殡葬服务。

殡葬社会工作者还需要为推动殡葬改革做出努力。殡葬改革工作至今已经开展了半个多世纪,虽然取得了巨大的成就,但是很多群众直到目前对于殡葬改革的认识仅仅是遗体从土葬改为火化,其他方面一概不知,仍然沿用着陈旧的丧葬习俗,甚至带有一定迷信色彩的方式操办丧事,有意或无意地抵触着殡葬改革的推进,对于殡葬惠民等为群众排忧解难的政策也是不曾知晓。因此,向广大群众开展殡葬法规、殡葬政策及殡葬发展趋势等宣传活动,就显得尤为重要了。殡葬社会工作者则可以通过社会工作方法,在社区、小区等场所,借助多种活动方式,向居民开展殡葬宣传,帮助群众了解有关政策,建立正确观念,摒弃落后习俗,推动文明殡葬新风尚。

殡葬社会工作包括以下主要构成要素。

第一,殡葬社会工作的指导理论。殡葬社会工作是在社会福利服务专业价值观与专业理论的指导下开展的,实质是为参加殡葬活动的所有人以及受死亡事件影响的相关人员,提供免费的和以公民社会权利为基础的社会福利服务。

第二,殡葬社会工作所追求的目标。殡葬社会工作所追求的目标是社会公平和社会平等,不仅包括死亡面前的一律平等,还包括殡葬从业者融入主流社会的一种平等。

第三,殡葬社会工作所解决的问题。殡葬社会工作活动从殡葬业角度出发,解决相关社会群体的心理问题以及由此而来的一些社会问题。

1.1.2 殡葬社会工作的特征

改革开放以来,我国的社会工作取得了长足的发展,社会工作制度、研究基本建成,然而殡葬社会工作尚且不够成熟。目前的殡葬社会工作呈现出以下特征。

(1) 体系有待健全

全国殡葬行业的社会工作不成体系,全国尚无统一的工作职责范围与服务内容的规定。目前殡葬社会工作者的服务场所领域主要集中在殡仪馆,殡葬社会工作者根据各自所处地区、殡仪馆的具体情况和对社会工作含义的理解界定职责范围和服务内容,差异较大,有的职责界定与服务内容也不尽科学。绝大多数殡葬单位并没有设立社会工作部门，少数设置了社工岗位的殡葬单位也大多是仅仅设置了几个社工岗位。甚至有些是事故之后社工的自发性行为或者社工组织的活动，仅限于当时参与殡葬社会工作，之后又恢复到原来的位置。

（2）专业水平不够

殡葬单位的社会工作人员大部分都不是专业的殡葬社会工作者，而是社会工作机构接到殡仪单位项目后从其他社工岗位转化而来的，基本上都不是学习殡葬社会工作方向的，他们事前在培训、学习中没有涉及到殡葬相关课程的学习，所以专业水平不高，需要学习一些相关殡葬心理、殡仪服务、防腐整容等专业相关知识方能适应殡葬社工的岗位。

（3）专业人才稀缺

目前，殡葬社会工作专业人员非常稀缺，仅仅是极少数社会工作专业人员进入殡葬领域，并且承受着巨大的心理压力，所做的工作仅限于悲伤辅导领域，没有与殡葬行业员工形成真正的合力。造成这种现象的原因主要有三：一是受传统观念的影响，高学历、高素质的人才不愿担任社会工作者服务殡葬行业；二是殡葬社会工作教育相对滞后，人员缺乏对殡葬社会工作的认识，更缺少社工服务殡葬的知识和技能的培训渠道，相应的人才机制还未建立；三是殡葬服务机构的服务内容还较为单一，缺少相应的激励机制，制度层面的顶层设计和具体的措施安排还比较薄弱，对专业社工的培养任重道远。

1.1.3 殡葬社会工作的功能

社会工作本身具备以下方面的功能：

第一，恢复社会功能。恢复社会功能，具体来说可以分为治疗功能和康复功能。例如，治疗功能是指社会工作者会帮助一个失业者申请社会救助而康复功能则是帮助失业者在获得救助后提升自信、习得技能，从而真正摆脱困境。

第二，提供资源。提供资源既包括提供个人资源，又包括提供社会资源，目的是使受助对象获得更佳的社会功能。它可以划分为发展性和教育性两个类型的资源提供方式。发展性方式是使现有的社会资源得到更有效的使用，或是使个人的能力得以充分发挥以获得更佳的社会互动。教育性方式是让公众了解为什么需要提供新的社会资源或改变社会资源的分配方式，以及这样做需要具备的前提条件。如社区社会工作者通过社区活动让社区居民了解社区可提供的资源有哪些，以及可以通过哪些途径获得这些资源。

第三，预防社会功能失调。预防社会功能失调，包括及早发现、控制和消除有可能损害社会功能有效发挥的条件和情况。它可以分为两大类：一类是预防个人和群体互动中的问题；另一类是预防社会问题。预防社会问题一般用于社区工作领域。

第四，维护基本权益。要维护社会公平，实现社会正义，就必须维护社会弱势群体的基本权益。社会弱势群体之所以会成为无法自立的人，往往是因为被剥夺或失去了相应的社会权利。因此社会工作在帮助社会弱势群体的过程中，为社会弱势群体伸张正义的同时，就是维护了受助对象的基本权益。

殡葬社会工作者运用社会工作专业方法，配合殡葬单位提供殡葬综合性服务的工作，能够解决丧者家属因失去亲人而引起的各种有关社会、经济、家庭、职业、心理等问题，能够有效提高殡葬服务质量，推动殡葬改革事业的发展。

（1）社会工作介入殡葬服务有助于丧者家属情绪的抚平

社会工作介入殡葬服务是一种服务理念的创新。现代社会里，殡葬服务的范畴不仅仅局限于为逝者更衣、整容、火化，还要投入更多的精力关心丧者家属在精神方面的需求，向逝者家属及社会的其他公众提供服务咨询、临终关怀、丧事指导。社会工作者从丧者家属的利益、思维及要求出发，强调人的价值、人的尊严和人格的完整，体现人性化服务，使丧者家属在悲伤中能够感受社会的温暖，尽快抚平心灵创伤，能够正常生活和工作。

（2）社会工作介入殡葬服务有助于社会福利水平的提高

社会工作的本质是助人自助，它有着专业的价值、理念和方法。社会工作的目标是扶助社会弱势群体，促进社会和谐，追求社会公平与正义。在社会工作发展较为成熟的国家和地区，社会工作者从业的机构具有公益属性。通过对丧者家属、殡葬单位工作人员等群体的积极干预和介入，使该群体感受社会温暖，提高幸福指数，促进社会福利水平的提高。

（3）社会工作介入殡葬服务有助于殡葬职工压力的缓解

殡葬单位职工长期在悲伤压抑的环境中工作，工作内容单调烦闷，容易产生各种心理问题，社会工作介入可以有效缓解这种心理压力，使他们摆脱心理阴影，而不至于影响正常的工作。社会工作的介入，可以有效分担殡葬职工的工作压力，缓解殡葬职工的消极情绪，帮助殡葬职工构建积极的心理状态，保持饱满的工作热情，更好地为丧者家属服务，提高殡葬服务水平。

（4）社会工作介入殡葬服务有助于殡葬改革工作的宣传

殡葬改革工作推动缓慢，很大程度上与政策宣传不到位有直接关系。殡葬社会工作者可以利用开展社会工作活动的机会，将自己对殡葬政策、殡葬行业的了解融入活动过程中，让广大群众在放低心理戒备和降低心理抵触的情况下，获知殡葬行业的最新政策，了解殡葬改革的有关规定，认同殡葬服务的先进做法，愿意接受殡葬活动中的新的变化，而不再是一味地墨守成规。

1.2 殡葬社会工作价值观

1.2.1 社会工作专业价值观的内涵

社会工作的专业价值是指社会工作者长期奉行和遵守的整套指导其实践的原则与理念。

社会工作专业的价值体系形成于它的产生和发展的百年历史过程，并在近些年得以系统和完备。社会工作者一直强调专业实践中价值观的重要性。在社会工作领域，专业价值目标包括终极目标和工具性目标。前者主要是关注人类社会的总体福利、正义制度的安排以及社会工作者的重要任务，后者是通过专业行动实现的具体事务目标。对于社会工作来说，重要的专业价值包括正义、平等、责任，自我实现自我决定、知会同意、诚信等。

1.2.2 殡葬社会工作的专业价值观

社会工作发展的过程中，已经形成了自己的专业价值观，这些价值观对社会工作发挥着重要的影响。

社会工作有相对独立的价值观念，主要包括：个人在社会中首要地位的承诺；为满足社会公认需要的社会变迁承诺；对社会中所有人的经济、身体和精神福祉和社会正义的承诺；

尊重和欣赏个体和群体的差别，个别化对待的承诺；发展案主的能力、帮助他们自助的承诺；向他人传递知识和技能的承诺；把个人感情和需要与专业关系分离开来的承诺；尊重案主隐私和保密的承诺；不顾个人挫折、坚持不懈地改善案主状况的承诺；高标准的个人和专业行为的承诺。参考以上内容，在殡葬社会工作过程中，应当形成以下六个方面的专业价值观。

（1）服务丧者家属

社会工作者应当将服务社会中有需要帮助的困难人群作为自己的首要任务，要超越个人利益为社会大众提供专业的社会服务。殡葬社会工作者的首要任务就是服务遭遇亲人去世的丧者家属，他们遇到巨大的冲击和极大的悲痛，而提供殡葬社会工作服务，也需要每一位殡葬社会工作者鼓足勇气，克服诸多问题，将个人利益搁置，用真诚和关爱为每位丧者家属提供专业服务。

（2）践行社会公正

社会工作者追求社会公正，在服务中与服务对象一同工作，并了解他们的问题和需要，倡导公正并寻求积极的社会变革。社会公正是由社会成员基本权利的保证、机会平等、按照贡献进行分配以及社会调剂（社会再分配）这四项基本规则构成的一个有机整体。社会公正在殡葬活动中尤为重要，殡葬服务是每位社会成员的最基本权利，所有人都需要平等、公正的殡葬服务环境。

（3）强调服务对象个人的尊严和价值

社会工作者对每一位服务对象都给予关心和尊重，应充分认识和理解服务对象个体在生理、心理和社会文化等各方面存在的差异，同时对文化和民族的多元性保持开放与敏锐的意识。在殡葬活动中，每位丧者家属的心理都极度脆弱，需要全程贴心的呵护和用心的关怀，并且需要殡葬社会工作者注意到不同文化背景，不同地方习俗影响下表现出来的行为和认知有差别，并且需要照顾到这些差别。

（4）注重服务中人与人之间关系的重要性

社会工作是处理人的问题的工作，涉及人与人的沟通和互动行为，因此，社会工作者应充分认识到人与人之间的关系的重要性，与受助者建立积极和良性的沟通交流关系，帮助服务对象建立积极的人生观，彼此分享和相互帮助。殡葬活动中本来就存在大量的人际交流过程，而且丧者家属在遭遇巨变的特殊时间段内，需要殡葬社会工作者帮助他们建立积极的心态，重拾生活的信心。

（5）待人真诚和守信

社会工作者应坦诚地对待服务对象，坚持专业的使命、价值观、伦理原则与标准，并有效地运用它们开展社会服务。丧者家属的内心是脆弱和敏感的，他们需要得到帮助和关心，这份帮助和关系必须是真诚的、发自内心的，因为他们的心灵已经不能承受更多的不快和压抑，殡葬社会工作者用真诚进行专业服务，才能让丧者家属们感受到温暖，才能够帮助他们尽快走出悲伤。

（6）注重能力培养和再学习

社会工作者要不断地提升自我的专业能力，并保持一种开放的心态和好学的精神，坚持在实践中再学习和再教育的理念，不断增进新观念，学习新知识，掌握新技能，从而提升专业实践的效率与效果。殡葬社会工作者更是如此，殡葬方面涉及到的知识领域非常多，而且殡葬专业知识需要不断地在实践中进行再学习，才能有更深刻的认识，在为丧者家属提供服务的过程中才能够更加地顺利。

1.2.3 殡葬社会工作价值观的操作原则

在专业实践活动中,殡葬社会工作者可从以下几个主要方面来实践专业价值观。

(1) 对服务对象的接纳

在专业服务过程中,殡葬社会工作者要从内心接纳服务对象,将他们看作是工作过程中的重要伙伴,对服务对象的价值偏好、习惯、信仰等都应保持宽容与尊重的态度,绝不因为服务对象的生理、心理、民族、性别、年龄、职业、社会地位、信仰等因素对他们有任何歧视,更不能因为上述原因而拒绝为服务对象提供社会服务。在这里接纳不等于认同,它是指社会工作者对服务对象的价值观与个人背景特征等的一种包容,也是社会工作者对社会大众的统一的服务态度,是建立专业助人关系的重要前提。对于服务对象而言,他们每个人都有权利获得专业殡葬社会工作者提供的专业服务。

(2) 对服务对象的尊重与包容

在这里,尊重的含义不仅在于对服务对象保持符合社会文化习俗的礼节和称谓,更重要的是要认识服务对象自身的生命价值和其他基本权利,充分保障他们获得基本的资源和可靠的专业服务的权利,帮助他们解决面临亲友去世时的困难,解决面临沉痛工作环境的困难,满足服务对象的生存和发展的需要。对于殡葬社会工作专业来说,尊重不仅是一种思想上的认知,还是一种道德上的实践。在服务过程中,殡葬社会工作者不应将自身的价值观强加于服务对象,更不应指责和批判服务对象的言行和价值观,也不能向服务对象发泄自己的负面情绪。社会工作者可以和服务对象共同分享与服务内容有关的个人感受和经验,以及社会工作专业对有关问题的看法,并提供尽力解决问题的建议,但殡葬社会工作者不得直接或间接迫使服务对象接受提出的意见或建议。

(3) 注重个别化原则

每个人都应当有权利和机会发展个性,社会工作者应当尊重服务对象的个体差异,不应当使用一般或统一的服务方法回应他们的独特需要,要充分考虑到服务对象面临死亡事件时,在性别、年龄、职业、社会地位、政治信仰、宗教以及精神或生理残疾状况等方面存在的价值差异及其与社会主流价值之间可能存在的冲突,尊重个性化需求,充分挖掘个人潜能。不过,不同的社会工作方法在应用个别化原则时应有所区别。个案工作方法最强调个别化原则,而小组工作和社区工作方法则相对关注服务对象的共性需求。

(4) 自我决定与知情同意

在社会工作实践中,殡葬社会工作者要与服务对象保持良好的沟通。殡葬社会工作者有义务向服务对象提供必要的信息。服务对象有权利在充分知情的前提下选择服务的内容、方式,并在事关服务对象利益的决策中起到主导作用。如果服务对象没有能力进行选择和决策,殡葬社会工作者应根据法律或有关规定,由他人代行选择和决策权利。自决权是个人尊严的体现,除非万不得已,即便是社会工作者出于好意,一般也不主张社会工作者自身代替服务对象作决定。

(5) 注重为服务对象保密的原则

社会工作者应当保护服务对象的隐私。未经服务对象同意或允许,社会工作者不得向第三方透露涉及服务对象个人身份资料、逝者有关资料和其他可能危害服务对象权益的隐私信息。在特别情况下必须透露有关信息时,殡葬社会工作者应向机构或有关部门报告,并告知服务对象有限度公开隐私信息的必要性及采取相关保护措施。如果在紧急情形下,必须打破保密原则而来不及提出报告时，殡葬社会工作者事后应当提供相关的证据并补办手续，以记录必要的工作程序。

1.2.4 我国殡葬社会工作专业实践的价值观

在中国，殡葬社会工作价值观的确立不仅应该借鉴国际上的经验，更要考虑具体的国情、社情和民情。在建立和发展中国社会工作的价值观时应着重以下几方面。

（1）以人为本，回应需要

社会工作是一种帮助人解决困难、协调人与环境之间关系的服务活动，它与人的问题和需要息息相关。殡葬社会工作是帮助人们解决面临亲友死亡的困境的服务活动，殡葬社会工作者应该本着以人为本，为服务对象着想，用谦和的态度，真诚地对待服务对象的问题和需要，及时地回应他们，并通过专业服务来满足服务对象的需要。以人为本，不仅应体现在社会工作的具体服务实践中，还应体现在社会福利政策的制定和实施实践中。

（2）接纳和尊重

在殡葬社会工作实践过程中，殡葬社会工作者首先要通过初步的接触与沟通等专业活动，与服务对象建立相互信任的关系，从而开展进一步的专业服务。对殡葬社会工作者来说，无论在哪一个阶段的服务过程中，都应该从内心真诚地对待所有服务对象，对服务对象采取宽容和尊重的态度。在实践中，接纳意味着殡葬社会工作者不因服务对象的年龄、性别、民族、生理及心理状况、宗教信仰、政治倾向等对他们采取歧视或拒绝提供专业服务。对所有社会工作者而言，接纳服务对象是一贯和统一的原则或立场。同时，对于社会工作者来说，尊重不仅意味着在服务过程中对服务对象保持必要的礼节与称谓，更重要的是对服务对象的需要和问题进行倾听、回应。针对不同的服务对象和不同的问题及需要，殡葬社会工作者要善于倾听、理解和回应，同时与服务对象一起寻找恰当的解决问题的策略与方法，从而维护服务对象的合法权益，提升其社会功能。

（3）个别化和不批判

由于社会工作实践提供的是与人有关的专业服务活动，殡葬社会工作者应充分尊重每个服务对象的个性与人格，充分理解服务对象之间存在的差异。殡葬社会工作是一种价值主导的专业实践，社会工作者要避免将自己的价值观强加于服务对象，不应指责和批判服务对象的言行与价值观，更不应将自己的负面情绪发泄在服务对象身上。作为一种专业服务活动，殡葬社会工作者应坚持与服务对象在一起工作，共同分享对问题和需要的看法，一起探讨解决问题的策略和方法。同时，在这些专业服务的各个环节，社会工作者应始终坚持自我决定的原则，不应直接或间接地强迫服务对象接受任何决定与服务。

（4）注重和谐，促进发展

在社会工作过程中，殡葬社会工作者要将和谐与发展作为自己的重要价值观。和谐的内容包括多个层面，涉及家庭关系和谐、人际关系和谐、群体关系和谐、干群关系和谐以及社区和谐等。发展则要求殡葬社会工作者要不断探索与总结新的理论、经验和方法，不断提升社会行政与社会服务的水平，通过人性的、有效的社会行政与管理，落实社会政策，实施有效的与适当的社会服务，从而解决各种社会问题，满足不同人群的社会需要。

（5）平等待人，注重参与

社会工作的实践建立在专业的工作关系基础上，它要求殡葬社会工作者与服务对象相互理解与合作，形成有效的工作关系，共同面对问题，共同寻找问题的解决途径和方法。在这一过程中，殡葬社会工作者要充分尊重服务对象的意愿和想法，主动询问服务对象对问题的看法，尽量减少其主观判断和意见。在服务对象的需要满足和问题解决策略上，社会工作者要试图与服务对象建立良好的沟通，尊重服务对象个人的意见和决定，避免因个人的主观独断和偏见对服务对象造成伤害。在社会福利服务政策和服务推行过程中，殡葬社会工作者作为政府的代表或被委派推行服务，要尽可能站在服务对象的立场上，多倾听服务对象的真实想法和意见，尽可能提升政策和服务的效果。

（6）道德与责任并举

社会工作是一种服务过程，也是一种道德实践。殡葬社会工作者要将助人、满足困难人群需要和解决实际问题等放在第一位，在服务过程中实践专业承诺。社会工作的目标就是通过专业服务和干预，帮助服务对象改善自我的能力，提升他们自我生存和发展的潜能。在此基础上，殡葬社会工作者要帮助服务对象树立责任意识，逐步强化自我改变和自我发展的能动性，减少服务对象对制度和外部支持体系的依赖，真正到达"助人自助"的目的。

（7）个人潜能提升与社会发展相结合

社会工作要帮助社会中有困难和有需要的人，通过提供必要的资源或服务来提升他们的自信心和能力，从而实现自立和自强。殡葬社会工作的目标不仅是帮助因亲友死亡产生困难和需要的个体或群体，帮助他们解决现实生活和发展中的困难，改善他们的社会功能，促进他们融入社会，更重要的是，殡葬社会工作还要致力于通过殡葬制度建设和殡葬政策改革，推动社会进步，促进社会发展，实现平等和公正。殡葬社会工作的实践是既注重个人的需要与服务，也关注社会层面的改革与政策变革，因此，殡葬社会工作者要在帮助个人和实现社会发展两个层面上努力促进人类、制度与环境之间的和谐。

1.3　社会工作介入殡葬的必要性和可行性

1.3.1　社会工作介入殡葬的必要性

殡葬活动指的是与逝者有一定关系的人有目的地处理逝者遗体及对逝者举行悼念的活动，一共涉及"殡""葬""祭"三个环节，包括从逝者遗体收殓，到守灵告别，再到安葬后的祭奠活动。在现在的社会分工背景及实践环节中，殡葬活动中有关"处理逝者遗体"的行为已经由殡葬行业的从业者代为操作，基于这种"代劳"的行为本质，我们才可以从殡葬从业者的角度将殡葬活动转变为殡葬服务。

殡葬服务是殡葬单位在丧葬活动中从事的特殊服务，是殡葬单位运用殡葬设备、设施和丧葬用品为客户提供劳务服务活动中所有项目和内容的总称。殡葬服务的内容自然是与处理遗体相关的活动，殡葬服务的对象是与逝者有关的人群。死亡的发生是随机而没有预兆的，因此每个人都有可能会成为"与逝者有关的人群"中的一员，那么理论上来讲，殡葬服务的对象涵盖了所有的社会个体。也就是说，殡葬服务是面向所有社会成员、服务社会的一项服务事业，殡葬行业从业者从意识层面表现出了崇高的奉献精神，在行为层面接受了来自社会每个角落的服务对象。

从服务的角度出发分析殡葬活动，就存在一个疑问：在殡葬活动过程中，丧者家属作为服务需求者与实际的操办者即殡葬单位工作人员认知、意识不同的情况下，如何确保殡葬活动的实现过程是按照并达到了最初的活动理想？殡葬活动不仅仅涉及到"处理逝者遗体"这一物质层面的活动，还涉及"举行悼念"这一精神层面的活动，而精神层面的有关活动是难以通过费用达成制衡的，所以殡葬活动中还需要其他理念、方法或是职业道德、专业素养等方面内容的介入，才可以解决服务质量问题，提升服务满意度，趋向殡葬活动理想与现实的同一。

社会工作的方法、理念和社会工作者的素养要求能够对上述问题起到积极的作用。殡葬服务活动需要适合的方法论指导，通过开展个性化和人性化的服务，解决当下被人诟病的服务质量问题。社会工作的理念是在助人的本质展现中达成"助人自助"。殡葬活动从产生发展到现在专业化的过程中，始终贯穿着"助人"的本质，这是殡葬活动逐渐行业化的原因，也是殡葬活动行业化后逐渐提升工作质量的重要保证。社会工作者的基本素养成分包含基于高尚的道德情操而生的"助人"心理倾向和各类社会政策、社会心理学、管理学等相关的素质和能力。当代殡葬活动对殡葬行业从业者的要求与上述社会工作者的基本素养有着很多的共同之处。

殡葬活动需要获得社会工作者的素养支持，方可达成"理想与现实的同一"，或是需要社会工作者的辅助性参与才可以达成更加完美的理想状态。因此，殡葬活动需要社会工作的介入，这种介入可以是方法论指导，可以是理念更新，也可以是社会工作者的直接参与。

1.3.2 社会工作介入殡葬的可行性

在殡葬活动的过程中，始终贯穿着丧者家属对逝者的特殊情绪和情感，这些情感元素是殡葬活动中互助行为的基础，难以名状的情感和邻里互助的行为在人类社会早期的朴素信仰下推动了超越利益的殡葬活动的发展，并且直到今天仍然在坚定地作用于殡葬活动。由此可见，殡葬活动具有"助人"的性质。

社会工作所具备的"助人"本质是其介入殡葬活动的基础。当代专业化的社会工作的"助人"和殡葬服务的"助人"都在其现实行为中附加了利益诉求。这种利益附加就是平时所说的"有偿服务"，这种"有偿"是否会影响"助人"的效果呢？这个问题的回答是解答社会工作介入殡葬活动可行性的前提。

殡葬行业的职业活动是围绕遗体展开的，活动过程是将死亡掩饰在安详的"睡眠"下，让逝者保持人格的尊严和生命的完整。所以殡葬单位的工作人员一方面帮助丧者家属处理逝者遗体，另一方面协助他们举行心理层面的悼念活动，同时还需要辅助丧者家属通过对他人由生到死的经历的了解而为自我由生到死的经历做好准备。这时便需要丧者家属在殡葬单位工作人员的陪伴下，逐渐从行为、心理、生死观等方面进行调整，在尚未调整完全的一段时间中需要社会工作进行完善，在调整完毕后仍需要与社会工作相互扶持。

社会工作能以其"助人"的本性促进当代殡葬活动中丧者家属对情感缺失的完善，强化殡葬服务过程中贯穿着的人类情感共鸣的背景，提升殡葬活动中参与者行为的积极性，并且对丧者家属产生更加积极的影响。当代社会工作专业化的成果成为殡葬活动可以借鉴的重要理论资源，更重要的是，这种专业化进程是"有偿服务"疑问的解答依据。有成本投入的专业化服务需要合理的利益回收，从而更进一步为服务效率的提升积蓄力量。

因此，通过社会工作方法、理念和社会工作者的介入，可以促进殡葬行业从业者和殡葬理论工作者对殡葬行业"助人"的属性达成广泛的认同，可以为树立殡葬活动的良好形象扫清障碍，可以拓展当代殡葬活动的服务领域，建立新的发展方向。

1.4 社会工作介入殡葬领域的角色定位和途径

1.4.1 殡葬社会工作者的角色定位

在殡葬服务的社会工作中，社会工作者的角色定位主要是"关系协调者""危机干预者""心理援助者"和"社会志愿者"，解决社会工作服务对象面临的各种困难，运用专业的心理学方法为丧者家属与殡葬服务提供者提供心理咨询与援助，陪伴他们度过特殊时期和心理难关。

(1) 关系协调者

社会工作者最重要的职能就是协调丧者家属与殡葬服务提供者的关系。社会工作介入殡葬服务，体现以人为本的现代殡葬服务精神，这种协调者的角色体现在用专业的知识和科学的方法，通过提供各种辅导和服务，协助丧者家属与殡葬服务提供方进行有效沟通，促使殡葬服务更人性化地满足丧者家属的需求，从而有效地预防和解决服务纠纷。要求社会工作者了解丧者家属的心理、家庭、社会环境等方面的问题，并运用专业的方法解决丧者家属心理上的困扰，有针对性地进行心理疏导和调适，帮助他们度过正常的悲哀反应过程，使他们能正视痛苦，表达对死者的哀思，找到新的生活目标，构建和谐的殡葬服务模式。

(2) 危机干预者

悲伤是个体的情感与认知反应及变化的过程。从广义上看，悲伤辅导是指对因失去所依恋对象（人或物）而悲伤过度者提供心理辅导，协助他们在合理时间内重新开始正常生活的过程。部分丧者家属会因为过度悲伤而严重阻碍其正常生活，此时需要社会工作者以危机干预者的角色为其提供专业的悲伤辅导，帮助其度过心理难关。社会工作者在殡葬服务中要根据丧者家属的悲伤反应，考虑一些特别的因素，对家属的反应做出评估，判断是否需要危机干预，并通过专业的辅导技巧，为丧亲悲伤过度者提供服务和辅导，最大限度地辅助丧者家属度过危机。

(3) 心理援助者

对出现病态悲伤的丧者家属，社会工作者要运用专业方法帮助他们面对丧亲现实，让丧者家属的家属对丧者家属给予生活上的照顾和情感上的倾听，促进丧者家属主动表达出内心的难过和思念，协助丧者家属处理和调整与逝者的情感及关系，鼓励和协助丧者家属更好地恢复与他人的活动和联系，促使他们积极地回到现实生活中来并更好地适应未来的生活，实质上就是为不同情况丧者家属提供不同方式的心理援助。

不同的心理援助方式，可以根据不同服务对象的特点灵活使用。书信式抚慰方式，比较适合于喜欢独自思考、喜好清静的丧者家属；陪同式抚慰方式，比较适用于需要放松心境、转移注意力、喜欢挑剔的丧者家属；无声式抚慰方式，对比较压抑的丧者家属有特定的作用；治疗式抚慰方式，适用于内向、自责或悲伤过度的丧者家属。

(4) 社会支援者

社会支援者角色是将被帮助的对象放在大的社会背景和整个生态环境背景下理解。社会工作者与多机构合作，形成社会帮扶的网络，调动、整合、运用社会资源。同时，也要组织群众力量开展社区工作，深入丧者家属的家庭进行探访等。例如，对于一些"因丧返贫"

"因丧致贫"的家庭，社会工作者可以积极争取相关政策和社会各界的支持，解决其经济上的困难。

1.4.2 社会工作介入殡葬服务的途径

社会工作介入殡葬活动的理想途径是使殡葬活动主体具备社会工作者的能力，这需要同时具备两种专业能力的素养。根据社会工作的发展现状，我们可以考虑如下三种途径：其一，社会工作理念介入殡葬活动；其二，社会工作方法介入殡葬活动；其三，社会工作者介入殡葬活动。

(1) 社会工作理念介入殡葬活动

社会工作的理念是在"助人"心理倾向下完成"助人自助"。虽然社会工作最初的助人意愿是帮助他人脱离贫困，后来助人意愿的范围逐渐扩大，但"助人"是人类实践的共勉，共勉成为人类感情产生的社会基础，基于此，产生了经济意义下的社会分工体系，在这个体系中的先行者对后来者的"共勉"责任成为"助人"的心理动力。所以"助人"具有广义的普适性，社会工作的"助人"理念是人类朴素感情的自觉践行。"助人"尤其需要在殡葬活动中体现出来，因为殡葬活动的参与者面对的是生命、生存的否定状态——死亡，在此心理背景下非常需要"共勉"来完成对死亡的担负。

"助人"理念介入殡葬活动中，需要殡葬理论建设的协同，只有明确殡葬活动的"助人"性质，方可避免理念强行嫁接的嫌疑。殡葬活动的"助人"性质不仅可以从殡葬活动的产生和起源上加以界定，而且也可以从殡葬活动进行生死观念的探讨、分析而获得。在基于生死观念的理论上对殡葬活动的分析可以得知，殡葬活动帮助死者完成生死的过渡。"助人"理念介入殡葬活动具备理论基础，殡葬从业者、殡葬理论工作者需要对此有自觉的关注和不断的推动。

(2) 社会工作方法介入殡葬活动

社会工作方法按其与工作对象的关系分为直接服务工作和间接服务工作两大类。前者直接提供社会服务，通常包括个案工作、团体工作和社区工作。后者指通过社会工作行政、社会工作督导、社会工作咨询和社会工作研究等方式为受助者提供间接的服务。殡葬社会工作者可以通过对殡葬活动提供的直接服务，运用个案工作、团体工作和社区工作等方法的优势对殡葬活动产生积极的影响。

① 以"个案辅导"为路径，提供心理疏导和情感关怀。个案社会工作是指工作员利用科学的理论与方法，通过个别化的方式、良好的人际互动过程以及资源的有效运用，帮助有困难的个人或家庭解决其困难或问题，改善其社会功能，促进其人格成长。个案工作能给殡葬活动参与者提供深入、私密的心理工作空间，从而可能给特殊的工作对象提供良好帮助。除此之外，个案工作对于殡葬从业者所面临的职业压力问题和丧者家属因死亡事件引发的情感问题也具有较好的帮助效果，个案工作对于前者可以达成缓解职业压力的作用，对于后者可以起到悲伤辅导的作用。

对于丧者家属而言，多重压力往往容易使其出现各种心理障碍和情绪困扰。个案辅导要求社会工作者为丧者家属提供支持，发挥协调者的角色，陪伴其完成丧事的处理、赔偿谈判等工作，并在丧礼结束后继续对丧者家属进行追踪服务，为丧者家属提供心理疏导和情绪支持，并给予全方位关怀。个案工作要注意两点：一是社会工作者需要通过心理辅导为丧者家属提供心理疏导和情绪支持，目的是帮助他们面对丧失亲人的现实，正确认识死亡是人生中的客观规律，尊重死亡是一个自然的过程，使其接受现状，建立相对良好的心理和情绪状态；二是在提供心理辅导的基础上，还应协助团队其他成员（如殡葬单位从业者）给予丧者家属全方位的关怀，生活方面的照顾包括帮助丧者家属恢复健康的生活习惯，减轻丧亲对正常生活工作的影响，心灵方面的关怀包括心理辅导、心理援助等。

② 以"小组工作"为路径，构建团队融合和互助体系。小组工作致力于协助处于社会环境中的个人发挥自我的功能，其基本目标是恢复和发展小组组员的社会功能，帮助其挖掘并释放个人能量，创造出一种能使小组组员自我实现的社会空间和环境，通过特定成员之间有目的的互动，使参加小组的个人获得行为的改变、社会功能的恢复和发展。殡葬活动参与者的类别多样，但各类别的个体具有相似的心理特征或是行为特性。这些具有相似特点的个体可能面临相同的困难，采用小组工作的方法可以提高帮助的效率。更为重要的是，小组成员间相似性的认同，避免了对自身问题的狭隘感受，提供了小组成员间感知共鸣的机会，并使得成员间的互助成为可能。小组工作介入异常死者的家属群，促使家属间的交流可以避免灾难的特异性感受，促进此类人群的感知共鸣，小组成员间可能发生互相慰藉。此外，小组工作对于殡葬服务主体的积极作用也不可忽视，殡葬服务主体因对死亡直接担当而造成异于常人的社会认知偏差，此类个体构成的小组成员间极易形成行业的亲和感并达成共勉的效果。

小组工作的目标是协助家属正确调适因亲人去世而引发的各种情绪困扰，强化死亡的真实感，适度处理依附情结，使其在合理的时间内引发正常的悲伤，以尽早重新开始社会生活。社工可以在一定程度上集合各个遇难者的主要家属，通过丧者家属团体形式，相互提供支持和帮助，通过促进他们之间的沟通互动，建立相互之间的支持系统，使得家属之间在互相获得精神支持和鼓励之外，更重要的是彼此分析走出悲伤困境的经验，共同走过丧亲的痛苦阶段，完成后事处理等工作，从而以合适的方式走出悲痛，继续自己的生活、学习与工作。

③ 以"社区参与"为路径，整合社会资源和凝聚力量。社区工作以社区的人文地理优势为工作基础。在传统社区，殡葬活动常常成为社区事件，尤其在邻里关系密切的乡镇社区，殡葬活动成为社区内甚至是跨社区的社会事件。因社区特有的人文地理因素，导致社区事件的个体关联。常言道"远亲不如近邻"，便是这种日常关联重要性的表现。社区成员间的互助是社区工作的努力方向，在殡葬活动中表现得更加突出，社区工作介入殡葬活动的任务包括促进这种社区成员的互助。通过社区工作的高覆盖率，达成殡葬改革工作深入进行，尤其是对于"一条龙"主导的殡葬活动的治理和改造工作，是今后殡葬改革的工作重点，社区工作的介入可以起到以点带面的效果。

社区参与的根本目的是为丧者家属创造一个有利的社区环境。一方面，整合社区资源。在殡葬服务中，社会工作者在与社区内的有关人士和机构建立专业关系的基础上，积极开发、利用、整合各种社区资源，包括物质资源、技术资源、人力资源、福利资源等，为丧者家属提供一个和谐的社区环境，使他们获得更广泛的社会网络支持，减轻社会适应的压力。采取的手段可以是家庭访视等。另一方面，依托社区服务中心发挥服务作用。社区服务中心具有距离丧者家属的日常生活地点近的优势，照顾方便，费用低廉，具有很好的社会效益。

(3) 社会工作者介入殡葬活动

人力资源是当代社会发展的重要影响因素，社会工作者介入殡葬活动是人力资源影响殡葬活动的有效形式。社会工作者可以是政府聘用的专职社工，也可以购买专业社工机构中的服务，通过评估和整合资源，达到资源的最大化使用。当代殡葬活动的发起者——丧者家属常常将殡葬活动的需求交付给他人,这种交付和承付的双方我们称之为殡葬服务的主客体,人力资源影响殡葬活动的有效性表现在社会工作者对殡葬服务主客体的影响中。

社会工作者对殡葬服务主体的影响发生在协助和指导的过程中,促成殡葬服务主体使用社会工作方法达成服务效果的优化,通过对死者的亲属进行节哀教育,使之积极地面对现实。社会工作者在帮助殡葬服务客体进行殡葬活动的过程参与、行为决策、情感疏导、人际重建等方面具有"亲朋"的角色作用。社会工作者的双重角色与殡葬服务主体的行为效果形成互补,作为殡葬服务主体的一部分,加强了殡葬服务主体的力量,作为殡葬服务客体的一份子,拓展了丧者家属心理能量空间。

1.5 殡葬社会工作发展现状及展望

1.5.1 殡葬社会工作的发展现状

殡葬服务包括人们为处理死者遗体、悼念死者及抚慰丧者家属所提供的各种社会服务。我国自1956年实行殡葬改革以来,殡葬法制建设不断完善,殡葬管理水平持续提升,殡葬从业人员素质不断提高,殡葬服务的水平得到了极大的发展。但是随着经济社会的快速发展,传统的殡葬服务已不能满足丰富多样的社会需求,殡葬服务面临着一些新的问题和要求。

一方面,人民群众对殡葬服务的要求越来越高。殡葬改革的核心是坚持科学发展观,其本质就是要以人为本。这里的"人",既包括逝者,也包括生者;既包括殡葬服务对象,也包括殡葬从业人员。因此,殡葬行业必须从人本的角度向各个相关"人"提供服务。随着人们生活水平的提高,对殡葬服务的期望也越来越高,在提出专业化、多样化、人性化、个别化等更高的要求的同时,也在考验着殡葬单位提供哀伤服务、处理突发事件的能力。此时迫切需要一个能够满足多样化需求、提高殡葬服务水平的助人专业的介入。

另一方面,社会各界对殡葬行业的关注度越来越高。随着参与殡葬活动的人员日益增加及新闻媒体对殡葬行业报道的持续升温,殡葬行业越来越受到社会大众的关注。尤其是近年来一些不实报道的传播,使得殡葬行业被标上"殡葬暴利"等标签,殡葬消费者对殡葬单位提供的商品和服务存在着很多质疑,甚至是不信任。这些现象影响了殡葬行业的形象,不利于整个行业的健康发展。此时迫切需要通过一批专业服务人士来提升服务水平,进行社会倡导,重树行业形象。

面对上述的发展局面,《民政部关于进一步深化殡葬改革促进殡葬事业科学发展的指导意见》(民发［2009］170号)在指导思想中明确指出要完善服务体系。而社会工作正是这样一个能够提供多样化、人性化助人服务的专业。

2011年11月中央组织部、民政部等18个部门与组织联合印发《关于加强社会工作专业人才队伍建设的意见》,将加强社会工作专业人才队伍建设作为构建社会主义和谐社会的一项重大而紧迫的战略任务,进一步强调社会工作在解决社会问题、应对社会风险、促进社会和谐、推动社会发展方面的重要基础性作用。

目前,西方国家已引入社会工作介入殡葬服务的机制。美国社会工作者对逝者家属进行心理抚慰和疏导,帮助他们尽快从失去亲人的痛苦中脱离出来。我国虽然社会工作专业取得了一定的发展,但是殡葬服务领域社会工作尚处于发展初期,仅重庆、济南等地极少数殡仪馆开始了专业社会工作介入的探索,并积累了初步的实践经验。随着经济社会的快速发展以及殡葬改革的步伐加快,人们对以人为本服务的需求日益强烈,使得社会工作这一助人专业介入殡葬行业显得十分迫切和必要。

开展殡葬社会工作是转变殡葬服务模式的需要,是深化殡葬改革的需要,但是殡葬社会工作始终没有长足的发展,面临着以下急需解决的问题。

(1) 殡葬社会工作缺乏社会福利、社会工作等相关的法律法规和政策保障

国外社会工作的诞生与发展和相关的社会福利理论与社会保障制度紧密相关,在此基础上制定的相关法律法规是开展社会工作的重要依据。对于中国来说,刚刚进入一个经济比较发达,开始重视社会福利与社会保障阶段。对于殡葬社会工作,作为社会工作一个最小的分支,也是最近几年才在部分殡仪馆实施,无论是从制度层面还是政策层面,都还处在一个边缘的地带。殡仪馆没有殡葬社工岗位编制,专业社工无法进入殡仪馆,使殡葬社会工作开展服务首先就遇到社会认可及生存与发展的问题,地位身份不明,缺乏政策法规保障,殡葬社会工作者与殡葬行业长期处于不相融合状态。

(2) 殡葬行业内对社会工作的基本认识不足

目前,我国殡葬行业内部还不了解什么是殡葬社会工作。虽然一些殡葬示范单位已经将人文殡葬的理念贯穿于整个服务环节,相应的环境也随之改善,但对于社会工作者及其从事的工作仍然感到陌生。部分殡仪馆即使有一定认识,但认识也并不到位。在当前大多数殡仪馆财政自收自支,尚需要为生存发展而自负盈亏的情况下,不得不尽可能降低运营成本,严格控制人员编制,无暇顾及开展殡葬社会工作服务事宜。

(3) 社会知晓度不高认同感不强

殡葬行业本身就是社会的边缘行业,专业社工进入殡仪馆做社会工作,需要很长一段时间的调节方能适应殡仪馆社会工作。而由于社会的认同感不强以及找不到自己合适的岗位,他们能够在殡葬社会工作岗位上坚持多久仍然是未知数。

(4) 殡葬社会工作人才匮乏

殡葬社会工作是一门专业,具有专业理论知识、技能和职业价值观的专业工作者是开展殡葬社会工作的基础。我国目前社会工作发展尚不成熟,殡葬社会工作从业人员大部分是从其他社工岗位转化而来,常需要重新学习相关殡葬心理等专业相关知识方能适应新的岗位。

(5) 殡葬社会工作者职业发展路径不清

目前全国为数不多的开展殡葬社会工作服务的殡仪馆,设立的殡葬社会部门绝大多数是隶属殡仪馆的行政管理科室,人员岗位属于管理岗位,随着工作时间的增长,大部分人看不到自己的职业发展前景,职称和待遇无法得到有效落实,职业发展路径不清晰,难以激发殡葬社会工作者的创造性,也使得他们在为有服务需要的人群提供服务时无法获得职业的认同感和成就感,这不仅影响了他们工作的积极性,也遏制了他们业务水平的提高。近年来专业社工机构的发展为殡葬社会工作者提供了另外一条不隶属于殡仪馆等殡葬机构的职业发展路径,由殡葬单位向一般的社会工作机构购买殡葬社会工作服务项目,这种情况中的社会工作者会有自己仅仅只是暂时从事殡葬社会工作的想法,对未来的职业发展无法做出准确地判定。

(6) 殡葬社会工作不能完全满足社会需求

目前我国在岗的殡葬社会工作者人数少,专业水平不高,远不能满足办理丧事活动、殡仪馆、政府和社会的多层次、多元化需要。殡葬社会工作需要专业化、综合性、连续性的社会福利制度为基础,殡葬社会工作者仅能承担有限的社会责任,也要与其他专业技术人员协力合作，分别从自身专业的角度出发共同帮助有服务需要的对象。比如与殡葬工作者或者社区工作者合力来完成服务对象的需求。

1.5.2 殡葬社会工作展望

(1) 时代背景下的展望

我国殡葬行业的发展经历了以下几个不同的发展阶段：20世纪50年代到70年代末为刚性行政管理主导阶段，20世纪80年代到20世纪末为从行政管理向经营服务转型阶段，自21世纪开始进入管理与服务分离阶段。《民政部关于进一步深化殡葬改革促进殡葬事业科学发展的指导意见》中指出，深化殡葬改革的基本原则是以人为本，科学发展；政府主导，市场参与；政事分开，管办分离；统筹兼顾，分类指导。在今天这样一个强调以人为本的时代背景下，殡葬服务体系迫切需要根据时代的要求进行变革与完善，为社会工作介入殡葬行业提供契机。

(2) 服务内涵角度下的展望

殡葬行业中社会工作的服务对象是殡葬行业的相关者，包括从业人员、逝者及其家属以及社会大众。

首先，为从业人员提供服务。有研究显示，殡葬单位员工心理健康存在以下问题：一是由于工作性质的特殊性，有时会产生悲观、焦虑、抑郁、孤独等消极情绪；二是传统文化影响他们走亲访友，易使他们形成自我封闭的性格；三是工作环境的缺陷，如单位位置闭塞、场面悲伤等容易导致人的精神压抑。此外，由于受到员工自身心理因素和殡葬行业因素影响，殡葬从业人员中也存在行风不正等问题。

社会工作者向从业人员提供专业服务，目的是为殡葬员工提供服务，围绕员工在殡葬服务过程中出现的各种困扰及相关问题，提出解决方案，以增加员工福祉，提升员工能力，促进殡葬单位的正常运作和良好发展。在西方国家，企业社会工作者大多以员工协助方案即EAP（Employee Assistance Program）的方式提供，具体包括员工咨商（处理员工心理健康、工作环境适应、人际关系协调等个人问题）、生涯发展（对个人评估和训练以帮助他们做生涯规划）、健康福祉（教育员工健康生活、提升心理健康功能，预防员工生理、心理问题发生）。

其次，为逝者及其家属提供服务。"尊重逝者、慰藉亲人"是殡葬服务的核心理念。哀伤服务是一种针对因丧亲而引发的情绪、行为等问题而提供的介入服务，旨在帮助个人调适心理及环境以应对人生突发的危机。社会工作专业强调运用专业技巧和方法为陷入哀伤情境中的逝者家属提供专业服务，尤其是可以有效提供情感支持，培养丧者家属脱离哀伤情境的能力，以实现"助人自助"。

最后，面向社会大众的服务。殡葬行业还负有移风易俗的重任，同时也迫切需要树立行业形象。社会工作者通过社会倡导等形式，宣传惠民殡葬政策，普及文明殡葬知识，有利于移风易俗新风尚的推进。

可见，从殡葬行业社会工作的服务内涵看，社会工作通过向殡葬行业不同相关者提供针对性服务，能够满足不同相关者独有的特征及需要，正好切合了当前我国的现实需求。

(3) 专业发展视角下的展望

我国殡葬行业社会工作的发展虽然刚刚处于起步阶段，但已具备良好的发展开端。

首先，部分殡葬机构在当地民政部门和社会工作行业组织的支持下已开始了实践探索。

如济南殡仪馆制定了《济南殡仪馆关于明确社工在各科室工作范围的通知》《济南殡仪馆专职社会工作者岗位职责》等制度规范。

其次,社会工作专业教育发展为殡葬行业社会工作发展提供了大量专业人才。2010年中共中央国务院发布《国家中长期人才发展规划纲要(2010—2020年)》,把社会工作人才列为重点培养的六类人才之一,社会工作获得了党和政府的高度重视。截至2019年,全国已有82所高校开设了社会工作专业专科、348所高校开设了社会工作专业本科,为专业社会工作者介入殡葬行业提供了丰富的人员储备。

最后,社会工作职业化的迅速推进有助于社会工作顺利介入殡葬行业。2008年6月,我国开始举办全国社会工作职业水平考试。目前,社会工作者职业资格制度已经纳入了《国家职业资格目录》。2019年度累计有33.2万人取得了助理社会工作师证书,10.7万人取得了社会工作师证书,全国社会工作者总量已经达到120万人。借此契机,部分地区政府和专业社工服务机构开始合作尝试推动社会工作介入殡葬行业。济南殡仪馆使用专职社工就是在此背景下产生的政府购买社工项目。社会工作职业化发展是殡葬行业社会工作专业介入的一个重要推动力量。

殡葬社会工作具有巨大的发展空间和发挥优势的"土壤",关键在于如何去推进殡葬行业社会工作的专业和实践发展,促使社会工作专业与殡葬行业有机结合,真正实现利用社会工作专业为殡葬事业发展服务。

小 结

社会工作的根本理念是"助人自助",是围绕困难人群开展的以助人为本质的活动,殡葬活动中十分需要这一理念的介入。殡葬社会工作者带着这样的理念用专业的社会工作方法介入殡葬活动,能够很好地解决目前殡葬活动中对殡葬员工和丧者家属人文关怀和精神抚慰方面缺失的问题,并且能够持续推动殡葬改革事业的发展。虽然目前殡葬社会工作发展还不是非常完善,但其具有的社会价值值得我们为之努力。

思考与练习

一、单项选择题

1.(　　)指的是,社会工作者通过一定的专业方法,实现对殡葬行业的介入,在殡葬行业中开展专业的社会工作服务。

A.殡葬社会工作　　B.殡葬职工　　C.老年社会工作　　D.殡葬行业

2.社会工作者应当将服务社会中有需要的(　　)作为自己的首要任务。

A.特殊人群　　B.困难人群　　C.高收入人群　　D.政府官员

3.(　　)是由社会成员基本权利的保证、机会平等、按照贡献进行分配以及社会调剂(社会再分配)这四项基本规则构成的一个有机整体。

A.社会平等　　B.合理分配　　C.社会公正　　D.法律正义

4.殡葬活动指的是与逝者有一定关系的人有目的地处理逝者遗体及对逝者举行悼念的活动,涉及到(　　)等环节。

A.殡　　B.葬　　C.祭祀　　D.以上都有

5.社会工作方法按其与(　　)的关系分为直接服务工作和间接服务工作两大类。

A.工作目的　　B.工作人员　　C.政策法规　　D.工作对象

二、多项选择题

1.社会工作由哪些要素构成?(　　)

A. 工作对象　　　B. 服务提供者　　　C. 目标　　　D. 手段
2. 殡葬工作本身具有（　　）的要求，给了广大殡葬工作人员很大的心理压力。
A. 难度大　　　B. 强度高　　　C. 零容错　　　D. 工资高
3. 殡葬社会工作包括哪些主要构成要素？（　　）
A. 指导理论　　　B. 追求的目标　　　C. 高额回报　　　D. 解决的问题
4. 社会工作本身具备哪些方面的功能？（　　）
A. 恢复社会功能　　　　　　　B. 提供资源
C. 维护基本权益　　　　　　　D. 预防社会功能失调
5. 在殡葬服务的社会工作中，社会工作者的角色定位主要是？（　　）
A. 关系协调者　　　B. 危机干预者　　　C. 心理援助者　　　D. 社会志愿者

三、判断题

1. 殡葬服务包括人们为处理死者遗体、悼念死者及抚慰丧者家属所提供的各种社会服务。（　　）
2. 殡葬改革的核心是坚持科学发展观，其本质就是要以人为本。这里的"人"，专指逝者。（　　）
3. 殡葬社会工作者的工作场所并不仅限于殡仪馆、殡仪服务站、公墓等殡葬单位中。（　　）
4. 殡葬社会工作是在社会福利服务专业价值观与专业理论的指导下开展的。（　　）
5. 殡葬活动具有"助人"的性质。（　　）

PPT课件

模块 2
殡葬社会工作的理论基础

> 学习目标

殡葬社会工作是社会工作者通过一定的专业方法，实现对殡葬行业的介入，在殡葬行业中开展专业的社会工作服务。简言之，殡葬社会工作是一种专业化，至少在朝向专业化而努力的服务。

依据美国社会工作学者格林伍德的说法：专业的基本特性有五点：专业的理论，专业的权威，社区的认可，共同的守则，专业的文化。因此殡葬社会工作形成专业的首要条件是要建立专业的理论基础。

在这里我们将从社会学、心理学等多个层面找出与殡葬社会工作相关的理论。

2.1 心理学基础

在本质上，殡葬社会工作是属于社会工作的专业领域，往往容易被视为一种应用的社会学，因此将理论基础建立在社会学的基础上也被认为是合理的。但是，殡葬社会工作与心理学的某些理论是息息相关的，这不仅是因为社会工作在迈向专业化的过程中，曾于20世纪30年代深受弗洛伊德心理学派的影响，开始采用"心理—社会诊断"及"心理—社会治疗"的观点，而且殡葬社会工作本身的目的就是协助心理与社会适应欠佳的丧亲者及殡葬职工发展健全的社会化人格。

因此，我们将从家庭生命周期理论、邻避心理、增能理论、社会支持网络理论、精神分析理论、社会学习理论及需求层次理论等方面讨论殡葬社会工作与心理学理论之间的关联性。

2.1.1 家庭生命周期理论

家庭是社会生活的基本单位，具有相当的稳定性、持久性和连续性。家庭作为一个群体，担当着组织家庭成员分工合作、生产、消费、养育子女、赡养老人等各项重要功能。任何一个家庭，都有自己从建立、发展到解体和消亡的过程。产品的生命周期包括初创期、扩张期、成熟期和衰老期。就家庭而言，从一对夫妻结婚建立家庭、生养子女（家庭形成期）、子女长大就学（家庭成长期）、子女独立和事业发展到巅峰（家庭成熟期）、夫妻退休到夫妻终老而使家庭消灭（家庭衰老期），就是一个家庭的生命周期。

家庭生命周期的概念在社会学、人类学、心理学乃至与家庭有关的法学研究中都很有意义。例如，对家庭生命周期的分析，可以更好地解释处于不同家庭生命周期的人们心理状态的变化等。

家庭生命周期理论中被普遍接受的关于家庭生命周期阶段的划分，是格利克在1949年的一篇论文中提出来的，他根据标志着每一阶段的起始与结束的人口事件，将家庭生命周期划分为形成、扩展、稳定、收缩、空巢与解体等 6 个阶段，如表 2-1 所示。

表 2-1 家庭生命周期阶段的划分表

阶段	起始	结束
形成	结婚	第一个孩子的出生
扩展	第一个孩子的出生	最后一个孩子的出生
稳定	最后一个孩子的出生	第一个孩子离开父母亲
收缩	第一个孩子离开父母亲	最后一个孩子离开父母亲
空巢	最后一个孩子离开父母亲	配偶一方死亡
解体	配偶一方死亡	配偶另一方死亡

6 个阶段的起始与结束，一般以相应人口事件发生时丈夫（或妻子）的均值年龄或中值年龄来表示，各段的时间长度为结束与起始均值或中值年龄之差。例如，如果一批妇女的最后一个孩子离家时（空巢阶段的起始），平均年龄为 55 岁，而她们的丈夫死亡时（空巢阶段的结束），平均年龄为 65 岁，那么这批妇女的空巢阶段为 10 年。

第一个阶段，离家，孤身的年轻人：接受自我在情感上和经济上的责任。自我与原生家庭的分离；发展同龄人之间的亲密关系；在工作和经济独立方面确定自我。

第二个阶段，通过婚姻的家庭联合，新夫妇：对新系统的承诺。婚姻关系的建立；与延伸家庭、朋友重新组合人际关系，以接纳新的夫妻关系。

第三个阶段，有年幼孩子的家庭：接受新成员进入家庭。调整婚姻关系，为孩子留出空间；共同承担孩子的养育任务、赚钱和家务劳动；与延伸家庭重新调整关系，以容纳父母和祖父母的角色。

第四个阶段，有青春期孩子的家庭：增加家庭界限的灵活性，以容许孩子的独立，接纳祖父母的衰老。调整亲子关系，使青春期孩子能够自由进出家庭系统；重新聚焦在中年的婚姻和职业问题上；开始照顾老一代人。

第五个阶段，孩子离家生活：接纳家庭系统大量的分离和加入。重新审视二人世界的婚姻系统；在成年子女和父母之间发展成年人对成年人的关系；调整关系，吸纳子女的配偶、孙辈及婚亲的角色；处理父母的衰老和死亡。

第六个阶段，生命晚期的家庭：接纳代际角色的变化。面对生理上的衰老，维持自己以及伴侣的功能和兴趣；为扮演更为核心的中年一代提供支持；在系统中为年长一代的智慧和经验留出空间，支持年长一代，但不包办代替；应对配偶、兄弟姐妹和其他同伴的丧失，为自己的死亡做准备。

传统的家庭生命周期概念反映的是一种理想的道德化的模式，与社会的现实状况有较大出入。有不少学者已认识到这一概念的局限性。他们认为把家庭生命周期分为 6 个阶段，只适用于核心家庭。因此，这些学者主张用一个包括更多内容的新概念即"家庭生命历程"来取代比较狭隘的"家庭生命周期"，它包容核心家庭、扩大家庭、离婚与丧偶形成的单亲家庭，以及无孩家庭等多种现实生活中存在的家庭生活形式。

家庭生命周期的概念提供了一个了解家庭发展脉络的线索，对殡葬社会工作者具有重要的现实意义。当死亡事件发生时，即在生命周期的阶段之间出现的转折与过渡，是最容易产生家庭关系变化、紧张和家庭成员焦虑的主要时期，也是决定家庭成员成长与发展的主要因素。由一个家庭发展阶段的脉络，可以使殡葬社会工作者更加了解一个家庭一般的行为形态，以及这个家庭面对危机时可能出现的反应，这种转折点正为殡葬社会工作者提供了关注和介入家庭的时机。

2.1.2 邻避效应

随着城市化的快速进程和环境问题的日益严峻，早在20世纪70年代，国外学者便已着手对由环境问题引起的群体性反抗事件进行研究。O'Hare首次提出了NIMBY（邻避）的概念，描述那些可以带来整体性社会利益，但可能对周边居民产生负面影响的设施。在西方国家，随着"邻避"现象的普遍出现，不同学科领域的学者从各种视角提出了一系列的专业词汇来解释这种现象，并试图找到可行性解决方案。

邻避设施具有以下3个主要特征：一是具有满足某种社会需求的功能；二是具有直接或间接的污染性或危险性；三是受到附近居民的反对和抵制。

王奎明等提出邻避效应主要是指：在某一区域内建立的设施为该区域大部分居民带来利益，但迫使周边居民承受该设施带来的不良后果，如污染等，从而引发这部分居民的一系列抗争行为。谭鸿仁认为"邻避效应"是指垃圾场、核电厂、殡仪馆等邻避设施的存在会给周边居民的生活、心理、荣誉等带来诸多负面影响。

邻避情结是一种对建设邻避设施这种土地利用方式的对抗性态度，是一种情绪性的反应，而非基于充分的技术、经济、管理等方面的知识作出的反应。邻避情结实际上是一个介于邻避设施与邻避冲突之间的概念，它由邻避设施引起，从而进一步导致邻避冲突。

公众对邻避设施的不满而产生的冲突，被称为邻避冲突。邻避设施带来了收益风险分担不均衡，极易引发周边居民的抗拒心态与反对行动，即典型的邻避冲突。

邻避效应的相关理论提供了民众对殡葬设施及殡葬从业者持有不良态度的主要原因，对殡葬社会工作者具有重要的现实意义。对殡葬设施的邻避情结，导致群众包括丧亲者在内，对殡葬活动完全不知情并心存恐惧，也无形中对殡葬从业者产生了远离甚至排斥的态度。这种态度是殡葬社会工作者在为丧亲者及殡葬从业者等全体案主提供服务时需要关注的重点以及介入的时机。

2.1.3 增能理论

增能理论主要是围绕"增能"的概念而得以产生。"增能"主要是指社会工作者采取一系列的行动帮助他人实现增权赋能，使得他人所处的不良环境和结构得以改变，尤其是对于社会弱势群体的增能。增能理论的核心内容是"助人自助"。

殡葬工作者具有潜能，社会工作者通过使用各种介入技巧发挥他们的潜能，并且也利用外部资源帮助他们。在增能理论看来，增能包括个人层面的自我增能、人际层面的增能、社区层面的增能。首先，社会工作介入过程中能够激发殡葬工作者的潜力，使他们自己完成日常生活的一些事情；其次，社会工作者可以从家庭成员方面介入，让家人学会发现殡葬工作者的潜在能力，同时工作人员可以为家庭成员提供一些增能技巧，以便于减轻家人的心理压力，以及帮助殡葬工作者建立邻里支持网络系统，借助邻里的力量实现增能；再次，提升社会工作服务机构的服务水平，以便殡葬工作者获得更好的社会适应发展。

2.1.4 社会支持网络理论

社会支持网络理论首先出现在心理学界，Cobb（1976）提出了社会支持概念。良好的社会支持有益于个人身心健康：一方面，社会支持能够为处于压力状况下的个体提供保护，对压力起到缓冲的作用；另一方面，社会支持对于维持良好的情绪体验具有重要的意义，同时还有利于增强个体的生活适应和社会适应能力。社会支持分为正式的社会支持网络和非正式的社会支持网络。正式的社会支持网络主要是由政府、社会组织提供，非正式社会支持网络主要是来自于家庭、亲友、邻里、非正式组织支持。

社会支持的内容和功能主要包括以下几个方面：一是经济性支持；二是情绪性支持；三是服务性支持；四是社会性支持。社会工作者帮助案主整合和链接资源，帮助他们提升资源的运用能力。是否拥有社会互动与支持，已被证明是衡量个体对生活满意和感到幸福的重要指针之一。对于殡葬工作者，除了家庭成员提供支持外，邻里、社会资源、亲朋好友等也能为他们提供支持，其支持的内容包括经济、关心、安慰、经验的分享、社交支持等。

2.1.5 精神分析理论

众所周知，佛洛依德是精神分析理论的创始人，由他的三本名著《梦的解析》《日常生活的心理分析》《性学三论》形成了精神分析理论的建构基础。精神分析理论的基本观点包括以下三个方面。

（1）人格结构

根据佛洛依德的分析，人格由三个主要系统所构成，即本我、自我及超我。本我即生理我，是与生俱来最原始的系统，如初生婴儿饥饿时啼哭，这是一种要求满足生理需要的自然表现，毫无修饰，与动物本能的面貌无异。自我即心理我，是由本我发展而来，用以调节内在的需要与现实的要求。自我与本我的主要区别，在于后者只知道自己内在主观的需求，而前者除了知道什么是内在的需求，还能了解外在世界中的现实事物，从而在个体本能需要与现实环境中间取得协调以求适应。至于超我，即社会我或理想我，将社会理想的价值观念内化，形成人格的一部分。虽然，精神分析论者将人格结构分为本我、自我及超我三个部分，也各有其不同的功能，但三者之间却不能孑然独立，反而密切相关，交织构成个人的人格。同时也只有发展出超我的人格系统，才算是发展健全的社会化人格。

（2）人格发展阶段

根据佛洛依德的说法，一个人的人格发展需经过五个阶段：①口腔期，②肛门期，③性器期，④潜伏期，⑤性爱期。这五个阶段中，每一阶段都有其发展的任务，而且从一个阶段发展到另一个阶段时，往往会产生某种焦虑，克服了焦虑才能迈向另一阶段的发展，否则便可能被压抑在潜意识里。同时，精神分析理论者认为个人的人格结构在六岁以前便已大致完成，往后的成长，大部分是在加强此项基本结构的完成。因此他们对于人格适应问题的形成，往往归因于早期的儿童生活经验。这种观点可能是殡葬社会工作者采用社会个案工作方法时，注意追溯案主生长史的一项有力根据。

（3）自我防御机能

佛洛依德认为"防御"是正常人格的一部分。个人在人格发展的各阶段都难免有所焦虑，当焦虑发生时，健全的自我应能正确地判断在何时及采用何种方式加以防御，它既会顾及现实的情况，也会依照不同的情况而采用不同的措施，否则焦虑可能继续存在。然而，防御的次数太频繁或防御的强度太激烈，也会形成个人的不良适应。对于自我防御的方式，佛洛依德的女儿安娜曾提出了五种：①压抑，②投射，③反其道而行，④固定，⑤退回。佛洛依德的其他学生又发展出认同、升华、转移、代替等方式。这些自我防御机能都有助于殡葬社会工作者进行个案诊断分析时参考。

精神分析理论在人格结构、人格发展阶段、自我防御机能，以及重视治疗等方面，都给殡葬社会工作，尤其是社会个案工作方面带来了相当大的影响，是殡葬社会工作不可忽视的一项理论依据。

2.1.6 社会学习理论

社会学习理论是运用学习心理学的概念，解释人格形成和改变的一种理论。社会学习理论强调环境因素对个人的影响，认为个人可经由增强、模仿、认同等学习方式而形成或改变其社会行为。

社会学习理论崛起于20世纪30年代，班杜拉重视社会情境因素与个人认知能力对行为的交互影响，其理论最常被引用。主要有以下五点。

(1) 观察学习的历程

班杜拉认为个人的行为大部分是经由观察学习而来，因为人的认知能力使个人可以经由观察他人的行为，即可表现类似的行为，而避免尝试错误的一些痛苦经验。班杜拉认为观察学习是由下列四种历程交织而成：注意的历程、保留的历程、付诸行动的历程、诱导与增强的历程。

(2) 自我调适与自我增强

班杜拉认为外在的奖惩固然会影响个人行为习惯的形成，但人们也常为自己设定某些行为标准，以自我赞许与自我惩罚的方式去衡量自己的行为，从而改变或形成一种新的行为模式。

(3) 情绪和价值观念的学习

班杜拉认为除了认知学习外，观察学习也能制约观察者的情绪反应和价值观念。当示范者受惩罚时所表现的恐惧情绪，或受到赞许时所表现的喜乐情绪，都或多或少对观察者发生刺激作用，而且示范者对某一事物的喜好程度，也会影响观察者对此事物的评价。此种示范作用如果运用增强的历程，影响更大。

(4) 模仿行为的内化

班杜拉认为个体有自我辨识的能力，他能辨别示范者的行为与本身行为的相似程度，然后才决定是否加以模仿，换言之示范者的行为，对观察者没有增强作用时，模仿的反应便会急速减弱，反之如果示范者的行为对观察者具有吸引力时就会类化其模仿行为。

(5) 示范行为的来源

传统上解释社会化的过程，往往强调真实人物的认同，行为的示范和传递是单向的，班杜拉则认为符号性的示范行为也具有相当大的影响力，很多时候，行为的传递是双向进行的。具体说，示范行为的来源很多，除了父母外，还包括同辈团体、学校、职业团体、大众传播媒体等。观察者对这些不同领域的示范行为并非照单全收，而是选择其中数种行为加以组合，然后产生另外一种新的行为。同时，观察者不断接受环境的影响，有时也会影响或试图改变环境。

概括地说，社会学习是一种社会化的过程，个人在社会互动过程中经由观察、模仿、认同与社会增强作用而学习。此种学习理论，目前已广泛被应用于自我训练、行为治疗与行为改变技术方面。殡葬社会工作者在为案主提供专业协助的过程中，强调案主自我决定的原则，有时运用行为改变技术，以增强作用协助案主自我调适与自我增强，从而改善其社会适应的不良情况，可以说是社会学习理论的应用。

2.1.7 需求层次理论

需求层次理论是由美国著名的社会心理学家、人格理论家和比较心理学家马斯洛提出来的。他提出，人有一系列复杂的需求，按其优先次序可以排成梯式的层次，其中包括四点基本假设：已经满足的需求，不再是激励因素；人们总是在力图满足某种需求，一旦一种需求得到满足，就会有另一种需求取而代之；大多数人的需求结构很复杂，无论何时都有许多需求影响行为；一般来说，只有在较低层次的需求得到满足之后，较高层次的需求才会有足够的活力驱动行为。满足较高层次需求的途径多于满足较低层次需求的途径。

需求层次理论的主要内容是：人的需求由较低层次到较高层次，依次分成生理需求、安全需求、社交需求、尊重需求和自我实现需求五类。

① 生理需求：对食物、水、空气和住房等需求都是生理需求，这类需求的级别最低，人们在转向较高层次的需求之前，总是尽力满足这类需求。一个人在饥饿时不会对其他任何事物感兴趣，他的主要动力是得到食物。

② 安全需求：安全需求包括对人身安全、生活稳定以及免遭痛苦、威胁或疾病等的需求。和生理需求一样，在安全需求没有得到满足之前，人们唯一关心的就是这种需求。

③ 社交需求：社交需求包括对友谊、爱情以及隶属关系的需求。当生理需求和安全需求得到满足后，社交需求就会突显出来，进而产生激励作用。这些需求如果得不到满足，就会影响人的精神，导致高缺勤率、低生产率、对工作不满及情绪低落。

④ 尊重需求：尊重需求既包括对成就或自我价值的个人感觉，也包括他人对自己的认可与尊重。有尊重需求的人希望别人按照他们的实际形象来接受他们，并认为他们有能力，能胜任工作。他们关心的是成就、名声、地位和晋升机会。当他们得到这些时，不仅赢得了人们的尊重，同时其内心因对自己价值的满足而充满自信。不能满足这类需求，就会使他们感到沮丧。如果别人给予的荣誉不是根据其真才实学，而是徒有虚名，也会对他们的心理构成威胁。

⑤ 自我实现需求：自我实现需求的目标是自我实现，或是发挥潜能。达到自我实现境界的人，接受自己也接受他人，解决问题能力增强，自觉性提高，善于独立处事，要求不受打扰地独处。要满足这种尽量发挥自己才能的需求，他应该已在某个时刻部分地满足了其他的需求。当然自我实现的人可能过分关注这种最高层次的需求的满足，以至于自觉或不自觉地放弃满足较低层次的需求。

需求层次理论，是社会工作进行专业助人实践的重要理论基础，同时也对新时期殡葬事业具有重要的借鉴意义。一方面，由于职业的缘故，殡葬从业者群体在社会中的心理压力高于一般社会群体。他们大多没有职业认同感，会使他们可能产生不满、苦闷、焦虑、急躁情绪，难以进行心理上的自我调适，从而容易对生活失去信心，产生严重的逆反心理，出现过激行为。另一方面，在特定时间内，人可能受到各种需求的激励。尊重是对一个人价值的承认，每一个社会成员都希望自己在社会生活中发挥应有的作用，希望能够凭借自己的知识与能力获得他人和社会的承认。这一点对殡葬从业者和丧亲者来说都尤为重要。所以，单纯地给予丧亲者人道主义的同情是不够的，更重要的是解除丧亲者自身及其家庭的心理压力，调整其因丧亲而产生的社会心理失衡，这种失衡得到调整，必然会给丧亲者及其家庭带来自强不息的动力。这就表明，新时期殡葬事业不仅要努力满足殡葬从业者和丧亲者基本的物质需要，还要给他们以安全感和尊重感，有利于殡葬从业者实现其自身的价值。

2.2 社会学基础

社会学是研究群体关系的科学，其基本前提认为人是社会的动物，必须经营群居的生活，因此个人必须参与在某些团体中，以某些角色与团体的其他成员进行互动，产生良好的社会关系，达成良好的社会适应。如果在团体生活过程中，个人与他人的互动缺乏或不当，就会产生社会关系失调或社会适应欠佳的问题。

殡葬社会工作的服务对象为广大丧亲者及殡葬行业从业者，工作的目的在于促进其社会化人格正常发展，同时对少数适应欠佳的工作人员、逝者家属提供各种协助，以解决其生活、社会适应的困扰问题。殡葬社会工作在运作过程中，很多地方均需采用社会学的理论作为基础，尤其是社会学中的偏差行为理论、角色理论、社会福利理论及社会排斥理论等相关理论。

2.2.1 偏差行为理论

群居不同于独处，人类都是生活在一个团体之中的，并不能完全孤立于世，只考虑自己的需要与愿望，我们还必须同时顾及其他成员的需要与愿望，否则团体的秩序无法维持，甚至很快就趋于分崩离析，因此团体都有一些行为的规则与标准，要求每一个成员遵照。

社会学家称这些行为的规则和标准为规范，而偏离或违反规范的行为便是偏差行为。例如在治丧过程中有迷信行为等陋习，通常为国家法规制度不容许的，就属于偏差行为。

为什么有人不遵守规范？近一个世纪来也有许多理论分别从深入的心理的以及社会的观点来探讨这个问题，以便找出解释偏差行为的理由，其中与殡葬活动有关的，包括秩序迷乱论和文化转移论。

(1) 秩序迷乱论

"迷乱"一词是法国社会学者团体首先提出的，用以描述社会体系缺乏共同规则或无规范的状态。迷乱通常表示一种社会规范的衰微、冲突、含糊或不存在的状态，以致有人不知道该做什么，该怎么做，甚至不能控制自己的欲望，更不能分享共同的目标。涂尔干曾在他的名著《自杀论》一书中指出，在社会变迁过度剧烈的期间，人们往往无法预期其他人的行为是否遵守社会理念或合理地组织他们的行为，因此也无法预测遵守或偏差，会受到奖励或惩罚。例如在殡葬活动中有人铺张浪费、大操大办而得到孝顺的赞誉，有的不肯遵从陈规陋习，举行封建迷信活动而被他人批评，如果这样的事情一旦发生，便会影响社会团体成员经由既定的报酬与处罚系统来支持其遵守规范的诚意，在这种混乱且无效率的迷乱情境中，很容易衍生出某些偏差行为。后来美国社会学者默顿将涂尔干的迷乱理论加以引申，提出人们在迷乱情境中可能有 4 种偏差反应的方式：创新、仪式主义、退缩、反叛。

(2) 文化转移论

美国犯罪学者萧克利福与马凯等人认为偏差行为有时会形成一种次级文化规范，转移给社会团体的下一代成员或新进成员，这就是文化转移论。根据他们的研究，发现美国都市有些高犯罪率的地区，即使人口组合已有改变偏差，行为却依然如故，换言之犯罪已变成这些地区社会生活的一种传统，经由个人与团体的互动而转移。

后来桑思兰又发展出一种差别结合理论，尝试了解偏差行为的转移如何发生，他认为犯罪行为和其他行为一样，都是从学习中得到的。他是在与他人沟通中学习而得到的，尤其是从个人所亲密归属的团体中最容易习得，正如"近朱者赤，近墨者黑"。桑思兰又指出偏差行为的转移受到若干因素的影响：第一，涉及他人的强度——家人及亲密朋友的偏差观念比一般人有较大的影响力；第二，优先——早期生活上所感受到的偏差行为对于后来的行为影响力较大；第三，期间——感染偏差概念的时间越长越表现出偏差行为；第四，频度——感受偏差概念及行为的密度越大，越常出现偏差行为；第五，接触次数——接触他人赞成或支持偏差行为的次数越多，越会增强其偏差行为的呈现。由文化转移理论，我们可以推知殡葬活动中偏差行为的产生，可能与家庭和社区、社会环境密切相关，尤其受到基础偏差行为次文化之强度、优先、期间、频率及次数的影响。

2.2.2 角色理论

角色原为社会心理学的概念，近年来已广泛应用于社会学、人类学及精神医学的研究领域，建立了不少重要的理论。

在角色研究的发展过程中，通常被社会学讨论的角色理论有角色期待、角色扮演及角色冲突等。

（1）角色期待

有关角色的定义很多，美国加州大学社会学教授萨尔斌则以行为的观点来解释角色，认为角色代表"所期待于某一社会地位和身份具有者的行为，以及社会团体期待某一特定类别的人所应表现的行为模式。"根据萨尔斌的解释，社会团体对某一角色的期待往往与被期待者的社会地位息息相关，从而表现出被期待的行为或特质，换言之，任何角色的意识，对个人而言代表一套行为模式，使他置身于社会生活中应该表现出的行动，也是社会期待他表现的行动。例如我国传统社会中强调父严、母慈、兄友、弟恭、学不厌、教不倦的观念，都是一种角色期待。如果一个人的行为表现不能符合其所处社会团体的期待，则可能导致社会适应欠佳。所以目前殡葬事务中经常有政府、社区的宣传活动，以及殡葬单位组织的公共活动，就是告诉广大群众他们将来在殡葬活动中扮演的角色应该有何种行为、态度及品格特质。

（2）角色扮演

美国学者米德在所著《心灵、自我与社会》一书中，曾特别强调在社会行动中扮演他人角色的重要性，米德曾以儿童的游戏为例，说明个人在社会情境中如何同时串演自己和他人的角色。譬如，儿童在游戏时，最初经常以模仿成人的角色为乐，他一面当贩卖商人，另一面又充当顾客，有时自己喻为医生，而将洋娃娃当做病人，扮演双方不同的角色讲话，自问自答，自得其乐。后来随着年龄的成长，儿童的游戏开始有了一些"规则"出现，以使游戏能顺利进行。米德认为儿童之所以肯接受行为的约束，遵守游戏规则，而与别人公平竞争，乃是他能取代别人的角色，从角色扮演中考虑到整体的存在。后来精神医学家莫雷诺所倡导的"心理剧"与"社会剧"，可视为角色扮演理论的实际操作，以期透过戏剧的演习，使个人尝试处理问题情境的各种方式，并与他人的角色相互调适而形成良好的人际关系。此种角色扮演的社会学习技巧目前经常被应用于团体辅导上。

(3) 角色冲突

美国社会学家默顿认为，任何社会地位通常都会牵涉一个以上的社会关系，所以他主张以"角色组"代替传统所称的"角色"。根据莫顿的解释，角色组是指一些人由于占据某一特定社会地位，而有多种角色关系的互补。例如某一男士同时扮演儿子角色、职业角色、丈夫角色等。一个人同时要扮演两种以上的角色，有时难免无法加以协调而造成角色冲突。例如职业妇女的职业角色与家庭角色、工读生的求学角色与工作角色往往令人顾此失彼，无法兼顾，这就是一种角色冲突。此种角色冲突称为角色间的冲突。另外还有一种角色内的冲突，系指两个以上的团体对同一角色的不同期待，使得角色扮演者左右为难，无所适从，不知如何去选择适当的行为模式。例如父母对子女的期待不同，父亲期待子女成为医生，母亲却期待子女成为歌星，此种不同的期待往往造成角色扮演者适应上的困扰。

这些角色理论一方面有助于殡葬社会工作者诊断殡葬活动过程中参与者困扰问题的根源，一方面也是殡葬社会工作者在助人过程中可以加以应用的一种专业技术，尤其是角色扮演或社会剧的实施。

2.2.3 社会福利理论

社会福利理论是一种以完善社会福利为手段，以改善弱势群体的状况、实现社会公正为目标的社会学理论。社会福利理论，包括社会福利理念、社会福利状态和社会福利制度三个层面的内容。

从理念上看，社会福利理论认为，老人、孤儿、残疾人、非自愿失业者等都应得到食品、衣服、住房、工作等各方面的救济和扶助。这一理念在现代"福利国家"中占有重要地位，被用来缓解在资本和财富分配领域里占统治地位的资本和私人财产神圣不可侵犯的观念引起的冲突。

从状态上讲，社会福利理论认为，社会福利状态是指人类社会，包括个人、家庭和社区的一种正常和幸福的状态。它涉及人类社会生活的各个方面，主要包括社会问题的调控、社会需要的满足、实现人的发展潜能等。它努力消除贫困、疾病和犯罪等社会病态，鼓励促进人类幸福、疗救社会病态的慈善活动和政府行为。

从制度上讲，社会福利理论认为，社会福利制度是指国家和社会为实现社会福利状态所做的各种制度安排，一般包括社会福利的目标体系、社会福利的对象、社会福利的项目体系、社会福利的资金和服务提供体系四个方面。从这四个方面出发，狭义的社会福利制度只为帮助特殊的社会群体疗救社会病态而提供的服务，又称福利服务。它在社会生活中是补缺性的，涉及的是传统社会工作的内容，宗教和慈善机构、邻里和社区等在其中起着重要作用，政府介入较少。广义的社会福利制度强调社会福利制度在促进和实现人类共同福利中的作用，主要包括以下几个方面。

① 非正式的社会福利制度，包括个人、家庭、邻里和社区为增进社会福利、履行文化和道德责任所进行的各种活动，如个人帮助和照料家庭成员的活动、帮助周围需要帮助的人的活动、社区为帮助需要帮助的人所做的集体努力等。

② 正式的社会福利制度，主要包括宗教的慈善活动、非宗教的慈善活动（即非营利组织的社会福利活动），其中，有组织的宗教慈善活动是最重要的内容。但非宗教的慈善活动组成了社会福利活动的志愿部门，有时又被称为"第三部门"。

③ 国家的社会福利制度，一般认为主要有六大服务项目：a. 社会保障和收入保障服务，包括社会保险和社会救助；b. 医疗服务；c. 教育；d. 住房；e. 社会工作服务和对个人的社会服务；f. 就业保障。除此以外，政府还通过税收制度影响社会福利状态，如对有儿童的家庭和残疾人提供税收减免等。

西方的社会福利理论本质上是资产阶级改良主义思想在新的历史条件下的进一步发展。我们应该认真地借鉴西方的社会福利理论，创立并不断完善中国特色的社会主义社会福利理论，促进建立健全殡葬服务社会保障体系，为实现共同富裕，维护社会公正，弘扬人道主义，促进社会和谐，提供新的理论支撑，其对发展新时期殡葬事业，无疑具有重要的指导意义。

2.2.4 社会排斥理论

所谓社会排斥，在社会学、社会工作、社会政策以及其他一些相关领域中这个词的含义已经被泛化，意指主导群体在社会意识和政策法规等不同层面上对边缘化的弱势群体的社会排斥。社会排斥是一个多元概念，指某些个人、家庭或社会群体缺乏机会参与一些社会普遍认同的社会活动，被边缘化或隔离的系统性过程，这个过程具有多维的特点，并表现为被排斥者在经济、政治、社会、文化及心理诸多方面的长期匮乏。

在某种意义上，社会排斥是社会分化过程研究的延伸。社会排斥理论的部分理论渊源根植于社会学关于社会分化的理论。社会排斥概念内涵强调了社会分化在经济之外的意义，包括社会连接的断裂、两种社会层级的危机、福利依赖层的重新组合等。

在一个社会中，解决社会排斥，是为了社会的整合，在这个意义上参与不足的社会排斥和整合不足的社会排斥是不同的。理惠特把有关社会排斥的论述分为三种：资源分配论、道德下层阶级论和社会整合论。资源分配论认为弱势群体面临的问题不是因为他们自己不努力，而是因为他们所处的社会是一个资源分配不公的社会。道德下层阶级论强调在社会排斥中个人的责任，弱势群体在面对社会排斥时，有时是他们自我排斥，不参与社会。社会整合论，强调改变弱势群体的状况，要通过教育、职业培训、就业服务等让弱势群体融入社会。理惠特的讨论对于我们分析、解决殡葬从业者在观念、就业、教育、物质环境等诸多方面所面临的社会排斥，具有理论和实践的双重指导意义。

唐钧借用制度经济学的概念来分析社会排斥，认为它是游戏规则造成的。而社会政策研究的目标就是要修订游戏规则，尽可能地惠及每一个社会成员，从而趋于更合理、更公平。

社会排斥理论对新时期殡葬事业具有重要的指导意义。根据这一理论，我们应该高度关注对殡葬从业人员的社会排斥现象，寻找其根源，并从社会政策等多方面寻求消除社会排斥、实现社会公正的有效对策，以促进新时期殡葬事业的健康发展。

2.3 其他视角下的殡葬社会工作理论

2.3.1 哲学——人本理论

人本理论是以人为出发点和中心点的一种哲学理论，颂扬人的价值、尊严和力量，强调人的地位和作用。坚持以人为本，就是要以实现人的全面发展为目标，从人民群体的根本利益出发，谋发展、促发展，不断满足人民群众日益增长的物质文化需要，切实保障人民群众的经济、政治和文化权益，让发展的成果惠及全体人民。

人本理论作为一种政治哲学理论，有其深厚的理论渊源。在中国，先秦时期就有"民本思想"，《尚书》有"民为邦本"之说；《左传》有"民，神之主也"；孟子说"民为贵，社稷次之，君为轻"，还说"保民而王，莫之能御也"。国的主体是民，民本思想无疑与人本思想内在相通。中国传统的儒家学说所强调的"仁者爱人"以及人们常说的"得人心者得天下，失人心者失天下"则更是人本思想的直接体现。

在西方，"以人为本"的思想最早可以追溯到古希腊时期，普罗泰戈拉提出"人是万物的尺度"的命题，标志着智者把哲学研究的对象由自然转向了人。自文艺复兴时期开始，出现了一股强大的人本主义思潮，与中世纪的"神本主义"相对应，在人与上帝、人与自然的关系中，高扬人的意义和价值。文艺复兴从根本上讲是在资本主义兴起的条件下，对古希腊古罗马哲学中，以人为中心的思想的复兴。在西方哲学史上，是费尔巴哈使人与人之间的社会关系变成了理论的基础原则。

马克思主义继承了以往哲学关于人的思想的积极成果，科学地揭示了人的本质，为"以人为本"思想的确定奠定了科学的基础。在唯物史观的科学体系中，人的发展是其理论的核心，人的自由和全面发展是历史发展进步的标志。马克思主义人本理论所实现的从抽象的人到现实的人的转变，是历史唯物主义对历史唯心主义的代替。

马克思主义人本理论对我国新时期殡葬事业（包括殡葬社会工作在内）具有重要的指导作用。首先，以人为本是科学发展观的核心理念。毫无疑问，马克思主义人本理论已成为中国新时期，包括殡葬事业在内的各项事业的指导思想和理论武器。其次，人道主义思想和人本理论的思想根源、思想原则是相通的，但人道主义思想并不等于人本理论。人道主义主要是一种意识形态、社会思潮，它侧重于政治、道德、文化等方面的意义。而人本理论主要是指一种哲学理论、学术思想。人本理论可以说是人道主义的哲学基础，人道主义则是人本理论在人文社会科学及社会生活中的运用和体现。在新时期殡葬事业中，人道主义思想是整个行业高举的思想旗帜，马克思主义人本理论是整个行业发展的哲学基础。再次，以人为本中的人，是指所有的人，丧亲者是人类群体中十分困难、十分需要关爱和支持的群体，努力关爱、支持丧亲者，当然应该是以人为本的题中应有之义。

2.3.2 伦理学——人性理论

人性，即人的本性或本质。人性理论源远流长，中国古代思想史上的人性理论代表性的观点有两种，一是以儒家正统思想为代表的性善说，二是以法家为代表的性恶说，除此两种代表性观点外，中国古代思想史上还有性无善恶说或性兼善恶说。在西方，尤其是在欧洲，也有从善恶的角度来解说人性的。基督教的"原罪说"就是一种典型的性恶论，欧洲思想家奥古斯丁、马基雅弗利、霍布斯、叔本华等皆持人性为恶的观点。性善论者，西方有古希腊的斯多葛学派和卢梭。此外西方也有性无善恶说或性兼善恶说。

马克思主义认为，人的本质是历史的、具体的，人的本性是人的对象性的物质创造和精神道德创造的结果；人的本质是其社会关系的总和；现实的人的社会存在方式的多重性，决定了人的本质的相对性和多层次性；人的本质是在社会实践活动中形成的，也是在社会实践中表现出来的，并且是在社会实践中改变和完善的。对人们所固有的仁爱和善良之心，马克思主义历来提倡启蒙教育和发扬光大。根据马克思主义的人性理论，近年来学术界在人性理论方面形成了三种有代表性的学说：一是社会属性说，认为人性就是人的本质，而人的本质就是一切社会关系的总和；二是两性说，认为人性具有社会属性，也有自然属性，自然性是人性的基础，社会性是人性的核心，社会性高于自然性而居主导地位；三是追求生存优越说，认为人性善恶的界说、人性社会属性说、两性说的都是不合理的，人性形而上的界说可为追求生存优越并在生存生活中附有一定的道德属性。

马克思主义人性理论，对新时期殡葬事业（包括殡葬社会工作）具有重要的指导作用。首先，马克思主义人性理论主张惩恶扬善，这对在新时期殡葬事业中消除歧视、弘扬中华民族助人为乐的传统美德、弘扬人道主义等具有极其重要的意义。其次，马克思主义人性理论主张人的社会属性高于人的自然属性，在文明进步的新时期，需要善于从社会进步的角度来提供帮助，推动社会的文明、和谐程度的提升和全面协调持续发展。再次，马克思主义理论主张实现人的全面自由的发展。殡葬从业者在社会发展中同样具有主观能动性，我们一方面应该努力关心殡葬从业者，另一方面应该大力倡导尊重殡葬从业者，为他们追求生存以及全面自由发展提供广阔的社会空间和历史舞台。

小 结

殡葬社会工作者掌握相关的理论基础，能够更好地理解殡葬活动中存在的各种现象的原因，更加深刻地认识殡葬事业发展中存在的各种问题，对于服务案主，推动殡葬事业发展，有十分积极的意义。

思考与练习

一、单项选择题

1.（ ）指的是，在某一区域内建立的设施为该区域大部分居民带来利益，但迫使周边居民承受该设施带来的不良后果，如污染等，从而引发这部分居民的一系列抗争行为。
　　A. 殡葬社会工作　　B. 殡葬设施　　C. 邻避效应　　D. 殡葬从业者

2. 班杜拉认为个人的行为大部分是经由（ ）而来。
　　A. 自我增强　　B. 价值观念　　C. 观察学习　　D. 模仿内化

3.（ ）是指社会工作者采取一系列的行动帮助他人实现增权赋能，使得他人所处的不良环境和结构得以改变。
　　A. 提高　　B. 发展　　C. 增能　　D. 以上都不对

4. 人格由（ ）系统所构成。
　　A. 本我　　B. 自我　　C. 超我　　D. 以上都有

5.（ ）是一种以完善社会福利为手段，以改善弱势群体的状况、实现社会公正为目标的社会学理论。
　　A. 社会保障理论　　B. 社会工作理论　　C. 社会公益理论　　D. 社会福利理论

二、多项选择题

1. 精神分析理论的基本观点包括以下哪些方面？（ ）
　　A. 人格结构　　B. 人格发展阶段　　C. 自我防御机能　　D. 人本理论

2. 人们在迷乱情境中可能有哪几种偏差反应的方式？（ ）
　　A. 创新　　B. 仪式主义　　C. 退缩　　D. 反叛

3. 在角色研究的发展过程中，通常被社会学讨论的角色理论有哪几个方面？（ ）
　　A. 角色期待　　B. 角色扮演　　C. 角色冲突　　D. 角色丧失

4. 根据马克思主义的人性理论，近年来学术界在人性理论方面形成了哪三种有代表性的学说？（ ）

A. 社会属性说　　B. 两性说　　　　C. 追求生存优越说　D. 性无善恶说

5. 广义的社会福利制度，强调社会福利制度在促进和实现人类共同福利中的作用，主要包括以下哪几个方面？（　　）

A. 非正式的社会福利制度　　　　　B. 正式的社会福利制度

C. 国家的社会福利制度　　　　　　D. 无国界的社会福利制度

三、判断题

1. 家庭是社会生活的基本单位，具有相当的稳定性、持久性和连续性。（　　）

2. 邻避情结是一种对建设邻避设施这种土地利用方式的对抗性态度，是一种基于知识的理性反应。（　　）

3. 良好的社会支持是有益于个人身心健康。（　　）

4. 根据佛洛依德的分析，人格由三个主要系统所构成：本我、自我及超我。（　　）

5. 人性理论源远流长，中国古代思想史上的人性理论代表性的观点有两种，一是以儒家正统思想为代表的性善说，二是以法家为代表的性恶说。（　　）

PPT课件

模块 3
殡葬社会工作的主要内容

> **学习目标**
>
> 本模块阐述了殡葬社会工作的主要内容，包括社会救助、殡葬业务引导与全程伴随服务、悲伤抚慰、殡葬从业人员的心理疏导、殡葬政策宣传与移风易俗推动、生命教育等具体方面。通过对每项内容的详细描述，帮助学生充分理解殡葬社会工作在整个殡葬服务过程中的重要作用。

3.1 社会救助

3.1.1 社会救助的概念与内容

（1）概念

所谓社会救助是指国家和其他社会主体对遭受自然灾害失去劳动能力或其他低收入公民给予物质帮助或精神救助，以维持其基本生活需求，保障其最低生活水平的各种措施。它对于调整资源配置、实现社会公平、维护社会稳定有非常重要的作用。

（2）内容

社会救助在经济、文化、政治和社会等领域都有涉及。我国社会救助的内容包括最低生活保障、受灾人员救助、教育救助、住房救助、临时救助、就业救助、特困人员供养、医疗救助等。

3.1.2 殡葬救助

随着我国社会经济的发展和殡葬改革的推进，困难群体殡葬救助需求日益紧迫和突出。建立殡葬救助体系是完善城乡社会救助体系的重要组成部分，是一项关系百姓切身利益、体现社会公平和推进殡葬服务均等化的重要举措。《民政部关于进一步深化殡葬改革促进殡葬事业科学发展的指导意见》中重点强调推行惠民殡葬政策。各地要结合实际，加快建立和完善殡葬救助保障制度。对生前生活特别困难的人员，由政府免除遗体接运、存放、火化和骨灰寄存等基本殡葬服务费用。按照保基本、广覆盖、可持续的原则，有条件的地区，可从重点救助对象起步，逐步扩展到向辖区所有居民提供免费基本殡葬服务，实行政府埋单。对节地葬法或不保留骨灰的，以及土葬改革区自愿火化的，实行政府奖励、补贴，建立起覆盖城乡居民的多层次殡葬救助保障体系。

（1）救助对象

城乡低保对象中的亡故人员、农村五保对象中的亡故人员、城市"三无"对象中的亡故人员、查实不了身源的无主（名）遗体。部分地区还包括见义勇为牺牲人员、人体器官捐献者、计划生育特殊家庭扶助对象。

(2) 救助标准

各地区救助标准均不相同，一般以发放殡葬补助和减免丧葬费用两种方法为主。

3.2 殡葬业务引导与全程伴随服务

殡葬服务是为人提供服务，服务对象不仅包括逝者，同时也包括生者。殡葬社会工作的目标之一就是让逝者安息、生者慰藉。社会工作者在相关殡葬单位中，要运用相对规范化的专业服务模式、服务流程和工作方法，为丧者家属提供殡葬业务指导与全程伴随服务。

3.2.1 殡葬引导服务内容

殡葬服务项目见表 3-1。

表 3-1　殡葬服务项目

编号	项目名称		基本内容
1	殡仪接待服务	殡葬业务咨询服务	通过电话、网络、面谈等多种途径解答有关殡葬问题的服务
		死亡证明	当亲人去世后，丧者家属或单位必须取得死亡证明：正常死亡的，由医疗卫生机构出具医学死亡证明；非正常死亡的，由区、县以上公安、司法部门出具死亡证明
		注销户口	丧者家属持死亡证明书到驻地派出所注销户口
		全程引导服务	一名引导员对应一户丧者家属，对各业务流程进行总协调，介绍工作流程、服务内容和服务项目，引导和协助丧者家属办理相关手续、布置礼厅灵堂、选购丧葬用品等的服务
2	遗体接运服务	遗体接运预约服务	接听预约电话，准确记录接运遗体的相关信息和丧事承办人的有关信息，安排好接运的时间，并准确传递约定的时间给接运工的服务
		遗体抬运接运服务	对在逝者家中、医院与特殊场合的遗体和灵柩的抬运接运的服务
3		遗体化妆整容服务	根据丧事承办人的有关要求，利用现代相关技术和日常生活美容的方法，对逝者身体缺陷或不足进行修饰，达到增加美感效果的服务。遗体整容包括对遗体修复、整形和遗体美容三个方面，使逝者面容端庄、安详与自然
4	遗体存放服务	遗体冷藏防腐服务	对存放在殡仪馆的短期内不能进行火化的遗体进行必要的防腐处理，采取各种方法，从多种途径抑制遗体组织细胞加剧自溶和腐败的发生，使遗体得到保存的服务
		遗体守灵服务	对不进行冷藏也暂不进行火化的遗体提供守护灵柩或灵位场所和劳务的服务

续表

编号	项目名称			基本内容
5	遗体告别服务	告别前	礼厅预定布置服务	根据与丧事承办人的交流需求，按照礼厅的实际预定情况，向其介绍和推荐合适的礼厅，最终根据丧事承办人的需求，落实殡殓日期、礼厅租用时段、礼厅的环境布置和装饰的服务
			殡葬用品选购服务	记录或者陪同丧事承办人对常用的殡葬用品，如寿衣、寿碗、骨灰盒、鲜花、花圈、蜡烛、签到簿（纪念册）等进行选购或者定购的服务
			挽联书写服务	提供书写用于挂置在花圈上哀悼逝者对联的服务
			遗像制作服务	提供逝者生前照片冲印放大的服务
		告别时	殡仪司仪服务	为殡葬仪式提供殡仪宾客接待、殡葬典礼报告进行程序的主持服务
			哀乐吹奏服务	提供由乐队在殡仪活动过程现场吹奏乐曲的服务
			丧事录像服务	提供由专人录制办理丧事过程的服务
			礼炮鸣放服务	提供由专人在殡仪活动过程现场鸣放礼炮的服务
6	遗体火化服务			使用火化机对遗体进行火化，并提供火化后的捡灰、领灰等服务
7	骨灰寄存服务			根据与丧事承办人的交流需求，落实包括选择骨灰安放的具体形式、寄存期限、选择寄放位置、设备设施的样式等已经约定的服务
8	骨灰安葬服务			提供将骨灰入土安葬的服务

3.2.2 全程伴随服务

(1) 过程化殡葬服务模式各阶段内容（表3-2）

殡葬服务提供"临终关怀—过程支持—后续关怀"过程化全程伴随服务。进行双向拓展的殡葬服务分为三个大的阶段：去世前针对临终者及其亲属的服务，即"临终关怀"；去世后针对丧者家属操办丧葬仪式过程中的心理及社会层面的服务，即"过程支持"；丧葬仪式结束后针对丧者家属的悲伤疏导服务，即"后续关怀"。

表3-2 过程化殡葬服务模式各阶段内容

阶段		阶段主要任务	服务对象	服务配合
临终关怀	前期（自然死亡）	1.为临终者排解心理问题和精神烦恼； 2.向临终者家属提供支持，疏导悲伤情绪	临终者 临终者家属	主治医生
	后期（非自然死亡）	向丧者家属提供支持，疏导悲伤情绪	丧者家属	其他
过程支持		1.为丧者家属提供支持，协助完成殡葬仪式； 2.向丧者家属进行死亡方面的教育，并提倡丧者家属简约文明的殡葬文化； 3.进一步疏导丧者家属的悲伤情绪	丧者家属	社区咨询站殡仪服务部门
后续关怀		1.协助丧者家属完成殡葬后续事宜； 2.支持丧者家属走出悲伤情绪，重新回到正常的生活秩序当中	丧者家属	社区 社会

(2) 临终关怀

临终关怀就是对生存时间有限（6个月或更少）的人，通过消除或减轻病痛与其他生理症状，排解心理问题和精神压力，让临终者内心宁静地面对死亡。本阶段服务的对象是临终者和临终者的家属。一方面是配合主治医生和护士的工作，为病人排解心理问题和精神恐慌，通过各种服务让病患者感受到服务人员及亲属的关怀，尽力为临终者完成未了的心愿，最终做到让其内心宁静地面对死亡。另一方面则是针对家属，要怀着同情心和家属们站在一起，为他们分担压力和悲伤，逐步疏导他们的悲伤情绪，同时促使他们配合医生、护士对患者的治疗，最主要的是要建立一种良好的专业关系和社会关系，为接下来的服务做好铺垫。

死亡有自然死亡和非自然死亡两种情况。自然死亡是指符合生命和疾病自然规律、没有暴力干预而发生的死亡，主要有衰老死和疾病死。非自然死亡是指由于生命或疾病发展规律以外的因素作用而提前发生的死亡，包括自杀死、他杀死、意外死等。因此，在临终关怀这一阶段主要分为两种类型，即针对即将自然死亡的死者及其亲属的临终关怀和针对非自然死亡的丧者家属的临终关怀。

① 通过灵性的照顾，为临终者排解心理问题和精神压力。包括七项内容：其一，生命回顾；其二，道别；其三，全程陪同走过悲伤的所有阶段；其四，共同面对死亡的事实；其五，处理未完成的事务，包括实务、情绪或灵性上的；其六，协助探寻生命、死亡与濒死的意义；其七，谈论希望与害怕的事物等。

② 向患者家属提供支持，疏导悲伤情绪。为临终患者家属提供与患者单独相处的时间和空间；安排临终患者家属与患者主治医生见面，使他们能够准确、及时地了解患者病情进展和治疗方案；与临终患者家属共同讨论患者身心状况的变化，制定相应的辅导计划；积极争取临终患者家属对辅导计划的支持与参与；倾听临终患者家属表达自己的感情，引导他们在患者面前控制悲伤情绪；向临终患者家属提供社会支持，以解决他们的实际问题。

自然死亡对丧者家属来说有一个过渡的阶段，而非自然死亡给丧者家属带来的打击和创痛是突然性的，面对亲人的突然离去，对丧者家属身体与生理上的创伤都是巨大的。专业服务人员面对这一难题，需要立即采用危机干预的方法介入其中，对丧者家属进行情绪上的支持和心理疏导，以缓解丧者家属心理和生理上的痛苦。

(3) 过程支持

过程支持这一阶段也是现有殡葬服务的重点，殡葬单位以及市场化的殡葬产业对这一过程的开发已经趋于成熟，但是民政部门倡导的简约文明丧葬与市场化殡葬产业的封建迷信和牟取暴利严重错位，国家制定了一系列规章制度进行规范和管理。而针对丧者家属在这一阶段主要有两个方面的难题，一是如何操办一个适宜的丧葬仪式，另一个是如何正确地疏导他们的悲伤情绪。

① 协助操办丧葬仪式。现实生活中存在着大量的民间丧葬事务代理人，他们借开展"殡葬一条龙"服务的名义，从中牟取暴利。而丧者家属们由于亲人去世，心情陷入悲痛之中，无暇顾及处理丧事，也无从了解丧事中的各个环节。如果能够有一个合法的中介将丧者家属与殡葬部门连结，一定程度上可防止这种牟取暴利现象的出现。这个中介主要是指：一个是建立在社区层面的社区殡葬咨询点，每个社区配置一个殡葬咨询点，咨询点与当地的殡仪服务部门直接挂钩，并配备所有的墓地资料和联系方式，方便有需要的社区居民及时了解相关信息，有利于方便快捷地完成殡葬程序；另一个则是专业的服务人员，服务人员起到中间人的作用，甚至可以直接替服务对象联系相关需求。这样一来，通过这个中介就直接把服务对象与殡葬单位联系起来，自然就剔除了一些不必要的中间环节，不给不法商贩以可乘

之机。

② 向丧者家属进行死亡方面的教育,并提倡简约文明的殡葬文化。服务人员在前一阶段与服务对象建立了良好的专业关系与社会交往关系,因此可以借用这一平台对服务对象进行一些关于正确对待死亡现象方面的教育。当然,这里面还有一个提倡简约文明的殡葬文化教育问题,这是一个长时段的任务,既需要服务人员和国家殡仪部门的宣传和教育,同时也需要社会大众的意识觉醒和配合,从而形成一种社会氛围,才能真正解决封建迷信势力抬头的问题。

③ 进一步疏导丧者家属的悲伤情绪。丧者家属的悲伤情绪疏导服务内容包括:强化死亡的真实感;陪伴与聆听;协助表达内心的悲痛情绪,协助其哭出来;帮助悲伤者适度处理依附情结;根据具体情况和不同对象给予指导、建议。

社会工作者得知有老人去世后,需判定丧者家属是否需要帮助,若判定需要,则具体开展服务,反之则不需要。当丧者家属需要帮助时,社会工作者应对其情况作出具体评估,而后制定服务计划和提供服务。例如,当农村有老人去世后,其子女不愿意将老人遗体火化并坚持传统土葬,但这与殡葬改革的政策要求是相矛盾和冲突的,此时社会工作者需要进行介入,将其子女作为服务对象,利用专业知识与方法来解决问题。此外,对于不能接受亲人离世而陷入悲伤情境中的丧者家属,也可进行个案社会工作介入,为丧者家属提供心理辅导,帮助其脱离悲伤情境。

(4) 后续关怀

现有的殡葬服务基本上在上一阶段的死者入土为安,一切费用结算殆尽则停止。我们需要清楚的是悲伤情绪还有一个后期,即适应失去亲人的过程,相对于前面两个阶段来说,虽然悲伤的程度大幅度减轻,但这一阶段过程的持续性却是非常长的,因不同服务对象的特点而异。因此,正是在这一漫长的阶段,殡葬服务的社会性效应得到真正体现,专业服务人员还需继续为丧者家属服务,进行心理及社会层面的疏导。后续关怀的内容如下。

① 关注家庭中的弱势个体。家庭成员的去世对家庭这个次级群体来说是一个变动,对其他家庭成员的影响是强烈和长期的,特别是家庭中的弱势个体更需要专业服务人员的服务和支持,应时刻关注其心理的变化。如若不在服务范围内,则需要按照一定程序进行服务转介。

② 注重家庭凝聚力的构建。死者的离去,丧者家属悲伤的过程其实也是一个家庭从解构到建构的过程,在过程化服务的后期阶段尤其需要注意家庭凝聚力的构建。

③ 生命与死亡的相关教育。

④ 形成积极向上的人生理念,积极面对生活。

(5) 过程化殡葬服务模式中社会工作者的角色定位

专业的服务人员指的就是社会工作者——不等同于殡葬机构单纯的服务工作人员,而是指在殡葬服务领域引入社会工作者,从而试图催生出一个新兴的职业和岗位,即称之为"殡葬社会工作者"。

社会工作通过为社会成员提供各类服务与福利保障,帮助困难者恢复生活能力,调整人们适应社会的能力,目的在于预防和解决社会问题,恢复和增强人们的社会功能,达到个人和社会的全面发展,从而提高生活质量。社会工作的服务理念与殡葬服务的理念不谋而合,将社会工作专业方法引入到殡葬服务过程中,社会工作者的介入将对殡葬服务的专业化与规范化建设起到巨大的推动作用。过程化服务模式中社工的角色定位如表3-3所示。

表 3-3　过程化殡葬服务模式中社会工作者的角色

阶段		社工充当的角色
临终关怀	自然死亡	照顾者、治疗者、辅导者、指导者、支持者
	非自然死亡	支持者、指导者、照顾者
过程支持		支持者、指导者、咨询者、经纪人、管理与协调者
后续关怀		支持者、咨询者、倡导者、增权者、教育者

3.3　悲伤抚慰

丧亲丧偶后的悲伤过程是一个相当长的过渡时期，在这期间，家人会产生沉重的悲哀，有想放弃一切和无限孤单的感觉。这个过程包括由人生毕业礼（丧礼）至家人经历悲痛后重整自己生活为止。家人在伤心的时候，往往对自己经历的那种沉重、慌乱、起伏不定的情绪极其敏感，有些人甚至以为自己发疯了。他们会感觉反复地经历到多种不同的情绪，例如震惊、否定、伤感、愤怒、内疚、迷失和抑郁等。有时他们会感到自己慢慢失去决定事情的能力，更对自己该做些什么感到茫然。这些症状都是在亲人离世后发生的。丧者家属有时感到已故的人音容宛在也是一个普遍的情况。社工可多与丧者家属探讨这些经验在他们哀悼的过程中所起的意义，让他们明白这些极端悲痛及难受的感觉和情绪在这个时期是正常的。

3.3.1　悲伤过程的心理学理论

悲伤过程理论描述当人面对死亡讯息时所产生的悲伤过程有几个不同的阶段，在概念上解释人面对死亡时可能经过以下几个心理和情绪反应。这些心理反应是非常时期的正常反应，简述如下。

(1) 否定

当人听到自己或者自己家人或好朋友患上绝症或可能死亡的消息时，第一个反应可能会有震惊和麻木的感觉，而在心理上否认所收到有关死亡的讯息的真实性。大多数人会以"这不可能吧"或者"我不信这是真的"等想法来在心理上否定所收到有关死亡的讯息。

(2) 愤怒

在麻木的感觉减退以后，患上绝症的人或他们的家人可能会非常愤怒。愤怒当中的反应可能会将责任归咎到其他人身上，例如医生、护士、父母。如果患上绝症的是自己家人，就可能责怪那个将死的人，责怪他们为什么不早些去看医生，为什么不照顾自己身体，又责怪上天为什么对我不公平。

(3) 讨价还价

这种情况有一个特点，就是人们会以一系列的东西来与自己构想出的"上天"讨价还价，希望可以换取或延长生命。例如，有人会为了可延长几年的寿命而承诺做一个更好的父母、祖父母或配偶，或捐款帮助穷人。

(4) 情绪低落

过了以上的阶段，面对死亡讯息的人已经开始体会到残酷的事实，那就是无论愤怒或讨价还价都不足以扭转困局，人就会开始情绪低落。死亡既成定局，人们便被迫面对，因而变得沮丧、孤僻和出现带有抑郁症的临床病征。情绪适应和心灵反省都需要时间，社工要忍耐，陪伴他们去思考面对的方法。

(5) 接受

在病人或家人能静静等待死亡降临时，便等于接受了死亡，开始面对现实，不再为无可避免的事而挣扎。这个时候社工要继续辅导他们去思考面对的方法。社工评估病人和家人的需要，提供合适的精神、心灵和社会服务资源去支持他们。

在现实生活中，面对死亡讯息的人很少会循着以上所述的各个阶段慢慢表现出来，他们可能在同一时间或者在很短的时间反复经历着不同阶段的特征，也可能在不同阶段之间徘徊。没有明确的证据显示人们必须在经历过所有阶段后，才能令心中伤痛得到解脱。然而，阶段理论为社工或辅导工作者展现一个具体的情况，亦说明了每个人的悲伤过程都有所不同。丧亲后悲伤也是一个过程，不论次序是先是后，否定、震惊、愤怒或抑郁，这些情绪跟理性的挣扎，将生活重新定义和重整等都是一个过程。有些人在接受现实之后，就不断地寻找失去亲人的意义和克服当中的伤痛。

例如，在丈夫刚逝世的时候，妻子可能顿感失去生存的意义和重心，因而对自己该做些什么显得漫无头绪。可是当她渐渐习惯没有丈夫在身边的日子，并把生活重点转移到其他社交或义工活动的时候，当初的失落感就会慢慢减轻。也许她仍会深深地思念亡夫，但令她感到孤独的时间已有部分被填满，或者用于与其他丧亲人士相处之上。因此，失去丈夫的伤痛亦因她调适自己丧夫的生活而被克服了。虽然失去丈夫的痛苦永远都不能完完全全地消失，但悲伤的形式和影响却会因时间的流逝而改变。而阶段理论能帮助社工对悲伤感受和情绪变化有更深刻的了解，换言之，对丧亲丧偶的家人能提供合适的支援服务。

3.3.2 悲伤情绪的影响

(1) 悲伤情绪对身体的影响

悲伤会令人们身体做出特别的反应，当中以睡眠问题尤其普遍，很多人会失眠。哀伤的人都渴望能好好睡一觉，但大多数人却会因为梦见死去的亲人或噩梦惊醒而不能熟睡，另外有些人会睡得过量。普遍情况下，不论睡眠的时间有多少，悲伤的人的睡眠的质量可能都很差。由于不能利用睡眠时间进行休息，他们时刻会有疲累和四肢无力，甚至有虚脱的感觉。睡眠问题也带来了呼吸困难或呼吸短促的问题，令人倍觉疲倦。有些悲伤的人甚至感觉自己患有亲人临终前的病状，又或是其他病征。例如亲人是因身体某部位患癌而病逝的，那他悲伤的家人也可能担心自己患上癌症并感到同样部位作痛。对悲伤的老人而言，沉默的哀恸和悲伤对他们伤害更大，因为悲伤的心情会破坏他们的免疫系统，令悲伤的老人更容易真的染上疾病。社工要辅导哀痛的家人，用缅怀的方法让悲伤的家人去思念和讲述已离世亲人的生命和生活的故事，帮助他们明白他们挚爱的亲人会永远住在他们的心里，悲伤哀恸之后要努力活得好，不要让已离世的亲人担忧。辅导悲伤的家人，要给他们足够的时间进行思想、情感、意志、社交关系、家庭生活各方面的调整，适应亲人生命的失去。这个过渡期由一个月、三个月至两年不等，要视逝去者与家人的感情和关系的不同而有别。如果过了这些时期而不能平静地回复生活，家人可能是在病态的悲伤情况下了，社工要鼓励他们请教心理医生。

(2) 悲伤情绪使家人失去社交兴趣

在社交方面，由于悲伤的家人需要时间进行思想、情感、意志、社交关系、家庭生活各方面的调整和适应，他们没有心力和情绪去与朋友相交往。悲伤的家人会选择远离社交场合，他们也可能变得烦躁不安、失去与人相处的兴趣等。悲伤的家人的情绪症状与抑郁症十分相似，因此社工要帮助家人分辨清楚是抑郁症还是因丧亲出现的悲伤情绪。丧亲的人，情绪受困扰，精神很难集中，判断力和分析力都会比平常逊色，所以社工要建议失去挚亲的人在死者逝世一年以内，不要做出任何生命、生活上的重大决定，例如不可做买卖楼宇或搬迁的决定。丧失亲人的人需要一段时间去冷静情绪和重整自己的生活。假如是丧偶的老伯在悲伤情绪下卖掉房子，然后搬去与儿子和媳妇同住，一两年之后，他可能后悔莫及。错误的判断力带来一个错误的决定，使他失去了老伴之后，又失去住了几十年的爱巢，失去了能够回忆夫妇俩共同生活的环境，跟儿子家庭同住，更使他失去了自由自主独立的感觉。因此要劝导丧亲丧偶人士暂时不可做出生命和生活中的重大改变和决定。

3.3.3 善终服务及舒缓服务

　　社会工作中为照顾任何年龄的人临终入土的生理、心理及精神需要而提供的服务称为"善终服务"。善终服务基于"不应提早或延后死亡，而应视死亡为生命中自然而然的事"这个理念，而它的焦点则在为末期病患者提供舒缓服务，而非替他们寻找治疗的办法。让患者留在熟悉的环境中被亲人和朋友爱护之同时，通过积极地缓和临终患者的痛苦和不适，以维持他们的尊严和生命的良好质量，可说是善终服务的精髓所在。

　　善终服务建基于为临终患者提供照料的四个原则：（1）患者和家人均属服务的基本单位，临终患者及他们的支援系统在死亡过程中都需要有特别的照顾；（2）服务需由跨专业小组提供，以确定受助者在心理、生理、社交精神各方面的需要得到全面照顾；（3）使患者有尊严地离世，临终患者有接受一切能为他们舒缓痛楚的治疗及服务的权利；（4）患者去世后，要为丧者家属提供支援，鼓励和协助他们重整生活。

【案例 3-1】
　　来访者，男，85岁，离休干部，因老伴突然病逝，随即出现高血压、心律失常等症状。近2周来用药后症状仍没缓解，不仅血压居高不下，心脏早搏频繁，同时还有食欲减退、体重减轻、失眠烦躁、噩梦不断、夜间全身出汗等症状，内科医生建议做心理咨询，遂来就诊。来访者自述现在每晚脑中都会出现逝去亲人的影像，无法入睡。常常为没能及时叫来救护车而感到后悔、自责。
　　外表观察：来访者双眉紧锁，面色苍白，表情严肃，眼神抑郁，目光空洞，皮肤暗淡无光，头发略显零乱，当讲到自己的不适症状时话语较多，具体而形象，思维清晰，语言略迟缓，能较好地描述事件和自己的想法，但不愿意讲述家中发生的不幸事件。
　　针对案例 3-1 进行如下分析：
　　1. 对于此来访者来说，除了血压、心率等生理方面的变化需要用药物治疗外，我们还需要从心理学的角度来考虑一些问题。来访者近些天的治疗结果已经证明，仅仅用药不能很好地解决其血压、心率问题，因为导致其血压、心率变化的原因主要是家中有亲人突然亡故这一恶性事件的刺激。如果来访者对这一事件的认知态度和情绪变化不做处理，其病情很难控制。
　　2. 来访者遇到的问题是什么？此案例涉及一个哀伤辅导过程，每个人因家庭环境、性格特点、知识文化水平、人生经历的不同，而在这个过程中的表现也不尽相同。因此，我们要针对每个人的具体情况去收集信息，以备选择和确定后续心理辅导的路径和方法。对每一个人来讲，亲人的突然亡故都应该属于一种创伤性的应激事件，给这样的人做咨询，首先要对来访者的问题做出一个准确的判断，即心理学所说的心理评估或心理诊断过程。我们必须对来访者所述问题的性质及程度、要解决的问题、本人的功能水平、面对困境时的应对机制及其现在所拥有的支持系统等情况做一个评估，在此基础上才可以对下一步的诊治提出有针对性的治疗方案。

3.4 殡葬从业人员的心理疏导

3.4.1 殡葬从业人员面临的问题

民政部一零一研究所发布的《殡葬绿皮书——中国殡葬事业发展报告》指出，相对于20世纪70~80年代殡葬职工社会地位有所提高，但社会歧视仍普遍存在。殡葬职工的自我评价、社会大众的评价、殡葬职工职业声望都比较低。绝大部分殡葬职工存在心理压力，多数殡葬职工处于"心理亚健康"状态，少数职工存在心理障碍和自闭现象。各殡葬单位面对殡葬职工压力状况缺乏有效的预防和干预机制，往往是殡葬职工进行自我调节。总结起来我国殡葬从业人员面临的问题有以下几点。

① 身体健康方面：失眠症状严重，容易疲劳，身体普遍存在亚健康现象。
② 心理健康方面：部分职工对工作感到枯燥乏味，对周围事物逐渐缺乏兴趣，缺乏与人沟通主动性，经常出现心情低落压抑等心理状况。
③ 个人发展方面：工作效率低下，没有明确的职业规划。
④ 社会关系方面：家庭关系紧张，社会认可度不高，社会关系紧张。

3.4.2 殡葬单位职工压力源

压力源区分为环境因素，组织因素和个人因素。这三个压力源和个体差异共同作用下产生压力体验，进而导致生理症状、心理症状以及行为症状等结果。

殡葬单位职工压力源主要有以下几方面。

① 工作量大。由于殡葬单位承担着大部分群众的丧事服务任务，成为城区的治丧服务中心，职工工作量普遍较大。
② 工作时间长。由于殡葬服务行业工作时间的特殊性，需要全天24小时全方位对外服务，大部分工作人员上班时间不固定，存在夜班、倒班或连续值班24小时以上的情况，工作时间长而且不固定。
③ 工作内容重复单一，枯燥乏味。由于每个业务岗位上的工作人员负责几道重复单一的程序，每天的工作内容重复单一，造成职业厌倦枯燥。
④ 工作环境压抑。由于是殡葬服务行业一线的业务人员每天面对太多的生离死别，情绪受到影响，工作环境压抑。
⑤ 丧者家属。由于丧者家属经常出现不了解治丧流程，或常常出现情绪激动等情况，造成职工工作无法正常顺利开展，对职工工作造成一定的影响，导致职工压力大，工作效率低下。
⑥ 社会大众。由于工作性质，职工有来自于社会大众对殡葬行业认同感的压力。

3.4.3 殡葬从业人员的心理疏导方法

(1) 职工的身心健康问题

职工作为殡葬单位正常运行的基本动力，其身心健康与个人能力都关系到职工的工作效率及质量,通过健康养生和开展心理压力测评等活动,让职工了解自己的身体、心理健康状况,学习身体、心理健康有关的技能,关注身心健康,促进职工健康发展,从而来提高职工的工作效率及质量,保证殡葬单位的正常运转。例如,开展"健康送行人"职工服务修身系列活动,包括健康养生周,心理健康体检等活动。

(2)职工工作能力、工作适应性及工作关系问题

关注职工工作能力、工作适应性及工作关系,促进工作效率提升。为对社会工作服务感兴趣的职工提供社会工作专业知识培训及社会工作者资格证考前培训,提升职工社会工作服务能力。走访收集殡葬单位职工事迹、工作经验、工作感悟,协助职工总结并以主题活动的形式与同事分享,传播积极正向的工作理念,激发职工工作动机。为促进全体职工关系,每季度开展职工生日会,通过展示本季度职工风采、领导及同事送祝福、职工才艺展示、互动活动等方式,让职工身心愉悦,促进职工之间的交流,加强职工对集体的认同感和归属感,体现殡葬单位的人文关怀气氛。例如,开展"勤劳送行人"舒缓职工压力的耕耘工作系列活动,包括社工师考前培训,职工季度生日会等。

开展活动丰富职工业余生活,有助于调节职工工作情绪,缓解其工作生活压力,帮助职工建立强烈的工作认同感和归属感,同时体现出殡葬单位的人文关怀和文化氛围。

3.5 殡葬政策宣传与移风易俗推动

当前我国已经进入人口老龄化加速阶段,人们群众生活质量的提高对殡葬服务的要求越来越高;同时我国发展面临的人口资源环境约束趋紧,人多地少的矛盾日益突出,亟待通过殡葬改革节约土地,减少环境污染,促进人口与经济社会协调发展。但是近年来推行火葬、改革骨灰处理方式还不能被广泛接受。殡葬改革之难,在于几千年形成的丧葬陋俗有着强大的惯性,不可能在短时间内彻底消除。殡葬服务事关移风易俗和人民群众的切身利益,在生态文明建设和社会可持续发展中有着重要影响。殡葬改革要除旧布新,消除旧习俗的影响,只有抓住树立新风这一殡葬改革的牛鼻子,点滴渗透、久久为功,才能引导人民群众自觉自愿接受新的殡葬习俗,树立起新的理念。

破除有着长久历史传统的封建殡葬思想,让人民群众从思想观念上实现转变是一个长期过程,必须认真审视殡葬改革和殡葬服务模式,在殡葬服务理念、服务方式、服务范围上进行再认识、再提升,充分发挥殡葬服务的教育功能。社会工作倡导以人为本,在提供服务、缓解社会矛盾与冲突、解决社会问题方面具有独特的优势。在殡葬政策宣传与移风易俗推动方面,社会工作者成为不可或缺的力量。

3.5.1 移风易俗推动措施及方法

丧葬习俗作为中华民族传统文化的重要组成部分,在我国发挥着其独特的功能和作用,如对生者、临终者的悲伤抚慰即心理慰藉功能;强化家族内稳定、巩固邻里间关系的社会整合功能;生死观念的代际传承、生命教育伦理的延续功能等。但殡葬改革不是一朝一夕之事,社会工作者可以通过以下几个切入点做好宣传推动工作。

(1)做好殡葬改革宣传工作

传统丧葬习俗是经过长期的积累而成,在特定的社会环境和社会条件下产生并存在至今,随着时代的发展和演变,科学技术不断进步,人类精神文明程度不断提高,传统丧葬中的部分习俗已不适应当代社会的发展。政府部门需要在殡葬改革的宣传内容和方法上下功夫，营造出良好的改革氛围，切实加大对殡葬改革的意义和殡葬管理法规方面的宣传力度，使得公民切实全面地了解殡葬改革方面的政策要求，从而理解并逐渐接受殡葬改革。在此基础上，政府还需建立殡葬改革宣传的长效机制，使殡葬改革的宣传工作保持系统性、长期性，通过各方面的宣传教育，巩固和培养公民的殡葬改革意识，让正确殡葬观念在人们的心中真正生根发芽，成长起来。

(2) 树立厚养薄葬新理念

厚养薄葬这一概念是针对一度盛行的厚葬之风提出的。厚养主要指的是子女以优厚的待遇去供养自己的父母，不仅是在生活上给予应有的照顾，更重要的是在精神方面给予父母关怀。厚葬除表达子女对老人的孝心外，更多的是好面子和攀比的心理的体现，对于已经去世的老人意义不大。而老人生前子女若能够厚养，才是对老人尽最大的孝心，此种情况下丧葬仪式的隆重与否显得并不那么重要了。因此，树立厚养薄葬的新风尚，不仅能够使得老人在生前得到子女的尽心照顾，享受天伦之乐，愉快地度过晚年，还能够消除厚葬之风带来的陋习，更好地推行殡葬改革。

(3) 完善殡葬改革立法

为推进殡葬改革和殡葬事业的发展，国务院出台了《殡葬管理条例》，这是我国殡葬管理工作法制化和规范化的开始。《殡葬管理条例》对殡葬设施管理、遗体处理和丧事活动管理、殡葬设备和殡葬用品管理等方面作出规定，但是对于一些事项所做的规定过于笼统，操作性不强，社会工作者应通过社会工作研究和社会工作倡导的方式，积极推进殡葬相关政策的修订和完善，为其注入活力。

3.5.2　引进社会工作价值理念，坚持以人为本

殡葬行为是人类独有的文化现象，是人类社会的基本需求之一，更是人类文化传承的基本方式之一。殡葬改革的目的是让人民群众改变落后的、浪费的、不适于当下社会和有违科学的丧葬方式。引入社会工作价值理念，在殡葬工作中以人为本，有利于促进社会和谐。

① 殡葬改革要根据各地的实际情况，制定完善殡葬事业发展规划，切不可"一刀切"。要改变现行的单一安葬模式，倡导尊重、接纳、个别化的价值理念，探索多样化的安葬形式，开辟公墓、陵园、骨灰塔、草坪、植树安葬等多种安葬方式，根据人们的要求和需要，为其提供满意的服务。

② 社会工作强调人与社会的共同发展，注重社会和谐，十分契合我国殡葬改革的方向——"生态与文明融合，人与自然和谐"。殡葬改革过程中不仅要考虑当前发展，更要顾及长远发展；不仅要关注社会发展，更要关注资源节约和环境保护。弘扬生态殡葬文化习俗，缓解殡葬与资源和环境的矛盾，积极倡导"绿色殡葬"和"文明殡葬"，尽可能地保持原有生态，少占耕地，引导合理消费，真正体现以人为本的思想。

3.6　生命文化教育

3.6.1　开展殡葬生命文化教育的动因

生命文化是人们认识生命、尊重生命、创造生命价值、结束生命及其传承生命规律的科

学，它展现着每个人对生命的看法和对待生命的态度。生命文化是人类文化的重要内容。对普通群众来说，生命文化会影响他们看待问题的思维方式，更好地解决人生问题与死亡问题带来的困苦，走向生死品质皆理想的境界。对于殡葬从业人员来说，学习和传播生命文化更有助平衡生命认识、殡葬活动、社会活动三者之间的和谐，更能大大改善社会对殡葬文化的刻板印象。

3.6.2 殡葬生命文化教育的主要举措

面对殡葬工作中存在的问题和不足，殡葬服务行业将"重视人文、关怀生命、公益教育"融入殡葬服务实践，采取一系列务实有效的新举措。

(1) 在服务理念上转型升级，让殡葬服务回归公益属性

生命文化教育是推进殡葬改革、促进移风易俗的工作抓手，为确保这项工作顺利推进，坚持殡葬服务的公益性不动摇，狠抓政府基本公共服务职责的履行，努力使人民群众享受优质高效的殡葬服务。例如，济南市民政局把殡葬服务放到践行社会主义核心价值观的高度来认识，把殡葬单位作为生命教育基地来打造，把原本提供遗体火化、骨灰埋葬和殡仪服务的传统殡葬服务，上升为让公民体悟生命、学习人生、升华生死观念的重要载体，使提供殡葬服务的过程成为教育群众、普及科学、树立文明新风的过程，大大拓展了传统殡葬服务的内涵，顺应了精神文明建设的时代潮流，对当前完善殡葬服务体系、提升殡葬服务的社会功能，提供了可资借鉴的经验。

(2) 在服务内容上转型升级，让殡葬服务延展新的内涵

将生命教育服务作为新的基本殡葬公共服务产品向社会推出，通过专职社工、殡葬职工、社会资源等多种力量，共同引导市民树立正确的生命观、健康观，倡导良好的家风社风，积极培育宣传社会正能量。

① 组建生命教育团队。设立社工工作室，通过政府购买的方式吸收、选拔优秀人才充实殡葬社工队伍，并结合殡葬教育和殡葬服务实际开展培训，建立社工专家与殡葬专业工作者相结合的复合型生命教育队伍。以殡葬社工为带动，通过组织殡葬一线职工的体验式生命教育，使一线殡葬职工的角色不仅停留在处理丧葬事宜上，同时肩负起向广大公众提供哀伤抚慰和生死教育服务的责任。

② 开展体验式生命教育。殡葬单位积极开展生命教育试点工作，全力推进体验式生命教育服务。通过接待居民实地参与生命教育体验活动，让人们认识到生死自然规律，以正常心态做出生死规划，安排好死生大事。此外，专职社工与高校、中小学校、社会组织、基层社区进行沟通对接，广泛开展"生命教育进课堂""生命教育进社区"等活动。

③ 传播生命教育文化。建设生命文化长廊、生命文化墙，宣传孝文化、慈文化，倡导厚养薄葬观念，引导人们珍惜当下，对老人多关心尽孝心。利用清明节、中元节、寒衣节等传统祭扫节日，引导人民树立积极向上的生命观。

(3) 在服务方式上转型升级，让殡葬服务成为教化阵地

以创新丧葬仪式、打造殡葬教化阵地为突破口，指导殡葬单位构建新的殡葬服务方式，推动殡葬服务方式转型升级。

① 提供个性化殡葬服务。各殡葬单位以良好家风、和谐社会、友善邻里等传统文化精髓为落脚点，广泛开展免费进社区引导服务、司仪主持服务、全程跟踪式服务，为市民提供个性化告别、哀伤辅导、生命教育等人本化服务项目。

② 提高殡葬信息化服务水平。全面实施"一线、一号、一网"工程，即设立统一的殡葬服务专线，搭建殡葬单位与群众之间 24 小时服务的信息平台。统一遗体接运车标识，规范服务人员礼仪、服务标准、服务物品。借助互联网技术促进单位标准化建设，开发应用内部信息化建设服务网，健全后台管理机制，简化前台办事程序，打造更加高效、快捷的殡仪服务新模式。

③ 融入文化元素，提升殡葬文化内涵。打造文化殡葬作为新时期殡葬工作的突破点，培育殡葬单位正向文化，探索殡葬改革新形式。

通过深入研究，精心部署，扎实探索，使传统上以送别为主的殡葬服务逐步融入以重视人文、关怀生命、公益教育为重点的现代殡葬文化，丰富殡葬工作的理论和服务体系，构建具有优秀传统文化特色的生命文化教育服务新模式，提升殡葬服务的内涵，提升全社会的公益文明意识，为深化殡葬改革营造良好的社会环境。在殡葬改革仍面临重重阻力的形势下，要积极创建生命文化教育基地，培育践行传播社会主义核心价值观。

小　　结

本模块主要阐述了关于社会救助、业务引导、悲伤抚慰、从业人员心理疏导、政策宣传及生命教育的内容及方法，为殡葬社会工作者说明了服务的主要方向，拓宽了行动思路，将社会工作专业与殡葬专业、社会工作领域与殡葬领域进行了有效的对接。

思考与练习

一、单项选择题

1. 悲伤过程理论描述当人面对死亡讯息时所产生的悲伤过程一般顺序为（　　）。
   A. 否定—愤怒—讨价还价—情绪低落—接受
   B. 接受—愤怒—情绪低落—否定—讨价还价
   C. 情绪低落—否定—讨价还价—接受—愤怒
   D. 讨价还价—接受—愤怒—情绪低落—否定

2. 建设生命文化长廊、生命文化墙，宣传孝文化、慈文化，倡导厚养薄葬观念，引导人们珍惜当下，对老人多关心、尽孝心是（　　）的重要手段。
   A. 组建生命教育团队　　　　　B. 开展体验式生命教育
   C. 传播生命教育文化　　　　　D. 提升殡葬文化内涵

3. 倡导人们选择海葬、树葬、花坛葬、草坪葬等安葬模式是（　　）的体现。
   A. 扎实履行兜底责任　　　　　B. 积极倡导绿色安葬
   C. 全面建立红白理事会　　　　D. 服务理念上转型升级

4. 由于是殡葬服务行业，一线的业务人员每天面对太多的生离死别，情绪受到影响，这是对殡葬单位职工（　　）的描述。
   A. 工作时间长　　　　　　　　B. 丧者家属
   C. 工作内容重复单一，枯燥乏味　　D. 工作环境压抑

5. 为临终者排解心理问题和精神烦恼，向临终者家属提供支持，疏导悲伤情绪属于（　　）。
   A. 临终关怀　　B. 过程支持　　C. 后续关怀　　D. 悲伤疏导

二、多项选择题

1. 随着我国社会经济的发展和殡葬改革的推进，困难群体殡葬救助工作日益紧迫和突出，下列选项中（　　）可以成为殡葬救助对象。

A. 城、乡低保对象中的亡故人员　　B. 农村五保对象中的亡故人员
C. 城市"三无"对象中的亡故人员　　D. 外来务工亡故人员
E. 高龄亡故人员

2. 殡葬服务过程划分为三个大阶段：去世前针对临终者及其亲属的服务即（　　），去世后针对丧者家属操办丧葬仪式过程中的心理及社会层面的服务即（　　），丧葬仪式结束后针对丧者家属的悲伤疏导服务即（　　）。

A. 过程支持　　　　　　B. 后续关怀　　　　　　C. 临终关怀
D. 全程陪伴　　　　　　E. 丧仪服务

3. 我国殡葬从业人员面临的社会关系方面的压力有（　　）。

A. 失眠症状严重　　　　B. 家庭关系紧张　　　　C. 社会认可度不高
D. 对工作感到枯燥乏味　　E. 社会关系紧张

4. 殡葬社会工作专业人员对逝者家属后续关怀的内容包括（　　）。

A. 关注家庭中的弱势群体
B. 注重家庭凝聚力的构造
C. 生命与死亡的相关教育
D. 形成积极向上的人生理念积极面对生活
E. 倡导积极的祭祀方式

5. 开展并组织活动，丰富殡葬从业人员的业余生活有利于（　　）。

A. 增强职工归属感
B. 缓解其工作生活压力
C. 建立强烈的工作认同感和殡葬单位归属感
D. 同时体现出殡葬单位的人文关怀和殡葬单位文化气氛
E. 调节职工工作情绪

三、判断

1. 社会工作者得知有老人去世后，需判定丧者家属是否需要帮助，若判定需要，则具体开展服务，反之则不需要。（　　）

2. 殡葬改革要根据各地的实际情况，制定完善的殡葬事业发展规划，切不可"一刀切"，倡导尊重、接纳、个别化的价值理念，探索多样化的安葬形式。（　　）

3. 树立厚养薄葬的新风尚，不仅能够使得老人在生前得到子女的尽心照顾，享受天伦之乐，还能够消除厚葬之风带来的陋习，更好地推行殡葬改革。（　　）

4. 社会工作者在相关殡葬服务机构中，要运用相对规范化的专业服务模式、服务流程和工作方法，为丧者家属提供殡葬业务指导与全程伴随服务。（　　）

5. 丧亲丧偶后的悲伤过程是一个相当长的过渡时期，在这期间，虽然家人会产生沉重的悲哀，但不会出现想放弃一切和有无限孤单之感觉。（　　）

PPT课件

模块 4　个案工作在殡葬领域的应用

学习目标

通过本模块内容的学习，应能够掌握殡葬个案工作流程，理解殡葬个案工作的技巧与模式，并能将其运用于具体的实践。同时了解个案管理的内涵、特点，理解殡葬个案管理流程，掌握殡葬个案工作与个案管理的联系与区别，在实务中巧用个案管理方法。

殡葬个案工作是指社会工作者运用专业的知识、方法和技巧，借由一连串的专业工作，通过个别化的方式、良好的人际互动过程以及资源的有效运用，为丧者家属、殡葬从业人员提供心理疏导、情绪支持、压力缓解、生命教育等服务，帮助丧者家属更好地面对丧失亲人的现实，客观看待死亡，度过丧亲后的适应期，最终达至恢复正常生活、发挥社会功能的状态，帮助殡葬从业人员合理评估工作性质、缓解工作压力、舒缓情绪等的服务过程。

根据殡葬个案工作的界定，需要注意两点：一是殡葬个案工作的对象包括丧者家属、殡葬从业人员两类；二是为丧者家属提供的服务是一种"全方位的关怀"，分为"丧事处理期""丧情处理期"两个阶段。第一阶段重在陪伴其完成丧事的处理、赔偿谈判等工作，提供心理辅导与情绪支持服务，帮助他们面对丧失亲人的现实，正确认识死亡是人生中的客观规律，尊重死亡是一个自然的过程，使其接受现状，建立相对良好的心理和情绪状态，完成丧事处理工作；第二阶段重在"送走"亲人后的情绪处理、生活恢复，包括生活照顾与心灵关怀两方面，社会工作者应协助团队其他成员（如殡葬服务提供者）给予丧亲者及其家属全方位的关怀，生活方面的照顾包括帮助丧亲者及其家属恢复健康的生活习惯，减轻丧亲对正常生活工作的影响，心灵方面的关怀包括心理辅导、心理援助等。

4.1　殡葬个案工作流程

殡葬社会工作个案工作的介入过程分为接案、预估、计划、介入、评估与结案 6 个不同阶段。每个阶段都有自己需要处理的任务和工作重点，同时各阶段之间又相互连接、相互影响，构成一个有机整体。

4.1.1　接案

接案是助人过程的开端，是殡葬个案工作者与潜在的案主进行接触的过程。前来求助的案主带有不同的问题和不同层次的需求，大部分往往是经历了一段尝试自己解决问题不果之后所做的最后选择。因此，前来求助的人大略有以下几种类型：一是自己主动求助的；二是由邻居、熟人、朋友介绍来的；三是其他机构转介的；四是在有关机构要求下前来接受服务的。

当案主前来求助，并且已经受助殡葬社会工作服务时，即成为"现有案主"。当案主并没有求助，但可能需要殡葬个案工作者的协助，或者是虽还没有求助但妨碍他人或社会系统功能的正常发挥时,他即成为"潜在案主"。殡葬个案工作者的任务不仅是为"现有案主"工作,同时还要与"潜在案主"建立联系,使其了解接受社会工作服务对他的意义,使"潜在案主"也成为"现有案主"。辨别案主的类型,弄清楚案主是如何来求助的,是殡葬个案工作的第一步。

(1) 接案前的准备

一般情况下,殡葬个案工作者在接案前需要做好以下准备工作。

① 收集案主相关信息。殡葬个案工作者要认真记录和分析案主的信息,并将一些重要信息熟记于心,以便初次面谈能够顺利进行。殡葬社会工作者面对的案主中,很多都因亲人的去世而陷入极度悲伤的情绪。对于这部分的案主,殡葬个案工作者还要特别关注其精神状态,以免案主因为情绪问题导致意外事件的发生。有时候,殡葬个案工作者有必要在正式面谈之前先与案主的家人、朋友、同事、社区工作人员等接触,通过他们了解更多案主的情况,方便后续工作。

② 安排初次会谈的时间、地点。殡葬个案工作者需要和案主取得联系,共同确定初次面谈的时间和地点。在这个过程中,殡葬个案工作者要充分尊重案主的意见,并要保证所选环境的私密性、安全性和舒适性。同时,殡葬个案工作者也要注意自己的着装、态度、表情、言行等。殡葬社会工作中的案主多是情绪敏感期前来寻求帮助的,不合时宜的装扮、言行会增加接案的难度,甚至可能引起案主情绪上的不良反应,从而导致矛盾和冲突。

③ 拟定面谈提纲。殡葬个案工作者在与案主面谈之前要先拟定面谈提纲。提纲的内容一般包括:介绍自己和自己的专长;简要说明本次会谈的目的和内容,双方的角色和责任;介绍机构的功能和服务、相关政策(如保密原则)和工作过程;征求案主对会谈安排的意见,对机构和社会工作者的期望;询问案主是否有需要紧急处理的事情,以便提供及时的协助。

【案例 4-1】

小李(化名),今年 25 岁,大专文化,外地户籍,迁至东莞。父亲在外出工作途中因为交通事故而去世了。家里还有 50 岁的母亲、20 岁的妹妹、78 岁的奶奶。父亲是家里的顶梁柱,外出工作养家糊口,母亲在家里专心照顾家庭。父亲的突然罹难对案主的家庭影响巨大,没有了主要经济来源的同时饱受深度的丧亲悲苦。

针对案例 4-1,负责此案的殡葬个案工作者需要做的准备工作包括以下几点。

首先,与介绍小李来机构的亲人交谈,了解小李的基本情况、目前的状态、存在的问题和困难等,记录其中重要的信息,以便与小李的面谈能够顺利进行。除此之外,工作者有必要在与小李正式面谈前和他的亲人联系,从他们那里了解更多有关小李的情况。

其次,要与小李取得联系,征求小李的意见,确定初次会谈的时间和地点。由于小李情绪极不稳定,饱受深度丧亲的悲苦,应建议小李的一位亲人陪伴其前来会谈地点,以防意外事件的发生。

再次,针对小李的情况,个案工作者拟定的与小李初次面谈的提纲内容如下:

a. 自我介绍;

b. 介绍机构的功能和服务、相关政策和工作过程等;

c. 说明本次会谈的目的和双方的角色;

d. 征求小李的反馈;

e. 询问小李的家庭基本情况,了解其主要的困难和问题;

f. 约定下次面谈的时间、地点和内容。

殡葬个案工作者除了专业方面的准备外，心理上的准备也是非常重要的。殡葬个案工作者经常被生死离别所触动，倾听案主的悲伤诉说，同理案主的悲伤情绪，这无疑会对殡葬个案工作者造成心理上的压力。殡葬个案工作者大多情况下面对的都是案主的负面情绪，亲人意外死亡、青年丧偶、老年丧子等群体往往更容易产生极端的情绪。在对逝者家属进行"哀伤辅导"之前，殡葬个案工作者要做好充分的心理准备。

（2）面谈

面谈是殡葬个案工作者与案主之间面对面地讨论问题，以确定是否建立专业协助关系的过程，同时也是一种有意识、有目标的人际互动。殡葬个案工作者与案主的初次面谈就意味着双方接触的开始，对建立良好的工作关系有着重要的作用。面谈的主要任务包括以下几点。

① 界定案主的需要和问题。案主自己对问题的看法是界定问题时最重要的起点。案主所关心的问题、他们的困惑就是界定问题的入手点。

② 澄清角色的期望和责任。澄清社会工作者与案主对各自的期望，互相澄清并讨论双方的角色期望。

③ 激励并帮助案主进入受助角色。面谈是建立专业关系的开始，社会工作者要帮助引导案主逐渐接受自己作为案主的角色，以便双方能够互相配合工作。

④ 促进和引导案主态度和行为的改变。

⑤ 达成初步协议。社会工作者与案主要初步协商以下问题：机构可以提供的服务、对案主问题的初步界定、相互的角色期望及暂定的工作时间长度等。

⑥ 决定工作进程。

通过以上谈话内容，最终确定双方是否建立服务关系。如果接受，则进入下一个服务阶段。

4.1.2 预估

预估是殡葬社会工作实务过程中关键的环节，它是在接案的基础上收集资料和认定问题的过程，是把所有有关案主的资料组织起来并使其具有意义的专业实践活动。预估为设定解决问题的目标和相应的介入奠定基础。

预估的目的是为了识别与案主问题形成和延续的相关的各种因素，只有了解导致问题形成和发展的因素，殡葬个案工作者才能够决定提供服务的方式和内容。

预估的内容具体如下。

① 问题界定　通过案主自己的陈述和社会工作者的分析，界定案主存在的问题和困难有哪些，并在此基础上了解案主的主要需求。

> 案例 4-1 中，案主小李及家庭面临着四个基本问题：一是对父亲的身后事感到迷茫；二是父亲的死带来的哀伤情绪；三是家庭其他成员的情绪问题、生理变化；四是日后能否适应新生活的担忧。

② 个人分析　案主的个人分析主要包括对案主的身体条件、心理状态、情绪情感、行为特征，以及案主的优势和不足等几个方面的分析。

在对案主的自身分析中，很重要的一点是了解并强调案主的优势，不能只看到案主的问题和不足，而要注重案主能做什么和想做什么。殡葬个案工作者必须明白，助人过程中主体永远都是案主，我们的最终目的是希望案主可以学会自己解决问题，实现可持续发展。这就更需要发现案主的优势，有利于挖掘其潜能，利用其自身的力量来解决问题。在条件允许的情况下，殡葬个案工作者要积极与案主探讨他们的优势，努力让案主意识到自身的潜在能力和所拥有的资源，这对于建立案主的自信心，解决问题有着积极的作用。

> 案例 4-1 中，对案主小李及其家庭的分析如下：目前家庭成员心理状态不佳，情绪起伏较大，吃不下饭，主要是父亲去世的悲伤情绪和为以后生活的担忧。小李的行为特征上表现出在家人面前强忍悲伤情绪，故作坚强，但一个人的时候发呆、流泪，有酗酒的倾向。小李的优势在于身体健康，工作较好，有稳定的收入来源，家庭外的其他亲人对他及其家庭的遭遇表示同情，在情感上给予一定的支持。

③ 环境分析　案主所处的社会环境与他们最初问题的形成紧密相关，同时对最终问题的解决也起到至关重要的作用。这些环境包括家庭、学校、工作单位、同辈群体、社区等。了解环境对案主的影响，以及案主的社会支持网络，有助于寻找更有效的解决问题的方法。

在诸多环境因素中，家庭是最基本也是最重要的环境，它承载着成员的归属感，提供情感上的联系和经济上的支持。殡葬个案工作者在对案主的环境进行分析时，尤其要关注案主的家庭系统中以下方面的分析：

a. 家庭成员的构成及基本情况；
b. 家庭成员的关系情况；
c. 家庭成员的沟通方式；
d. 家庭成员的权威分配情况。

除了家庭以外，案主的社会支持系统还有亲戚、邻居、同事、朋友、工作单位、社团组织、政府机构等。探索案主的社会支持系统，有助于殡葬个案工作者更有效地找到有利于案主解决问题的各种资源。

> 案例 4-1 中，小李的家庭系统简单分析如下。
> a. 家庭成员有：50 岁的母亲（无工作，专心照顾家庭）、20 岁的妹妹（正在上大学）、78 岁的奶奶（身体健康）。
> b. 家庭成员的关系：小李及其妹妹与奶奶的关系较好；小李的奶奶与母亲关系一般，少有交流，但无明显矛盾；小李与妹妹感情较好。
> c. 家庭成员的沟通方式：奶奶对小李、小李的妹妹较为宠爱，一般情况有求必应；小李的母亲与小李的奶奶无太多交流，是一种有事说事、无事沉默的状态；小李及其妹妹喜欢与奶奶沟通，并能够直接表达自己的意愿，但与母亲沟通较少。
> d. 家庭成员的权威分配：父亲在世时，家庭的有关事情主要由父亲决定；父亲去世后，暂时没有表现出家庭权威的明显倾向。

预估的成果可以用预估报告的形式表现。预估报告中要包含两部分内容：一是收集到的与案主相关的资料，是基本事实；二是殡葬个案工作者通过对这些资料的分析所做出的预估。这份预估报告会对之后解决案主的问题起到重要作用。

4.1.3 计划

计划是指以预估的结果为基础,制定介入目标及选择为了达到目标而采取的一系列行动。计划的重点在于设计介入的目标,以及为了实现这些目标选择最合适、有效的方案。这就要求殡葬个案工作者与案主要在反复的沟通和协商中,不断明确努力的方向、具体的目标以及各自需要承担的责任。

计划构建的过程包括:一是在预估信息的基础上,设定正向和明确的最终目标;二是列出清晰可行的具体目标;三是排出具体目标的优先顺序;四是尽可能多地列出解决问题的办法;五是选择有效的策略;六是发展可能的工作途径;七是决定回顾和评估计划的时间和方法。

(1) 计划的构成

① 设立目标　计划中,目标起着导向的作用。错误或不合理的目标会直接导致计划的失败。目标又可以分为两部分:总目标和具体目标。总目标是殡葬个案工作者和案主通过共同努力最终期望达到的目标。具体目标是为了完成总目标所设定的现实可行的、可测量的目标。目标的设立过程中要注意以下几个问题。

a. 目标要与预估中案主的问题紧密联系。脱离案主的问题而设定的目标是不切实际和无效的。因此,社会工作者应该明确从问题到目标乃至最后的评估都是环环相扣的,要注意前后的一致性。

b. 目标应该是社会工作者和案主协商的结果。案主来机构求助,有可能很清楚他们要什么,也可能不知道自己真正的需要是什么。同样,社会工作者提供服务时,明白自己要去帮助案主发生改变,但也可能不是很清楚到底要改变案主的哪一部分。因此,很重要的一条是案主的参与,社会工作者和案主一起来探讨和确定目标,达成共识。并且在确定目标的过程中,社会工作者既不可以喧宾夺主,依照个人意愿为案主制定目标,也不可完全无原则地顺从案主的不合理目标。

c. 目标的设立应该有优先顺序。很多研究和实践的经验告诉我们,为了有效地解决问题,我们必须集中时间和精力在某一个或两个问题上,如果多头并进,急于求成,往往会事倍功半。社会工作者要鼓励案主开拓思维去设想未来,但要引导他们在某个时间只朝一个方向努力。至于对问题或目标优先顺序的排定,可以考虑案主的哪个问题或需求最迫切需要解决。因此,社会工作者和案主要通过协商确定目标的优先顺序。

d. 目标的设立是切实可行的。设立目标的时候,既要考虑案主的自身条件、社会支持网络,也要考虑机构所拥有的资源,要设定在这些现实条件下可能实现的目标。

> 根据案例 4-1 的描述,可以确定其总目标为殡葬个案工作者运用自身的服务技能与资源协助丧者家属调适失亲的失落,并能够适应没有逝者的新生活。
> 具体目标为:一是协助案主引发正常哀伤情绪的宣泄;二是协助案主在理性层面接受丧亲之实;三是协助哀伤者重新适应一个逝者不在的新环境和自我世界;四是协助哀伤者适度地处理依附情结,并重新投入新生活。

② 制定行动方案　行动方案是指为实现总目标和具体目标而设计的一系列连续性行动,即为实现目标而制定的具体工作程序及工作时间表。

在制定行动方案时要注意以下三个问题：

a. 个案工作者和案主可以发挥自己的想象，尽可能多地列出解决问题的办法，不带任何批评或评价；

b. 同时要考虑当面临问题和挑战时所拥有的力量和资源，这样有助于我们重视案主问题的处理本质，以及强调那些促使案主系统及其环境发生改变的可能的策略；

c. 在制订行动计划时，每一种方案都会有其长处和缺陷，都不可能是一种完美无缺的方案。那么，在决定采用什么方案时，要权衡其成本和效果，用较少的投入做出最大的成绩，就意味着高的效率。

> 根据案例 4-1 所述情况，殡葬个案工作者定立了以下行动方案。
>
> 一是与案主建立关系。运用殡葬手续讲解的机会，降低案主迷惘感，促进案主愿意接受服务。
>
> 二是引发正常哀伤情绪的宣泄。运用同理心与哀伤辅导技能，允许案主有时间去悲伤，要把情绪发泄出来，在感性层面接受丧亲之痛。
>
> 三是协助案主在理性层面接受丧亲之实。通过鼓励案主谈论死亡及内心感受，运用仪式等引导案主接纳、强化"死不复生"的事实。
>
> 四是协助哀伤者重新适应一个逝者不在的新环境和自我世界。通过多次关怀案主及家人哀伤任务的完成情况及学习新角色的承担，来适应新环境的挑战。
>
> 五是帮助哀伤者适度地处理依附情结，并重新投入新生活。通过"使用象征"法及各种回忆方法处理依附情结，警惕不正常的哀伤表达行为，并运用社会支持资源协助案主重建新的生活网络。

（2）签订服务协议

确定行动计划后，社会工作者和案主可以签订服务协议。双方在服务协议上签字就表明各自认可自己将扮演的角色和承担的任务，并同意共同合作来实现所制订的目标，解决所面临的问题。

① 服务协议的形式　服务协议的形式可以是口头的，也可以是书面的，这在于社会工作者和案主的倾向，以及服务机构的要求。

a. 口头协议　口头协议是指工作者和案主并未就协议内容形成正式的书面文件。尽管未形成书面的协议，社会工作者和案主仍然要按照计划过程中所商定的目标、内容行动，并认真履行自己的职责。

较书面协议而言，口头协议比较节省时间，但是由于没有形成书面的记录，实施过程中容易遗忘细节，从而影响到目标的实现。因此，若采用口头协议的形式，社会工作者可以建议案主对讲话的内容做一些记录，这样有助于案主在有需要时翻看，不至于影响计划的实施效果。

b. 书面协议　书面协议是将社会工作者和案主经过协商所确定的问题、目标、行动方案、各自的职责等通过书面形式确定下来。

书面协议虽然比口头协议要费时，但这种形式有助于工作者和案主了解计划的具体细节，能起到提醒的作用。而且签署了这样的书面协议，意味着一种正式的承诺，无论是对工作者还是对案主，都会形成一种压力，督促自己认真履行协议中的条款。

② 服务协议的内容　正式的书面协议有一定的格式，涉及到的主要内容包括案主的各

种信息、案主的问题或需求、要达到的目标、工作者和案主各自承担的任务、预计完成的时间及双方的签名、签署协议的日期等。表 4-1 为一份正式书面协议。

表 4-1　正式书面协议

×××社会工作机构服务协议					
姓名：		性别：		出生年月：	
接案日期					
1.问题的描述					
2.总目标					
3.具体目标及行动计划					
具体目标		行动计划			
(1)					
(2)					
(3)					
(4)					
(5)					
备注：					
案主(签名)：		社会工作者(签名)：			
日期：		日期：			
机构负责人(签名)：		日期：			

4.1.4　介入

　　介入也称社会工作的实施、行动、执行和改变，是社会工作助人过程中的重要阶段。能否完成预设的目标，帮助案主顺利解决问题，取决于社会工作者和案主在这一阶段是否有效地合作，完成各自的任务，也取决于能否有效地利用所有可能的资源。社会工作者在这一阶段需要利用殡葬领域内的相关知识和社会工作的方法和技巧，努力与案主共同实现目标。

　　(1) 介入的分类

　　① 直接介入：以个人、家庭、群体、组织和社区为关注对象，针对他们所采取的行动，重点在于改变案主家庭或群体内的人际交往，或改变个人、家庭和群体与其环境中的个人和社会系统的关系和互动方式。

　　② 间接介入：以个人、家庭、小组、组织和社区以至更大的社会系统为关注对象，由社会工作者代表案主采取行动，通过介入案主以外的其他系统间接帮助他们的行动。

　　(2) 介入层面

　　① 情感方面的介入　殡葬个案工作者在介入过程中很多时间要处理案主情感方面的问题。而对于情感问题的处理，最重要的就是有宣泄之处，也就是让案主倾诉他们的所思所感，这样的宣泄有助于案主的心理健康，社会工作者要营造一种安全、舒适的氛围倾听案主的心声。如果案主遭受了巨大的变化（如至亲去世），承受着巨大的压力，但又不易于表达

内心的情感，社会工作者可以用引导宣泄的方式来帮助案主释放内心的不良情绪。引导宣泄，一般是通过鼓励案主诉说他们的悲伤、恐惧、羞愧、紧张。除了帮助案主释放情感外，社会工作者要把重点放在如何帮助他们正确处理这些情感上。

② 认知方面的介入　认知理论学家认为，人们对自己的、对他人的及不同生活境遇的错误认知，会直接导致行为功能不良。因此社会工作者可以通过认知重建来改变案主的情绪和行为，提升其解决问题的能力。社会工作者要协助案主辨识影响其问题和不良功能的信念和思考模式。比如，有的案主因为身边非常亲密、重要的人离世，会不断重复地自我暗示，没有了这个人，自己无法继续生活，没有勇气面对未来等。面对这样的案主，社会工作者要让他们知道，目前的这种状态是他们负面想法和思维方式带来的后果。社会工作者可以帮助案主用良好的自我对话代替自我否定的认知，比如可以引导案主进行以下的自我对话："我知道，我是因为不愿接受他/她已经离开我的现实，我总是希望他/她能因为听到我无法自己生活而眷顾我，回到我的身边""虽然我非常不舍，但是我不得不接受这个事实，他/她也不希望因为他/她的离开，而使我的生活无法继续下去"通过不断的自我对话，让案主放弃负面的想法，理性地思考问题，面对现实。

③ 危机介入　危机介入是一种特殊的介入，是帮助处在危急中的案主更有效地处理或调适紧急情况下的压力。危机一般分为两类：一类是内在的情绪变化和压力，如突然失去亲人、突然遭受意外事故等；另一类是自然灾害和社会灾难，如地震、海啸、恐怖袭击等。当个人遭遇危机时，自身是有一定的潜能去应对的。作为社会工作者，可以采用一些技巧帮助案主更有效地利用自身的潜能，尽快去除案主的负面情绪，恢复功能，使他们走出危机。

根据危机介入的理论，大多数的危机一般维持四到八周的时间，在这段时间内，人要设法达到平衡，而这个平衡和发生危机前功能水平相比，可能相等，可能更低或更高。殡葬社会工作中案主所面临的可能是已存在的潜在危机，如殡葬从业者可能因为特殊的工作环境和世俗偏见带来的心理压力，长期处于压抑状态，情绪低落，这种情况可能长期损害个人的功能水平。殡葬社会工作中案主所面临的也可能是痛苦的挑战，如由于突然失去亲人、爱人而导致的内心的悲伤，经过这样的挑战，人们有可能增强个人的力量和因应的能力。

危机介入中，时间是一个重要因素，它是一种密集型介入，有的案主可能每天都需要工作者的帮助。社会工作者要扮演指导者的角色，利用自己的专业知识引导案主尽快化解危机，使案主能够恢复功能。

另外，在危机介入中，社会工作者要帮助案主宣泄由危机带来的负面情绪，给予支持，以防案主精神崩溃。要指导并协助案主，为他们做一些力所能及的事，帮助其尽快走出危机。

④ 环境介入　很多时候，环境资源的使用有利于案主本身问题的解决。环境资源可以分为内部资源和外部资源。

首先，社会工作者要帮助案主运用自己的内在资源，以达到改变的目标。社会工作者的任务是：帮助案主对事物采取正确的分析态度与方法，从而能够有效地解决问题，改进案主扮演社会性角色的技巧，发掘他的潜能，并帮助他们建立积极的人生观。

其次，帮助案主运用现有的外部资源。外部资源主要是指社会支持系统。个人的身心健康与社会支持系统有着密切的联系，社会支持系统往往可以缓冲个人的压力，提供物质上的帮助和精神上的支持。如殡葬从业者的家人、朋友、邻居等身边的人对他们的理解和接纳，是这一群体目前最重要的支持手段。而对于失去亲人的案主来说，社会工作者的帮助毕竟是短时期的（相对），而情感的伤痛和功能的恢复往往需要较长的时间，在这个过程中，如果案主的亲人、朋友等可以伸出援手，那么案主便有了长期的改变动力和情感的支撑。通过将案主系统与资源系统连接起来以增强案主的社会功能。

社会支持系统除了与案主有着密切联系的亲人、朋友、同事等，还包括一些自助团体。这些团体往往是由有着同样经历或存在同样问题的人组成，可以通过相互交流、提供信息，帮助成员面对困难，解决问题。因为有着相似的经历，知道还有人能理解他们，这种沟通会起到情感上和社会上的支持。如因为失去亲人的一群人形成的一个自助团体，可以帮助成员们在相互的理解和安慰中走出失去亲人的伤痛，相互支持走向新的生活。

4.1.5 评估

评估就是指运用科学的研究方法和技术，系统地评价社会工作介入结果，总结整个介入过程，考察社会工作的介入是否有效、是否达到了预期目的与目标的过程。

（1）评估的目的

① 掌握介入的结果　社会工作者和案主都有必要知道案主到底发生了多大的改变，知道介入后案主的需求多大程度上得到了满足，以及问题得到了何种程度的改善。

② 总结经验　社会工作者要通过评估找出本次介入过程中存在的问题，总结经验，不断地提升服务工作的品质。

（2）评估方法

① 基线测量　基线测量方法是在介入开始时对案主的状况进行测量，建立一个基线作为对介入行动效果进行衡量的标准基线，以评估介入前后的变化，并以此判断介入目标达到的程度，通过对案主介入前、介入中和介入后的观察和研究，比较服务提供前后发生的变化。

a.建立基线　第一，确定介入的目标，例如，案主行为、思想、感觉、社会关系或社会环境的变化及指标；第二，选择测量工具，包括直接观察或使用标准化问卷及量表；第三，对目标行为进行测量并记录目标行为（或者思想、感觉、社会关系或社会环境）的情况。

b.进入介入期测量　建立基线后就开始对案主实施介入，并对基线调查中所测量的各项目标行为和指标进行再测量，以为数据比较之用。

c.分析和比较　将基线期和介入期的数据按测量时间和顺序制成图表，将每个时期的数据资料进行连接，呈现数据的变化轨迹和变化趋势，并将基线期和介入期的数据进行对比，如果两个数据不同，一般可以认为是介入本身作用的过程。

② 任务完成情况的测量方法与技巧　在实际工作中，案主的目标是被分解成许多具体的行动和任务的，通过探究案主和社会工作者完成哪些既定的介入任务也能确定介入的影响。

一般运用5个等级尺度来测量任务的完成程度：(0) 没有进展；(1) 很少实现；(2) 部分实现；(3) 大体实现；(4) 全部实现。将每项任务的最后得分加到一起，然后除以可能获得的最高分数，就能确定完成或者介入行动成功的百分比。比如，有三个任务要完成，而可能获得最高分数是12（3×4），用得到的总分除以12，再乘以100%就是完成任务的百分比。如表4-2任务完成情况测量表。

表 4-2　任务完成情况测量表

任务项目	(0) 没有进展	(1) 很少实现	(2) 部分实现	(3) 大体实现	(4) 全部实现
任务 1					
任务 2					
任务 3					

③ 目标实现程度的测量方法和技巧　在有些情况下，社会工作的目标行为比较难以界定清楚，此时社会工作者和案主可以共同协商来选择一些目标来指示介入的方向，并把它们罗列出来。在介入过程中和介入结束时都用一些等级尺度来衡量介入后的行为，并记录下来，将介入后的行为和介入前没有、介入后才出现的进行比较，并讨论这些行为对案主的意义是什么。这样就可以发现介入前后案主的行为变化。

④ 介入影响的测量方法和技巧　这种方法主要用来测量案主的满意度。做法是由案主用口头表达或书面形式，包括填写问卷来表达对介入的看法。这种方法操作比较简单，不需要花费太多的时间和资源，但此种测量比较粗糙，并且有些案主会倾向于对介入给予积极评价，评估有可能并不准确。如表 4-3 案主对介入的满意度调查问卷。

表 4-3　案主对介入的满意度调查问卷

××机构案主满意度调查问卷

先生/女士：
　　感谢您花费几分钟的时间对我机构提供的服务进行评价，您只需在您认为合适的选项上打"√"。
1.您的年龄：　　　周岁
2.您的性别：①男　②女
3.你对本中心此次服务的总体评价是：
①非常满意　②比较满意　③一般　④不太满意　⑤非常不满意
4.您对本次为您服务的社会工作者的评价是：
①非常满意　②比较满意　③一般　④不太满意　⑤非常不满意
5.您认为社会工作者提供的服务多大程度上满足了您的需求？
①几乎满足所有需求　②满足大部分需求　③满足小部分需求　④没有满足任何需求
6.您对本机构服务的意见和建议：
_____
_____
　　　　　　　　　　　　　　　　　　　　　　填写日期：

4.1.6　结案

一般情况下，结案是当介入计划已经完成，介入目标已经实现，案主的问题已经得到解决，或者案主已有能力自己应付和解决问题，即在没有社会工作者协助下可以自己开始新生活时，社会工作者和案主双方根据工作协议逐步结束工作关系所采取的行动。

虽然结案意味着社会工作的协助将告一段落，但并不是说结案工作可以简单从事。实际上，结案是整个社会工作助人过程中的有机一环，是助人活动的一个重要部分，有其特定的任务和内容。

(1) 结案的主要任务

结案阶段的工作主要集中在对整个助人过程的回顾和总结，借着结案，社会工作者要帮助案主巩固已经取得的改变成果，增强他们独立面对问题的能力和信心，将工作成果转化为案主的实际行动。

① 总结工作　即评估整个工作过程，对计划目标的完成情况、介入效果进行总结和评估，并将结果与案主分享，报告给机构，审慎处理案主因结案带来的与分离有关的感受和情绪，做结案记录并写成结案报告。

② 巩固已有改变　社会工作的目标是助人自助，确保案主在社会工作助人过程中获得的经验能够巩固下来并应用于日常工作中，是社会工作者的责任。社会工作者要尽力帮助案主保持在助人过程中取得的进步，巩固和增强他们的自我功能。

③ 解除工作关系　正式与案主解除工作关系。此时，并不是说社会工作者绝对不再与案主有任何接触，而是不再以机构名义为案主提供服务。如果案主还需要其他服务，社会工作者应予以转介，这对时机未成熟就必须结案的案主来说尤其重要。转介案主时，社会工作者需要与其他机构建立互联网络，了解转介条件，为案主做转介准备，妥善结案。

④ 做好结案记录　结案时要撰写书面结案记录。结案记录的内容包括：案主何时求助、求助原因、工作过程中提供了哪些服务、案主有什么改变、为什么结案、工作者的评估和建议等。

(2) 跟进服务

结案并不意味着社会工作服务就结束了，社会工作者要在服务结束后的一段时间内定期对案主进行回访和跟踪，了解他们的情况和服务需要，这就是跟进服务。

① 跟进服务的意义　跟进服务重点要了解案主在结案后的情况，以提供必要的帮助。跟进可以让社会工作者知道服务是否真正有效，也使案主感受到社会工作者的关心，增强他们继续改变的动机和信心。

② 跟进服务的实施方法

a. 电话跟进。在结案后一段时间内，社会工作者用电话与案主继续联络，了解结案后服务对象的情况。这种方式简便易行，虽不能亲眼见到案主的情况，但也能让他们感受到社会工作者的关心和支持。

b. 个别会面。在结案后一段时间内，社会工作者根据约定在机构或者案主家里与他们会面，以了解他们的情况。面对面地跟进可以让案主感觉亲切，也可以了解更多信息。

c. 集体会面。这种方式适用于小组跟进。在集体会面中，组员可以共同回顾小组的经历，分享小组结束后的情况，交流各自的经验，增强关系和促进相互支持。

d. 跟进案主的社会支持网络。社会工作者还可以通过跟进案主的社会支持网络（包括家庭、邻居、朋友、单位或者学校老师等）来了解案主的情况，以便及时提供相应的服务和必要的支持。

4.2　殡葬个案工作的技巧

有关殡葬个案工作的技巧，将从两个方面进行具体阐述：一是殡葬个案工作者所需的技巧；二是增进殡葬个案工作技巧的方法。

4.2.1 殡葬个案工作者所需的技巧

(1) 沟通技巧

在社会工作过程中，工作者无时不与案主沟通，在这种沟通中，社工不仅要让案主接收到信息、理解信息，社工所传达的信息还要对案主产生影响，使案主心情愉悦。为了取得这样的沟通效果，除了要尊重案主，培养同感能力外，还需要训练沟通技巧。

① 运用语言符号　从个案工作的角度看人际沟通行为，主要是说话的艺术，即口头语言艺术。培养口语能力需要做到：把话说得悦耳；把话说得清楚；把话说得准确；把话说得恰当；把话说得巧妙。

② 运用身体符号　身体符号是指能够传递信息的人的眼神、面部表情、身体的姿势、动作及仪表等。人们可以通过恰当的身体符号向沟通对象表达自己对对方的尊重、接纳、关心，更可以通过细心地观察对方的身体符号，解读其内心世界。身体符号的运用应该把握明意、自然、个性、美感等原则。明意是指身体语言的运用一定要语意明确，既要自己清楚所要传达的信息，又要保证所表现的符号对方能够理解，毫无目的地摇头晃脑不仅传递不了信息，还会令人生厌；自然是指人的表情动作不矫揉造作，是自然的表现和流露；个性是指每个人的身体语言应该是独特的，正如一位大师所说，一个人的手势应该像他的牙刷一样只属于他个人所有，机械地模仿他人常常会弄巧成拙；美感是指人的身体语言应该优美，给人以美的享受。

③ 运用环境符号　环境符号是指能够传递信息的时间和空间因素。时间在传递信息中具有不可替代的作用。与人约会姗姗来迟，传达给对方的可能是不认真、时间观念不强、对对方不重视等信息，进而会引起对方很多的心理活动：失落、不信任、不愿意合作等等；说话的时间性机会把握不好，常常是影响沟通效果的重要因素，人们常犯的错误就是抢话，缺乏对人的等待和耐心。空间因素是指人与人之间的距离、位置以及沟通场所的气氛。谁都知道远远地打招呼表示热情和友好，认识的人擦肩而过没有任何表示说明彼此有敌意或冷淡。一般而言，人与人之间相隔0～15厘米是亲密距离，其语意是亲密而热烈；15～75厘米是个人距离，语意是亲切友好，75～215厘米是社交距离，语意是严肃而正式；215厘米以上是大众距离，表明彼此之间没有心理的联系。由此可见，应该视沟通对象的关系把握沟通距离。

(2) 关系技巧

关系是殡葬个案工作助人的核心要义，如果社会工作者不能同案主建立起信任的关系，就不可能帮助他。与案主建立和保持好的工作关系也需要技巧，它包括真诚和有同理心地回应技巧、表明尊重案主的技巧及表达简洁具体的技巧。

① 真诚　真诚是指社会工作者在专业关系中能够以真正的自我出现，也容许自己的感受适当地在个案工作过程中表现。在个案工作过程中，一方面工作者的真挚诚恳可以解除案主的面具和伪装，使案主不再害怕受到伤害；另一方面工作者的真诚也为案主提供了一个良好的榜样，使案主逐渐放下伪装，自由自在地表达自己心中的喜悦、兴奋或是伤痛与失望。而且开放和表里一致，可以促进彼此达成理想的沟通，而这种沟通，正是个案工作成功的重要因素之一。

真诚还表现在适当情形下工作者的自我表露，即工作者与案主分享自身的经验以及工作者表达自己的感受与看法。如果工作者某些感受的出现妨碍了治疗的进程，工作者应该坦诚地讲出来，与案主进行讨论。虽然真诚是个案工作成功的关键因素，但是要做到真诚并不容易。达到真诚的关键是工作者要能充分地了解和接纳自己、欣赏自己，有相当的自信，不要求自己全知全能，更不要求自己完美无缺。除此之外，真诚还需要工作者对案主有真心的喜爱，对人有乐观的态度与基本的信任。

② 尊重　在殡葬个案工作中，社会工作者对案主的尊重是建立良好专业关系的关键，应贯穿于服务的全过程。尊重案主，其意义在于可以给他创造一个安全、温暖的氛围，使其最大程度地表达自己，可使案主感到自己被接纳，获得一种自我价值感。

具体来说，尊重案主可以从以下 6 个层面进行。

第一，尊重案主，最低限度是工作者不能指责、嘲笑和贬抑案主。案主被看成有价值的人，嘲笑与贬抑不仅会极大损害专业关系，而且是对案主人格的侮辱，将对案主的心理造成灾难性的影响。

第二，尊重表现为向案主表达身体的关注与心灵的关注。关注是表示尊重的一种方式，只有当工作者对案主有兴趣，强烈希望给予案主帮助时，他才可能表现出全神贯注的态度，对案主的一言一行都细加体会。积极的倾听者通常会以一种有兴趣且情绪高昂的姿势面对并靠近对方，会和案主保持良好的视线接触，这种表现会传达给对方"我对你和你说的话感兴趣""我对你是友好的"的信息。此外，工作者还可通过点头、微笑、手势等表达对案主的关注。

第三，尊重表现在对案主的思想、情感、行为的接纳上。尊重意味着接纳一个人的优点和缺点，而不是仅接受案主的光明面，排斥消极面。尊重也意味着接纳一个价值观和自己不同甚至差距很大的案主，并与之平等交流。当然，接纳并不是完全地认同，而是容忍地理解，即相信案主的表现有其理由与无可奈何之处。

第四，尊重也表现在对案主的温暖、关心与喜爱上。温暖、关心与喜爱表示了对他人的尊重，而且已经突破了一般的尊重，是尊重较高的境界。

第五，尊重还表现在尊重案主的自决权上，不随意操纵案主。当我们意识到案主是一个独特的生命，有自己处理问题的方式和权利，这时我们就能尊重其选择，案主有权利选择参与或放弃个案工作，也有权利选择治疗的目标与措施。操纵和控制，都倾向于把案主视为一个不成熟的、缺乏理性的、需要他人为其作选择的人，实质上表现出对一个独立存在的生命的不尊重。

如果要在个案工作过程中产生治疗性的功效，那么工作者最低限度要能达到第三个层次的同感。案例 4-2 中是几位工作者对某案主的不同回应，请你根据以上五个尺度，来评价一下这些回应。

【案例 4-2】

王女士，32 岁，高中文化，全职主妇，是一个 8 岁男孩小超的继母。她丈夫早出晚归跑运输，家务和儿子的养育都由王女士一人承担。一次跑运输途中，发生车祸，抢救无效，丈夫离世。近日，邻居发现王女士严重地虐待她儿子，小超身上被发现了多处瘀伤，甚至有被烟头烫过留下的疤痕。王女士对社会工作者说道："小超实在是很不争气，贪玩，不爱学习，成绩总是班上倒数。可我得教育他好好学习啊，要不怎么向他爸爸交代，要不周围的人会怎么看我这个后妈？为了照顾他，我把工作都辞了，但他不喜欢我，还时常当着我的面给他生母打电话，说我的坏话，我生气极了，恨不得杀了他。"

> 社会工作者A："你为什么这么生气呢？"
> 社会工作者B："你希望小超努力学习，但他却不听话。"
> 社会工作者C："小超不接受你，还故意气你，所以你很生气。"
> 社会工作者D："你为小超付出了很多，可他却不领情，也不好好学习，让你非常生气，所以打了他。"
> 社会工作者E："你希望做一个好继母，把小超养育成人，所以你为他付出了很多。但小超仍然不接受你，还处处惹你生气，你实在不知道怎么办，所以气急打了他。你感到很内疚。"

③ 同感　同感又叫共情、同理心，指殡葬个案工作者能够体会案主的感受，也能够敏锐地、正确地了解这些感受所代表的意义，并能把这种了解传达给案主。

衡量同感表达的程度可以分为5个层次。

第一层次：社会工作者没有倾听，他在沟通中根本没有意识到案主表达出来的感受和用词。

第二层次：工作者对案主表达出来的感受只有微弱的回应。

第三层次：工作者的回应与案主所表达的意义和感受协调一致，他的回应显示他对案主的表面感受有正确的了解，但仍未能对案主较深的感受做出回应。

第四层次：工作者深化了案主表达出的经历中的感受和意义，这有助于案主显露以前不能与人分享的感受。

第五层次：工作者明显地深入挖掘出了案主的感受和意思，能完全感知和回应案主。

仍以上述"王女士"的案例作为参考，根据以上衡量尊重的尺度，看看以下不同回应的区别。

> 社会工作者A："你怎么这么傻，难道不知道这是犯法的吗？"
> 社会工作者B："你再生气也不应该打孩子。"
> 社会工作者C："听得出来你很生气，也用了很多方法教育孩子。"
> 社会工作者D："社会对继母的要求的确更严，既要教育好孩子，又不能过于严厉，你真得很难。"
> 社会工作者E："作为这样一个男孩的继母，你为他付出了这么多，承受了这么多，真得很不容易，你都是怎么做到的呢？"

④ 简洁具体　以上我们所学的真诚、尊重和同感，通常被视为有助于专业关系成长的三个核心条件，这涉及殡葬个案工作者的态度，而除此之外，专业关系的建立还涉及殡葬个案工作者的表达能力与技巧，因此，下面我们来介绍专业关系得以建立的第四个要素——简洁具体。

简洁具体指在治疗过程中，工作者用字措辞不但要适当，还要简单清楚、具体明确，避免含糊不清、模棱两可的用语。治疗过程中，案主有时表达得杂乱而又空泛，用词不够精确或过分概括，这导致工作者无法确切理解案主的思想和感受，也导致案主无法分辨自身不同的感受和经验，所以工作者有必要协助案主清楚、具体地表述自己的问题与感受。比如案主对工作者说道："我都要烦死了""最近真是倒霉透了""我心情很不好"，对于这种笼统的表述，工作者需要引导案主对"烦""倒霉""心情不好"做出详细的描述，要求案主具体说出这些词语背后的感受。这种进一步的阐述，有利于案主对自己的感受有更清晰的了解，而对社会工作者来说，也便于更深入地理解案主，对其表达同感。同时，工作者本人在回应案主时，也应尽量采用具体、清楚、准确和特殊的字眼，针对案主特殊的、独一无二的困难和情况做回应，这样案主才能继续对问题做更深入、更准确的探讨，从而对自己的问题有正确、深入和实际的了解。

⑤ 情感表达　情感表达指的是殡葬个案工作者告知服务对象自己的情绪、情感活动状况，让对方明白社会工作者在倾听他的遭遇后的情感状态。比如，服务对象倾诉失去亲人的悲伤、不舍后，殡葬个案工作者会做出这样的情感表达："听了您的遭遇，我感到非常难过……"。个案工作者的情感表达是为对方服务的，而不是为了满足自己的表达欲或宣泄自己的情感。在此所表达的内容、方式都应该有助于服务对象的进一步的陈述。

⑥ 自我情绪控制　在与服务对象的面谈过程中，情感表达是很重要的，但是这并不意味着个案工作者的情感要和服务对象完全一致。当我们看到有些逝者家属面对自己亲人的离去声嘶力竭、嚎啕大哭的时候，难免会受到同样情绪的感染，尤其是对刚刚从事殡葬社会工作的人来说。在服务对象诉说自己的情绪时，个案工作者要保持理智的头脑，时刻记得我们的工作是帮助服务对象摆脱这种情绪的控制，而不能连自己都被带入到这些情绪当中去。

(3) 过程技巧

殡葬个案工作者是通过一个过程去帮助案主成长和改变的。在这个过程中要求社会工作者有不同的技巧，这些技巧包括以下几方面。

① 接案和约定技巧。它包括同案主建立和保持工作关系的技巧，帮助案主和工作者对各自的角色有一个现实性理解的技巧，也包括培养案主对助人过程有一个初步承诺的技巧。

② 评估技巧。它是指收集与案主情境相关的资料，以便能实际地理解案主的问题和需要的技巧。

③ 签订契约技巧。这是指同案主订立工作的目标，并有能力清楚说出工作者和案主的责任的技巧。

④ 介入技巧。介入需要广泛的技巧，包括执行、介入计划并协助案主达到目标的技巧。

⑤ 检讨及终结技巧。它包括定期进行回顾和修订介入计划，以便客观地检讨其是否有效的技巧，及有计划地结束关系以帮助案主独立的技巧。

4.2.2　增进殡葬个案工作技巧的方法

(1) 做个案记录

记录是提高技巧的一个有价值的工具。在记录工作的过程中，社会工作者有机会重新思考自己的助人过程，反思与案主的相互关系和互动，详察使用的技巧和所做的回应是否正确。通过这些，工作者能够了解到什么类型的技巧有效。

① 个案记录的方式　个案记录的方式分为三种：文字记录、录音记录与录像记录。

文字记录是通过语言文字记录服务中发生的事件，这是社会工作服务中使用最频繁的记录方式。尽管文字记录简便、易行，但是它也有不足之处，不仅无法做到现场记录，而且还与记录者的语言表达能力有着密切的关系，容易受到记录者自身因素的影响。就一般情况而言，为了尽可能保持记录的客观性，社会工作者可以在服务过程随身携带本子和笔，在征得案主同意的情况下，现场记录事件发生的要点，等服务结束之后再对事件做详细的整理。

录音记录是工作者通过录音工具记录服务事件发生的具体过程。录音有很多优点，除了简便、易行之外，它可以现场记录服务事件的发生过程，因此比较客观、可信。不过录音经常会遭遇隐私保护的问题，使用前需要征得案主的同意。另外，因为案主知道服务过程需要录音,所以他(她)在服务中的表现也会受到影响。

录像记录是指工作者借助影像设备记录服务事件的过程。由于运用影像的方式现场记录事件的发生过程,因此能够客观、完整地记录事件的变化。但是因为影像设备使用的费用比较高,而且也会经常涉及隐私保护的问题,所以它的使用受到一定的限制。另外在录像时,还需要安排专门的工作人员负责,这也限制了它的使用。

通常情况下,社会工作者可以根据服务安排的要求,有选择地使用多种记录方式,如针对比较深入的个案会谈,可以使用文字记录的方式,而针对一般的活动安排,则可以使用录音和录像的方式。

② 个案记录的要求　个案记录的内容涉及很多方面,它的呈现有一定的格式要求,其中需要社会工作者特别关注的是资料呈现中涉及的现在与过去、事实与推断的逻辑。

个案记录的呈现有一定的逻辑要求,通常情况下,依次展开的 5 个基本方面:个案的基本情况(如性别、年龄、婚姻状况、家庭和工作的基本情况等);个案面临的主要问题(如面临的主要问题和问题的排序等);个案的背景和经历(如与问题有关的背景资料和个人经历等);个案的能力和资源(如个人解决问题的能力、个人的社会支持和环境提供的机会等)以及个案的诊断(如问题的诊断和干预建议等)。

在个案的记录中都会涉及有关案主问题的描述,而案主的问题又常常与过去的经历有关系。因此,在个案记录中如何呈现现在与过去的逻辑,是工作者经常遇到的一个难题。由于社会工作关注案主现在生活状况的改善,因而通常把案主现在的问题作为描述重点,而把案主的过去经历作为现在问题的补充解释,放在现在问题描述之后。

在个案记录中经常还会遇到的一个难题是事实与推断呈现逻辑。个案记录中既包括事实的描述,如案主说话有气无力、容易发呆、对外界的行为反应迟缓等,这些就是事实描述,可以直接观察到。同时个案记录中也包括推断,如案主的情绪低落、内心的改变愿望不强等,这些信息无法直接观察到,是由社会工作者推断出来的。显然个案记录在呈现推断的时候,首先需要有事实的描述,而且事实描述需要放在推断之前。这样工作者的推断才能有事实作为基础。

(2) 督导

督导涉及机构的行政程序,社会工作者的工作技巧能通过督导员所输入的教育元素而得到发展和改造。从这一点来看,殡葬个案工作者应有意识地自觉运用和更积极地看待督导,发展一个好的督导关系,并在督导中获得技巧的发展。

(3) 顾问与咨询

顾问与咨询是在某一领域有资深经验和知识的专家与个案工作的新手之间有时间限制、有目标、有契约的一种工作关系。它可以使社会工作者在资深专家帮助下提高为案主谋福利的助人过程中使用的技巧。

4.3　殡葬个案工作模式及案例分析

殡葬个案工作服务模式是社会工作者针对某个案主开展专业服务、设计专业服务程序和方法的重要依据。虽然殡葬个案工作的服务模式纷繁多样,但在实际专业服务工作中有一些服务模式经常被社会工作者所采用。这里将着重介绍这些常用的个案工作服务模式:心理社会治疗模式、人本治疗模式、行为修正模式、理性情绪治疗模式、叙事治疗模式。

4.3.1 心理社会治疗模式

心理社会治疗模式是殡葬个案工作最常采用的传统治疗方法之一，其基本原理与技巧对后面出现的其他治疗模式都有相当大的影响。最早使用"心理社会"这个名词的社会工作者是美国史密斯学院的富兰克·汉金斯。1937年，美国哥伦比亚大学的戈登·汉密尔顿则在他的《个案社会工作的基本概念》一文中首次采用了"心理社会治疗理论"的名称，并系统阐明了心理社会治疗模式的主要理论，这意味着心理社会治疗模式的正式形成。

（1）价值取向与假设

心理社会治疗学派注重借助"人在情境中"，把心理因素和社会因素结合起来帮助案主，重视案主自身潜能与价值，认为个案辅导的目标就是帮助案主认识、开发自己的潜能，使案主能够按照自己的价值做出更为合适的选择。它综合了许多相关理论，形成自己独特的理论逻辑体系。其价值取向和理论假设的核心主要包括以下方面。

① 心理社会治疗模式认为个体的发展受到生理、心理和社会三方面因素的影响，它借用了系统理论"人在情境中"的概念，把案主放到一定的社会环境中去认识，通过了解案主所处的环境来把握案主的问题。它认为人与环境是一个互动的体系，人是在特定的环境中生活成长的，人所遭遇的问题也是在人与环境的互动中产生的，所以只有结合人与环境的互动，即考察"人在情境中的状态"，才能真正理解人的行为。

② 心理与社会学派认为个人在过往所经历的事物、所持的观念和所学到的知识技巧都会影响到个人目前的一切。因此了解其早年经历，对了解个人的现在和将来有很大帮助。同时，该模式强调了解人的自我调节功能，重视人格的强度。

③ 心理社会治疗模式认为人际沟通对个人的家庭关系和社会角色的扮演，对个人的超我和自我的形成，都起着十分重要的作用。因此，该模式重视从人际交往角度观察人的问题，重视在人际交往中改善人的问题。同时，它还特别强调建立专业关系的意义，认为良好的专业关系将为案主提供新的人际交往的经验，有助于案主的成长。

④ 心理社会治疗模式认为，每个案主都是有价值的，他们都具有发展自己的潜能，只是未被开发而已。因此，它们认为，开展心理社会治疗工作的目的就是挖掘案主的潜能，使案主健康成长。

（2）治疗过程

受医疗模式的影响，心理社会治疗模式采用了"研究—诊断—治疗"的架构。虽然这三步在实际工作中是相互关联、无法截然分开的，但为了表述方便，这里还是一一介绍这三个环节。

① 研究　心理社会研究是观察并把所得资料系统整合的过程。工作者须引导案主认识他如何看待自己的问题、曾经怎样处理过这些问题以及为什么会遇到这些问题。工作者还要追溯案主的童年经验、家庭关系、价值观念、对自己的看法等，观察案主的情绪状态和身体健康，如是否有忧郁、惊恐、畏缩等情绪，和失眠、疾病、伤残等生理问题，揭示案主意识和无意识层面的各种内心冲突以及这些内心冲突与当前行为的关系。

② 诊断　诊断是指整理和分析案主的有关资料，并对其问题的性质、产生的原因以及发展的过程做出评估和推理的过程。一般包括以下三个方面的诊断。

a.心理动态诊断。是对案主的人格的各部分之间的互动关系进行评估。如意识与无意识之间的关系，就是心理动态诊断的重要内容。

b. 原由诊断。是对案主困扰产生、变化的过程进行分析。如案主的困扰是什么时候产生的、有什么重要的影响事件、在案主的成长过程中有什么样的变化等，是对案主个人历史的考察。

c. 分类诊断。心理社会治疗模式指出，通常案主的问题表现在生理、心理和社会三方面，因此分类诊断就是要求工作者对案主的这三个方面做出临床评估，以全面、综合、系统地考察案主的问题。

③ 治疗　治疗是对案主的心理困扰和人际关系失调等各方面因素进行修正和调整，以使案主有效适应外部环境，建立良好的人际关系，克服各种内心困扰，充分利用自身的潜能健康发展。心理社会治疗模式的治疗目标主要有五个：一是减轻案主的焦虑和不安；二是减轻案主的系统功能失调；三是增强案主的自我适应功能；四是增强案主的自我实现和满足感；五是改善案主的生活环境以解决问题。这些目标的达成，通过如下具体技巧。

a. 直接治疗。直接治疗是指直接对案主进行辅导治疗的具体方法，又根据工作者与案主的沟通状况分为非反映性直接治疗技巧和反映性直接治疗技巧。

第一类：非反映性直接治疗。指工作者直接向案主提供各种必要的服务而案主只处于被动服从位置的各种辅导技巧。

• 支持。工作者通过表示了解、接纳、同感、信任、乐于帮助的态度去减轻案主的不安和焦虑，并进而与其建立信任关系。工作者专注地聆听，温情地去减轻案主的不安和焦虑，并进而与其建立信任关系。工作者专注的聆听、温情的语调、不时点头和友善的笑容等，都是表达支持的有效技巧。

• 直接影响。工作者间接或直接地表达自己的态度和立场来促进消除案主的某些行为。直接影响能够对案主产生直接、有效的作用，但为了避免工作者把自己的价值观强加给案主，避免滋养案主的依赖心理，工作者在采用此种方法前，应先与案主商讨以了解真实情况，然后征求案主意见，让其自行决定是否需要指导，并协助他们自己做决定。直接影响可能会使案主对社工产生一些短期的依赖，但这对于那些身处危机或初来求助的人是十分必要的。

• 探索—描述—宣泄。事实上，这种技巧出现在心理社会治疗模式的各个阶段，指工作者通过案主的描述和解释探索案主的问题，并为案主的情感宣泄提供机会，改变其不良行为。不过，对于某些案主来说，重复谈论焦虑、悲痛的感受和经验，不但使他得不到帮助，反而更使他泥足深陷，难以自拔。对于此种情况，工作者要适当把话题进行转移，或与他一同寻找解决问题的办法。此外，工作者还应留意某些会滥用宣泄机会去满足自怜甚至自虐需要的人，工作者要尽量避免受到他们的支配。

第二类：反映性直接治疗。指工作者通过与案主相互沟通交流，引导案主正确分析和理解自己问题的各种技巧。

• 现实情况反映。社会工作者帮助案主对自己所处的实际状况做出正确的理解和分析的技巧。

• 心理动力反思。社会工作者协助案主正确了解和分析自己内心的反应方式的技巧。如协助案主了解自己的情绪反应方式、认识事情的方式和动机的模式等。

• 人格发展反思。社会工作者帮助案主重新认识和评价自己的以往经历、调整自己人格的技巧。如帮助案主了解成长过程中的重要影响事件、周围他人对自己的影响等，都属于人格发展反思技巧。

b. 间接治疗技巧。指通过改善案主的周围环境，如父母、朋友、亲属、邻里、同事等多个方面，间接影响案主。改善环境的有效方法有四个，它们也是直接治疗中的治疗技巧，即支持、直接影响、宣泄和现实情况反映，在此不再赘述。在采用间接治疗技巧时，工作者需尊重案主的自决权，无论工作者采取什么样的治疗技巧，都必须首先征得案主的同意，由案主自己决定是否需要改善自己的外部环境。另外，工作者还需要注意保密等原则，以避免对案主产生不利影响。

4.3.2 人本治疗模式

人本治疗又叫当事人中心治疗，由美国心理学家卡尔·罗杰斯创立，非常注重对生命的投入和体验以及对人的尊重和推崇。人本治疗模式认为人的问题产生于不能接受自我，不愿接纳自己的情绪、行为和需要，所以整个治疗的方向应是让案主接纳自我，为此必须解除其自我防卫机制。

(1) 基本假设

① 积极的人性观　罗杰斯对人性抱有积极的看法，认为人基本是善良、理智、仁慈、进取、可信赖和有目标的，每个人都有价值，值得尊重。他还认为人有责任感，能与他人合作并迈向成熟。

罗杰斯不赞成人是不可信赖的假设以及人需要指导、教导、惩罚、奖赏、控制，应有处于较高地位的他人及"专家"来管理的看法。他认为，最了解当事人的是他自己，因为每个人由于经历、性格和自我概念不同，对同样的遭遇会有不同的体会，这些主观的体会对于当事人来说，不但是千真万确的，还会影响他的行为。因此，工作者如能做到表里一致的真诚、给予当事人无条件的正面关怀，能深入到当事人的主观世界，准确体会和了解当事人，就能使当事人获得成长。

② 重视自我概念　罗杰斯把自我概念界定为案主对自己的看法，包括案主对自己的知觉和评价、对自己与他人关系的知觉和评价以及对环境的知觉和评价三个部分。罗杰斯认为，人的自我概念是在与周围他人的交往过程中通过他人的态度和反应方式的影响而形成的，而周围他人在给予案主关心和爱护时，总是附加一些条件要求案主迎合他们的标准，这样案主的自我概念的形成就会受到周围他人价值标准的影响。如果案主的自我概念依赖周围他人的价值标准，并以此确定自己的行动方式，就会与自己的真实需要发生冲突。

③ 心理适应不良和心理适应失调　当他人的价值标准内化为案主的内心要求时，就会使案主的自我概念与真实的经验和感受相冲突。为了维护自我形象，案主通常借助曲解或者否定等方式保持自我概念与经验的表面一致，这时的内部心理状态称为心理适应不良。如果案主的自我概念与真实经验之间的冲突进一步加剧，无法再维持表面上的一致，这个时候案主就会面临极大的困扰和不安，严重的会导致心理适应失调。

(2) 辅导目标与方法

罗杰斯相信人有很多天赋和能力，只不过往往由于后天环境的影响，没能妥善运用他原本已经拥有的能力和才能，因此他认为心理治疗纯粹是协助人将人原本埋藏在内的潜能释放、发挥出来。而只要创设一个理想的环境，就可使案主面对自己的问题，成长为一个接受自己，和谐地适应环境的人。

① 辅导目标　人本治疗的目标在于提供一种气氛，以协助当事人成为完全发挥能力的人，能按自己的意愿办事。它注重当事人本身的成长，而不是解决具体的问题。通过有效的辅导后，当事人须有如下转变：

a. 能更直接地披露自己的意见和情绪；
b. 能更准确地评估自己的经历及周围的事物；
c. 能重整自我概念，使它与自己的经验更为调和、达到一致。

② 辅导方法

a. 工作者的作用和角色。人本治疗模式要求工作者把工作建立在为人处世的方式和态度上，让当事人体验到一种新型的人际关系，在这种关系中，当事人能体验到有足够的自由去探索他目前拒绝体察的生活领域，他们会减低排斥，更具有开放性。工作者要展现出真诚关怀的态度，尊重、接纳和理解当事人，创造一种具有支持性的氛围，协助当事人成长。

b. 当事人的角色。在人本治疗中，当事人是主角，工作者要深切了解和体会当事人的心态和处境，从中协助他在成长路途上去挣扎和处理自己的难题，而不是纯粹帮助他解决表明的问题。工作者强调的是当事人的内在能力，尽量协助他了解和依靠自己的内在资源，使当事人发挥自我引导的能量。

c. 辅导关系。人本治疗模式注重工作者与案主的合作关系，希望凭借融洽、接纳和轻松的辅导环境帮助案主成长。对此罗杰斯进行了专门的研究，从自己的临床实践中得出促使案主改变的三项充分必要条件，即同感、真诚和无条件的爱，这些条件主要涉及六个方面的内容：工作者和案主要有心理上的接触与沟通；工作者要有良好的自我概念；工作者要真诚；工作者要对案主无条件地关怀；工作者的同感表达；工作者的尊重。

倘若这六个条件都能具备，持续一段时间后，当事人就会发生建设性的改变，而工作者不需要任何特殊的知识和技巧，因为它们可能反而会干扰辅导效果。

4.3.3 行为修正模式

行为修正模式把治疗的目标集中在可见的问题行为，探讨案主不良行为产生的外部条件、机制以及具体发展过程，以便指导案主调整或矫正不良的生活方式，更好地适应外部环境。行为修正模式的理论发展大致分为三个阶段。一是经典条件反射理论。俄国生理学家巴浦洛夫通过"狗—食物—铃铛"的实验，提出了经典条件反射的概念。二是操作性条件反射理论。斯金纳认为操作条件反射是指有机体的某个行为会导致环境发生变化，并进而影响有机体的后继行为。依据影响，有机体的行为分为正强化、负强化、正惩罚、负惩罚四种。三是社会学习理论。班杜拉创立了社会学习理论，提出了观察学习，强调人的认知在行为学习中的作用，认为人的大部分行为是通过示范、观察、模仿获得的。

(1) 行为修正模式的特点

虽然上述三种理论的基本假设有较大差异，但它们在一些基本问题上的认识却非常相似，综合起来，它们具有以下一些共同的理解。

① 重视可观察、可度量的外显行为　上述三种理论都强调科学的方法必须可以观察、可以测量，因此，它们把行为作为研究的中心，尽可能使治疗方法、过程和结果具体明确，这样，治疗的有效性就可以检验。另外，这三种理论都探讨行为习得的条件、过程和规律，不去研究行为背后的人格、动机和自我等问题，在行为修正上也把不适应行为的改变作为辅导目标，而通常不去调整该行为产生的其他方面原因。

② 以学习作为核心概念　这三种理论都关心行为学习的具体机制和条件，认为有机体的适应行为和不适应行为都是通过学习获得的，要想改变不适应行为或获得适应行为必须通过具体的学习过程。因此，这三种理论认为，学习是实现治疗的手段，行为的修正其实是一

些获得和消除行为的学习过程。

③ 强调外部环境在行为习得中的作用　这三种理论认为外部环境的刺激必然会导致有机体的特定行为，只要改变有机体的行为就会发生变化。因此，通过控制和消除外部环境的刺激因素，就可以调整和改变有机体的行为，使有机体产生适应性行为反应方式。

（2）治疗方法

行为修正模式的治疗技术发展比较完备。在此我们简要介绍几种常见的方法。

① **放松练习**　放松练习是让当事人把注意力集中在身体肌肉的活动和保持心境平静上，养成随时可以通过放松自己来抵御外在刺激干扰的习惯，目的是通过案主的身体放松，缓解其生理和心理的各种紧张、焦虑。通常放松练习可以从以下几个环节来进行。

a. 呼吸放松。引导案主用鼻子进行自然的深呼吸，至少持续1分钟，保持节奏舒缓，使身体放松。

b. 肌肉放松。先让案主身体的某组肌肉紧张，以了解紧张的感受；然后让案主放松这组肌肉，并同紧张状态比较，体会放松的感觉；再通过几次紧张和放松的练习，使案主逐渐能自觉放松这组肌肉。通常从头到脚地放松一组细肌肉群，使案主最后学会放松整个身体。

c. 想象放松。用非常轻柔、愉悦的声调，引导案主想象自己正处于人轻松、自在、安全的情境中，如静坐在湖畔，或在美丽的田野散步，以进入安静平和的状态。

② **系统脱敏**　系统脱敏主要用于消除如社交恐惧、广场恐怖、考试焦虑等各种恐惧症状，要求案主在放松状态下逐渐靠近、接触恐惧对象，这样就可以抑制或消减案主的焦虑反应，从而帮助案主逐渐克服恐惧症状。

系统脱敏的具体方法为：首先，了解案主的焦虑，将焦虑根据严重程度分为不同层次，从低到高排序；其次，让案主想象自己或实际处于最低层次的焦虑状态，让其体验恐惧、焦虑的感觉，同时指导案主做放松练习，直到消除这一层次的焦虑症状为止；再次，让案主进入上一层次的焦虑状态，体验恐惧、焦虑的感觉，同样做放松练习，克服这层次的焦虑症状；最后，以此类推，从低到高逐渐进入到每层的焦虑状态，通过放松练习消除案主的恐惧、焦虑。

③ **满灌疗法**　满灌疗法又叫暴露法、快速脱敏法，指让案主直接处于最严重的焦虑状态中，直到其焦虑症状消除。满灌疗法是为了克服系统脱敏法的缺陷设计的，由于系统脱敏法的治疗时间一般比较长，在运用时受到很大限制，因此，满灌疗法采取了与之相反的策略。满灌疗法认为案主的害怕行为是一种条件反应，如果案主采取逃避方式，只会增强其恐惧强度，起到负强化的作用。对此，就需要让案主直接处于最严重的焦虑情境中，使其不得不面对自己的恐惧，通过反复做这样的练习，直到案主对此变得习以为常，不再感到害怕为止。不过这种方法会给案主身心造成极大的压力，不适用身体虚弱、承受力较低的案主。

④ **厌恶疗法**　当出现一个不适应行为时，就呈现如药物、电击、想象等厌恶性刺激，使案主的不适应行为与厌恶性反应建立联系，这样案主就会逐渐回避或放弃不适应行为，常用在戒烟、戒酒、戒毒、减肥等行为中。例如，对于酗酒者，当其饮酒后，就让其服用呕吐药物，使酗酒者的饮酒行为与呕吐、恶心等不愉快反应建立联系，这样酗酒者就会回避酗酒行为。由于厌恶疗法有副作用，一般在使用前需征得案主的同意。

⑤ **代币管制法**　代币管制法假设一种原无强化作用的刺激物即代币，与真正的强化物建立联系后就会获得强化作用。例如，各种奖状、积分卡等，这些东西原本对人的行为并没有强化作用，由于它们代表了一种荣誉或其他强化物，因而对人的行为产生强化作用。

【案例 4-3】

肖某,男,16 岁,家住达州城郊农村。很小的时候,父母就离异,并判予父亲,但大多数时间和爷爷奶奶在一起生活。父亲在他上初一的时候因患淋巴癌去世了。爷爷奶奶总觉得孩子命苦,给予他更多的是溺爱和袒护,还一味地在物质、行动上满足肖某的需要。父亲在世时由于工作繁忙很少回家,更没时间管教,肖某犯错之后,父亲会狠狠地揍他。进入学校学习后,肖某经常打同学,因此,同学们都很怕他,不愿意和他交朋友;他自己上课要么就在座位上喋喋不休讲话或发出怪声,要么随意离座走动,作业也经常不做,即使偶尔做一次,也是字迹很乱;学习态度极差,参与在校实作实训极不认真,常常达不到实训要求。

所有的任课教师和实训教员大多认为:家里没有父母管教,学校里老师已经对他运用了多种教育方法,但是,肖某反复无常,软硬不吃。个别教师对他失去了信心,只要上课时他不严重破坏课堂秩序也就不管他,任由他的一些不良习惯放任自流,因而肖某也常常表现出一种自暴自弃。该案例中肖某若长此以往,必将给肖某今后的成长及整个人生道路带来极其严重的影响。

(1) 案例分析

社工对该生的情况做了基本调查后,认为该生的多种行为表现,主要在于打同学,上课破坏课堂秩序,作业马马虎虎,不认真进行实作实训。就其基本情况来看,其主要原因在于父亲去世,缺失父母科学的管教,家庭教育方式不当,成长环境不良,上学后老师引导不够,让该生放任自流,使之无法正确认识自我,甚至不辨是非。加上部分老师的放弃,也使该生产生自暴自弃情绪,失去自信,从而表现出种种不良行为。

(2) 运用行为修正模式介入辅导

① 确定对肖某采取矫正措施前的基线水平。通过一个周期的观察和记录结果显示:肖某每天主动攻击同学(以手或脚接触到同学身体,强度以同学感觉到痛为准)的次数平均为 10 次;上课违纪行为和离座行为平均为每节 8 次,上课未经允许讲话或怪叫平均为 20 次,课堂作业和实训作业次一也没有完成。

② 签订契约,明确双方的行为要求。把在与肖某交谈中了解到的他想参加学校足球队,并想拥有一套球衣这一愿望作为强化物。先联系家长和学校足球队负责人,让家长同意肖某在达到目标行为后给予每项 2 元的奖励,达不到的行为不给,作为购买球衣的钱保存。早日达到目标行为就早日买球衣,不足的钱由爷爷补足。同时让足球队长答应肖某在行为转变后加入学校足球队,然后与肖某商量签订了如下契约:

行为契约

契约日期:2018 年 9 月 15 日至 2018 年 12 月 19 日

当事人:工作者、肖某

双方同意每周达到下列目标行为:

(1) 每天主动攻击同学少于 2 次。(2 元)

(2) 每节课离座少于 4 次。(2 元)

(3) 每节课自言自语或怪叫少于 10 次。(2 元)

(4) 每天按时完成并上交各科课堂作业。(2 元)

(5) 实训作业精益求精,达到较高标准(基本要求)。(2 元)

(3) 辅导的初步效果

经过一段时间的心理疏导和耐心细致的教育以及制定行为契约,任课教师和同学反映,该生在许多方面都有较明显的进步。特别是行为契约实施后的效果更加明显。

第一周，肖某全部达到了契约中规定的目标行为，工作员与他商量修订了契约，要求他每项的频率低于 1~2 次。实训作业达 80% 的合格率。在第二周的任务完成后，第三周又修改了契约，要求他每项都能达到 0 次。第四、第五周开始对其进行追踪观察，稍有反复，但通过会谈，不良行为已明显减少。该生对班集体也比以前关注了，与班上其他同学关系明显好转。在心理方面，一改往日的"独来独往、自暴自弃"，半学期后，他也如愿以偿地获得了球衣，加入了学校足球队。

4.3.4 理性情绪治疗模式

理性情绪治疗模式是认知疗法的一种重要理论分析模式，由美国心理学家艾利斯在 1955 年创立。同行为修正模式关注外界环境对个体行为塑造的影响并着力于修正问题行为不同，理性情绪治疗模式认为人的问题的产生源自于非理性的信念，并且这对案主的行为起着重要作用，所以仅从行为上进行矫正，无法改变人的非理性信念，也无法消除外部行为的内在不良动机。因此，理性情绪治疗模式的辅导重点在澄清非理性信念，并建立起新的理性的信念上。

(1) 理论基础

① 理论框架　理性情绪治疗模式对案主心理失调的原因和机制进行了深入的研究，并将研究结果概括为 ABC 理论。A 代表引发事件，指案主当前遇到的、对其产生了影响的事件、思想、感受、行为、回忆等。B 代表案主的信念系统，指案主对引发事件的认知和评价，可以是理性的，也可以是非理性的。C 代表引发事件之后出现的各种认知、情绪和行为结果。

理性情绪治疗模式认为，案主的认知、情绪和行为结果并不直接由引发事件而导致，而受到个体信念因素的影响。如果案主根据自己的非理性信念看待引发事件，那么就会导致案主的不良情绪和行为。因此，有效的帮助就是对案主的非理性信念进行质疑，可以通过 D 来表示，由此协助案主克服非理性信念，最终消除其情绪和行为困扰，形成有效的理性生活方式，达到目标 E。

② 非理性信念　艾利斯认为非理性信念具有抽象化、绝对化和普遍化的特点。抽象化是指案主将具体环境中得出的特定认识概括为一般准则；绝对化是指案主对自己的要求过高，希望自己的生活完美无缺，无可挑剔；普遍化是指案主把自己对某件或某些事物的看法概括为所有事物的普遍特征。具体来讲，艾利斯提出了 11 种非理性信念：

a. 个人绝对要获得周围的人，尤其是周围重要人物的喜爱和赞许；

b. 一个人应该是全能的，只有在人生道路的每个环节都有成就才能体现人生的价值；

c. 世界上有一些无用、可憎、邪恶的人，对他们应该歧视、排斥，并给予严厉的谴责和惩罚；

d. 当生活中出现不如意的事情时，就有大难临头的感觉；

e. 人生充满艰难困苦，人的责任和压力太重，因此必须设法逃避现实；

f. 个体的不愉快均由外在环境因素造成，因此无法克服痛苦和困扰；

g. 对危险和可怕的事情应高度警惕，时刻关注，随时准备它们的发生；

h. 个人以往的经历决定现在的行为，而且是永远无法控制、改变的；

i. 一个人需要依赖他人而生活，因此，必须有一个强有力的人让其依附；

j. 一个人应该十分投入地关心他人，为他人的问题而伤心难过，这样，才能使自己的情感得到寄托；

k. 人生的每一个问题，必须要有一个精确的答案和完美的解决办法，一旦不能如此，就十分痛苦、糟糕。

【案例 4-4】

武某，男，49岁，M县殡仪馆火化组成员。与社工初次面谈中，武某讲到"我们门口有一条公交线路，我们上下班和来这里祭奠的人每次到殡仪馆的时候，票员就会和司机说到前面白房子那儿停一下，有下车的。'白房子'就是殡仪馆的另一个叫法，因为我们这里的院墙是白色的，不知道的人还会好奇白房子究竟是什么地方，知道的人就会对我们投来别样的眼光"。武某表示朋友们并不刻意回避他的职业，他也经常和朋友们一起聊天吃饭，只是最近一次，和一个长时间未见的朋友聊过天之后，没过两天，这个朋友的奶奶去世了，朋友当时就打电话给他，并说以后不要来往了。"当时我挺难过的，他可能觉得和我聊天之后我身上的晦气传给了他。"为此，武某内心非常难受，觉得整个社会，包括朋友对殡仪馆火化工作这份职业有偏见，进而怀疑自己工作的价值，工作中也不如以前积极，有"当一天和尚撞一天钟"的心态，情绪也非常萎靡。殡仪馆主任找到社工，希望能够帮助到武某。

殡葬个案工作者计划采用理性情绪治疗模式帮助武某改变对职业非理性的认知，消除武某的负面情绪，使其看到这份工作的价值所在。

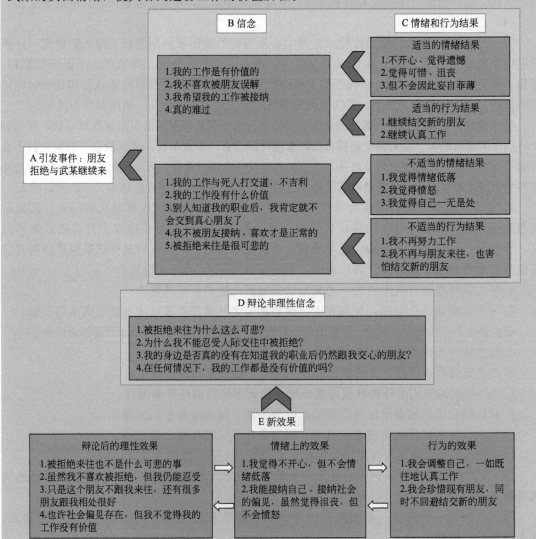

(2) 实施方法

① 辅导目标　理性情绪治疗模式把辅导目标分为两步。

第一步：帮助案主消除不适当的情绪反应，如紧张、沮丧、悲伤。这些情绪反应不仅无法推动案主改变现实状况，而且使案主的情绪和行为困扰变得更加严重。因此，作为辅导目标的第一步，就是要帮助案主消除这些不适当的情绪反应，克服情绪困扰。

第二步：帮助案主改变不良的非理性信念。理性情绪治疗模式认为，导致案主情绪和行为困扰的最根本原因是案主的非理性信念，只消除案主的不适当情绪反应还无法彻底根除案主的问题，因此需要进一步帮助案主建立更为理性、实际和宽容的人生哲学，以便使案主在未来的生活中有效处理自己面临的问题，摆脱情绪困扰。

理性情绪治疗模式认为，工作者应该帮助案主成为一个理性、健康的人，这样的人通常具备如下素质：对自己和他人有兴趣、接纳自己、独立、宽容、对生活充满信心、投入、具有冒险精神、具有开放的态度、能系统深入地思考和理解生活的限制。

② 辅导过程和方法　理性情绪治疗模式以帮助案主改变非理性信念为中心，形成一套较完整、明确的辅导方法，具体包括如下几方面内容。

a. 明确辅导要求。在案主接触理性情绪治疗模式的开始阶段，工作者除了要同案主建立良好的专业关系外，还要向其介绍理性情绪治疗模式的特点，使其明确自己的情绪或行为问题，确定与情绪或行为问题关联的事件以及与情绪困扰同时产生的心中的想法。更重要的是要让案主认识到导致自己情绪、行为困扰的因素并非具体的引发事件，而是自己的非理性信念。

b. 检查非理性信念。当案主认识到自己的困扰来自于非理性信念时，接下来工作者就要鼓励案主寻找他的非理性信念，并帮助其理解这些非理性信念与具体的情绪、行为困扰之间的联系。具体来讲，可以采用四种方式来检查案主的非理性信念。

一是反映感受，通过案主描述自己的情绪和行为困扰，表达自己的各种感受，从而识别出背后的非理性信念。

二是角色扮演，通过让案主扮演特定的角色，重新体会当时场景中的各种情绪困扰、行为表现以及非理性信念，这样，工作者就可以帮助其分析各种困扰与非理性信念之间的关系。

三是冒险，指让案主从事自己担心害怕的事，从而使其各种非理性信念表现出来，这样，案主就可以通过与以前感受的比较，发现造成自己情绪和行为困扰的非理性信念。在使用这种技巧时，工作者需要鼓励案主与以前的体会进行比较，并把感受的各种变化表达出来。

四是识别，指工作者根据非理性信念的特征帮助案主分析、认识和辨别其非理性信念。

c. 与非理性信念辩论。发现非理性信念后，工作者就需帮助案主同这些非理性信念进行辩论，让其认识到它们的不合理之处以及危害，并鼓励案主摒弃这些非理性信念，学习讨论理性信念，采取积极的行动改变现状。与非理性信念进行辩论的方法有很多，主要包括：

一是辩论，指工作者帮助案主对自己的非理性信念的不合理之处进行质疑，动摇非理性信念的基础；

二是理性功课，即工作者给予案主各种学习理性信念的机会，尤其是帮助案主改变"应该……""必须……"等非理性信念的语言模式，使其形成理性的思维方式；

三是放弃自我评价，即工作者指导和鼓励案主放弃用外在的标准评价自己，逐渐消除非理性信念的影响；

四是自我表露，指在辅导过程中，通过工作者表露自己的感受来使案主观察和学习理性的反应方式；

五是示范，指通过工作者具体的示范行为，让案主理解和掌握理性的信念以及合适的情绪和行为反应方式；

六是替代性选择，指工作者鼓励案主尽可能多地想象不同的生活方式，引导案主比较这些不同的生活方式，从中找出最为合理的理性情绪和行为反应模式，并以此替代原有的非理性生活方式；

七是去灾难化，当案主处于糟糕透顶的处境中，工作者可以让案主尽可能设想最坏的结果，从而使其非理性信念暴露，让其意识到，事实上自己的处境并非像自己认为的那样糟糕；

八是想象，指案主通过想象自己的困扰处境，体会自己的紧张情绪和不合适行为，然后设法克服它，形成理性的反应方式。

d. 学会理性生活方式。在清晰辨别非理性信念的基础上，工作者需要帮助案主找出合适的、理性的情绪和行为反应方式，运用现实的理性信念替代非理性信念，并把理性信念和合适的情绪和行为反应连接起来，形成理性的生活方式。工作者需要运用上述方法帮助案主反复地练习这种理性反应模式，学会理性的生活方式。

e. 巩固辅导效果。在此阶段工作者的任务主要是通过以下几方面，帮助案主把所学到的理性生活方式运用到自己的实际生活中：第一，帮助案主继续练习理性的反应方式，巩固个案辅导效果；第二，帮助案主逐渐内化理性的信念，并鼓励案主以此指导自己的现实生活；第三，布置一些家庭作业，鼓励案主在以后的生活中继续学习理性情绪治疗模式的理论和方法，不断地对自己的非理性信念进行分析、理解和质疑，使自己的生活变得更积极、健康。

4.3.5 叙事治疗模式

也称为叙说治疗，是目前盛行的后现代主义个案工作的模式之一。以日常对话为基础，从多向价值视角出发，重新审视社会工作辅导过程以及由此带来的在辅导关系和辅导技巧上的一些变化。它透过"故事叙说""外化""解构"，使人变得更自主、更有动力。叙事治疗的理论基础包括后现代主义思想和社会建构主义。

(1) 叙事治疗的特点

与传统个案工作的模式相比，叙事治疗不仅是一套治疗"工具"或"技术"，更重要的是能令工作者和案主反思、调整对生命的态度，明确生命的抉择，重写生命故事。迈克尔·怀特认为，案主感到自己的经验充满困惑，是因为他在故事化或被他人故事化亲身体验的重要方面是与主导故事相矛盾的。而未充分代表亲身体验的，或与亲身体验相矛盾的故事，是个人为了配合主导文化关于人和关系的阐述而主动编写的。所以治疗过程就是工作者和案主一起辨识和编写另外的、对案主更有益的故事的过程，这一过程将人们从压抑的文化假设中解放出来，成为自己生活的主宰。

将这样的观念放到叙事治疗当中，则会认为，并不是某种潜在的结构或功能失常决定了人的行为，而是人赋予事件的意义决定他们的行为。换言之人如何赋予过去意义就表示人将以如何的态度面对未来。一旦从充满问题的故事中解脱出来，个人便可以更有力、更乐观、更持久的方式去处理他们的问题。

(2) 叙事治疗的过程

欧汉伦将叙事治疗模式的治疗步骤分为七步。

① 与案主或家庭一起对困扰问题做出彼此均同意的定义。工作者在语言上促使案主从问题标签中解脱出来，使案主自己将问题看作是一种与自己分离的客体。

② 将问题拟人化，并找出压迫案主的意图和方式。工作者会使用隐喻和想像的方式，让案主和家庭假设问题是另一个人。这种方式会让案主轻松下来，不再将自己看成是问题本身，并激发他改变的动力。

③ 探讨问题是怎样干扰、支配或使案主失去信心的。工作者会问案主问题对他产生的作用以及他的生活和关系受影响的程度，并进一步使问题外化。这里使用的语言是告诉、劝说。案主与工作者一起向着共同的目标前进，共同摧毁问题对案主生活的支配作用。

④ 发掘在哪些时候案主并未受问题的支配，或生活并未受到干扰，将问题本身与案主分开，并在治疗过程中不断得到强化。这样逐渐地，一种新的现实开始被创造出来，这个阶段向案主显示出改变是可能的。

⑤ 找出过去的证据，来证明案主和家庭有足够的能力站起来，应付和解决面临的问题和困扰。这是叙述治疗法真正引人入胜的阶段。在这里，案主本人和他的生活开始被重写。在这个过程中，通过案主自己重写的故事来为重写他们的自我意识准备培育种子的土壤。在这个过程里，案主将有不同的故事，工作者询问过去的故事和证据来表明案主确实是有能力的、坚强的、勇敢的，只是他没有意识到。工作者还要促使案主和家庭支持这种观点。

⑥ 引导案主和家庭思考在上述能力之下，未来将要过的生活。这样做的目的是使案主进一步将对自己和生活的新观点具体化。

⑦ 找出一群观众来听取案主表达新的认同感和故事。因为案主是在社会关系中出现的问题，所以安排一种社会环境来支持新的故事和认同感是非常重要的。工作者通过运用书信询问其他有相同或相似问题的人的建议、安排家庭成员和朋友聚会，来实现这个目的。工作者会一直使用这个过程，直到新的故事和对新故事的认同感在案主的生活中被接受，案主开始用一种新的、更有能力的视角来看待自己。

在这个过程中，需要特别注意：外化不能被仅仅当做技巧；工作者要在心灵深处相信，问题是社会和个人建构起来的。所以，最重要的是要使案主确信自己并不是问题的本身。

(3) 叙事治疗的技巧

① 问话　"每当我们提出一个问话，就可能产生一种生活。"艾普斯顿（Epston,1994）的这句话指明了"问话"技巧在叙事治疗中的作用。"问话"技巧并不是利用经验，而是创造经验。当工作者问话后案主以"我以前没有想到这一点……"来回应时，就表明案主已经为自己创造了新经验。叙事治疗认为，实际上，案主不但以前不知道这些经验，而且以前根本没有过这种经验，直到案主被问话，才组成了经验。工作者要注意的是，工作者自己的价值观会影响问话的方向，因此，要在互动的间歇提出询问，以引导出案主自己真正想拥有的经验。

② 解构式问话　解构式问话可以帮助案主打开故事的包装，从不同角度来看这些故事，并了解故事是如何建构出来的。通过解构式问话，鼓励案主从更大的系统或是不同的时间来定位故事，借以揭示叙事的来历、背景和影响，并得以拓展案主的视野，描绘出支持问题存在的整个全景，揭示出有问题的信念、做法、感受和态度。

③ 开启空间的问话　一旦问题的全景借由解构式问话予以扩大，就揭示出许多可以发展独特结果的有利条件。开启空间的问话，可以用来建构独特的结果。接下来的问话可以作

为共同建构故事的开端,以便引出另一个可能不同的故事,如关于既有独特结果的问话、以假设经验的问话询问想像中的独特结果、询问不同观点的问话、未来导向的问话。

④ 发展故事的问话 一旦空间开启到足以显示独特的结果,或者案主比较喜欢的发展,就可以提出发展故事的问话,引导故事的重写。借着这种重写,使事件进入故事的部分,引导案主将经验的过程和细节与时间的架构和关联、特殊的背景以及其他人串联起来,使事件得以在时空中扩展、填满、重新经历,而变成一个故事。下述问话可以帮助案主达到发展故事、产生自主故事的目的:"你做这件事的时候采取过哪些步骤?首先做什么?然后呢?""当你实现那个目标时,其他人有什么反应?""这是全新的发展,还是你以前就有的可能处境下的经验呢?""你想起那些是什么处境呢?""这与以前的做法有什么不同?""如果我们把你以前的自信联结到现在的观念,沿着这条线你觉得今后会走到哪里?""有没有什么特别的资源或理由支持你的新决定?""在你的新生活中有谁会与你在一起?""如果你要实施你这个计划,首先会做什么?"

⑤ 意义性问话 根据发展性故事的问话,引导案主进入一个新场景,采取一个新立场,由此而考虑故事自己和各种关系的不同观点,鼓励他们思索并体验独特结果、较佳方向和新故事的涵义。当案主为新意义命名时,就建构了它们的意义。除了询问一般的意义,披露出故事的涵义,还要询问案主从所形成的叙事而引申出的个人特质、关系特征、动机期望、目标信念。例如可以有下列问话:"为什么这种新的思考方式比旧的方式更适合你?""关于这件事可能对生活的其他方面的影响,你有没有从中学到什么?"

⑥ 故事的建构 上述"发展性问话"和"意义性问话"都是建构故事的问话。这些问话建立在独特的结果上,引导案主运用独特的结果和喜欢的体验,发展出不同的故事和意义。

⑦ 回响与强化 回响是引导案主评估他们的经验和治疗,而不是让工作者来评估,是鼓励案主决定事件是否有意义、怎样才能有意义、为什么有意义,并让案主决定治疗是否把他们带到有助益的方向。这种做法反映出叙事治疗模式权力关系的特性,即工作者的专家立场被解构,强化是借引导案主发展自己的故事探索和体会个人自主的力量,推动案主的情绪反应,使正面的情绪与案主的新计划联盟,让负面情绪与问题联盟,从而有助于对抗问题。

【案例 4-5】

王英,女,53 岁,2012 年 6 月,其 26 岁的独生女洋洋因一场车祸去世。孩子的去世对王英及其家庭造成巨大的打击,王英原在一家事业单位上班,孩子的去世让她心力交瘁,根本无法提起精神正常工作。丈夫是公务员,还是单位里的中层领导干部,丈夫由于孩子的不幸去世一直抱怨王英没能尽到一个母亲的责任,最近经常借故公务繁忙或出差不愿回家,夫妻关系紧张。社工小张经过社区探访,发现在王英所居住的小区中,与王英一样不幸失去独生子女的家庭共有 5 户。经过初步的接触与评估,社工小张决定利用叙事治疗法帮助王英实现家庭重建。下面根据个案辅导记录整理部分关键内容与大家分享(个案中所用名字均为化名)。

第一阶段:外化失独问题

社工:王阿姨,看得出来,您对洋洋的不幸去世感到非常难受?

王英:真是太不幸了,不知道我做错了什么,老天要这么惩罚我。我们原本一个完整幸福的家,现在已支离破碎。早知道,那天我不让她跟同学出门就好啦。

社工：我能理解洋洋突然走掉对您及您的家庭所造成的打击是很大的。其实这并不是洋洋的错，也不是您的错。直接造成事故的人不是洋洋，也不是您。

王英：是啊，就是命不好。（很重的语气）要怪只能怪我那天没能阻止她出门。

社工：王阿姨，人有旦夕祸福。人们通常很难预测自己的未来与命运。在我们社区也有家庭像您这样的情况。（普遍化问题）

王英：是吗？我现在都很少出门，害怕在社区碰到熟人，看见人家带着孩子我就控制不住自己。

社工：在我们国家，像您这样的独生子女家庭很多，每年都会有一定数量的失独家庭产生。这不是哪个家庭父母的问题，而是我们全社会要共同面对的大问题。（进一步普遍化问题）

王英：但是遭罪的是我们这些父母呀！国家能管我们吗？我们当初是响应政府的独生子女政策才生一个的，我的同事有的生了两个三个，走了一个还有孩子。

社工：对呀。之所以孩子先走给您和您的家庭带来这么大的伤害，并不是您的过错与问题。现在政府正在抓紧研究和制定相关的政策来帮助你们渡过难关。当前最重要的是，阿姨您要重新找到生活的新动力，重新规划自己的生活，千万不要让这件事情一直控制您的生活。要是这样的话，我相信，天堂里的洋洋也是不愿看到的。（外化问题）

王英：是啊。现在的日子糟透了，我先生一直埋怨我，已经两天没回家啦。我想不能一直这样过下去，应该寻找自己新的生活。（脸上有些许的轻松）

第二阶段：解构问题故事与建构新生命故事

社工：王阿姨您好，通过上一次的谈话，我发现您有很多的改变，觉得您开朗了很多。

王英：你看的是表面上的，其实内心还是放不下。刚刚过去的"五一"就很难过，不知去哪里，我一直捧着孩子的相册哭，洋洋以前很喜欢旅游。

社工：洋洋在的时候，您平常的生活是怎样过的？（寻找故事）

王英：洋洋几乎是我们生活的全部，从出生到幼儿园、小学、中学、大学、工作，全部围着她在转。现在她走了，我们的生活也没有方向了。

社工：在洋洋读大学的时候，她并不在家里，那时家里也是只有您夫妻俩，你们当时是怎样安排生活的？

王英：也挺简单的。我先生事情比较多，平时呆在家里的时间挺少，也很少陪我。我除了上班，下班后就到我们社区中心去跳广场舞，我还是教练。（发现特殊的故事）

社工：您还是教练，难怪阿姨身材这么好！（加强建构故事）您每天都去教她们吗？

王英：是啊，我们社区的广场舞在全区是有名的，曾经拿过广场舞比赛的一等奖。我常常是自己先学，再编排适合我们自己特色的舞蹈，然后教给她们。我先生也挺支持我的，他出差的时候会给我买回一些广场舞的影碟。（又是一个新的特殊故事）

社工：看得出来，你们夫妻感情挺不错的。广场舞给阿姨带来不一样的人生，看起来阿姨在社区还是很受大家欢迎的名人哟。

王英：自从洋洋走了就没去跳啦。她们打过好多次电话，甚至到我家来邀请我，但我一直提不起这个精神，觉得没劲。

社工：其实，阿姨我是这样想的。即使我们再怎么努力，洋洋是再也回不来了，她有她自己的生命。但我们可以延续她的生命，也可以充实自己的生命。跳广场舞就是很好的选择，假使您继续跳您的广场舞，您可以将自己对洋洋的思念融进您的舞蹈中，您就当是跳给女儿看的，是为女儿跳的。我觉得您的生活会有新的意义。

王英：很有道理，谢谢您。为了孩子，也许这是一个好的办法。

第三阶段：巩固新故事

经过几次的叙事治疗辅导，王英已慢慢接受了社工，也接受了她自己现在的生活。她把自己对孩子的思念完全地投入到广场舞的创作与教学中，她的先生也逐渐地被其行动与激情所感染，夫妻关系慢慢修好。在最近的一次广场舞会演中，王英所编排和领舞的广场舞《女之魂》获得全市最佳表演奖。社工将王英她们的表演录制成光盘送给王英。王英捧起奖杯，满怀热泪对社工说："谢谢您，我感觉女儿的力量就在我的舞蹈里。"

以上是对殡葬个案工作常用服务模式的介绍，本书模块9还对殡葬社会工作的实务模式，包括危机介入模式、生命教育模式、公共管理模式、悲伤抚慰模式、心理调适模式做了具体介绍。

4.4 殡葬个案管理

个案管理兴起于20世纪70年代，是一种个案工作的服务模式，用于向受复杂、多重问题困扰或存在障碍的个人或家庭提供服务。

4.4.1 殡葬个案管理的含义与特点

(1) 殡葬个案管理

美国社会工作者协会对个案管理的定义认为"个案管理指的是由社会工作专业人员为一群或某一案主提供统整协助活动的一个过程。在个案管理的过程中各个不同机构的工作人员相互沟通协调，以团队合作方式为案主提供所需服务，并以扩大服务的成效为主要目的。当提供案主所需服务必须经由许多不同专业人员、福利机构、卫生保健单位或人力资源来达成时，个案管理即可发挥其协调与监督之功能。"

由上述定义可知，殡葬个案管理是为那些有多种需要的丧亲者及其家属、殡葬从业人员提供服务的一种方法，其中，殡葬社会工作者扮演重要角色，是整个服务提供过程中的关键人。殡葬社会工作者是服务提供的组织和协调人，负责评估丧亲者及其家属、殡葬从业人员及其家庭的需要，进行适当的资源与不同专业人士之间的安排、协调、监督、评估及倡导多元服务的工作，目的在于满足特殊案主的多元和复杂的需要。

(2) 殡葬个案管理的特点

① 案主遭遇多重问题 殡葬个案管理的案主通常有两个共同特质：一是他们所遭遇的问题复杂，需要多位专业人员的服务才有可能解决；二是他们在获得与使用潜在的助人资源方面有特殊困难，如果案主只有单纯的问题或障碍，或是其在获得及使用资源方面没有困难，则不需要接受个案管理服务。

② "全貌"的工作方法 殡葬个案管理有两个工作重点：一是为面临多重问题的案主寻找其所需的服务网络；二是协调这个网络中的各项服务，让它们彼此相互配合，即在关注每一项个别服务提供有效性的同时，把工作焦点聚集在整个服务网络能否有效解决案主的问题以及网络中的各种服务的彼此协调上。

③ 双重功能　殡葬个案管理具有双重功能：一是经过各项服务的协调实现服务的合理配置，即通过计划并协调不同的服务提供者与案主建立关系，来保障案主获得最适当、最完整的服务；二是强调服务的效率，在成本效益的原则下来运用社会资源与提供相关的服务。

(3) 殡葬个案管理与殡葬个案工作的比较

传统的殡葬个案工作包含了一些殡葬个案管理的理念，只是一直没有被重视。殡葬个案工作强调社会工作者与案主之间的个别工作关系，尤其注重案主内在思考的改变；而殡葬个案管理则采取系统取向，认为系统中的整合协调是最大的任务。表 4-4 从案主的问题类型、服务提供者、功能、主要角色、服务目标、技巧运用等五个方面比较了殡葬个案管理与殡葬个案工作的差异。

① 从服务提供者的角度看，殡葬个案管理集结不同专业和不同层次的服务提供者，这些人因为专业的不同，地位的不同，服务自主性、责任范围与服务复杂性都有所不同，殡葬个案管理者通常被期待成为一个通才，而不是专才。殡葬个案工作强调是由具有专业地位的社会工作者，运用专业知识和技术协助个人和家庭，强调助人者与受助者之间的专业关系。

② 从功能的角度看，殡葬个案管理者一般具有整体的观念，以个案为中心，整合不同的服务提供者，其功能在于促进机构间、专业间的合作。殡葬个案工作主要针对案主的能力，让案主在一个安排好的环境中展示社会活动，人与环境的交互作用，来解决案主所面对的问题。

③ 从角色的角度看，殡葬个案管理者具有通才的特点，一般扮演整合服务角色，包括资源开发者、教导者、经纪人、倡导者等角色。殡葬个案工作者以直接服务的角色为主，通常扮演使能者和咨询者。

④ 从服务焦点和目标角度看，殡葬个案管理的目的是确保案主获得所需要的服务与资源，因此比殡葬个案工作更注重人与环境的关系，其服务焦点会集中了解某些环境因素。殡葬个案管理者在寻找服务切入点时，不仅专注于某一个焦点环境，而且要关注其他或更大层面的环境。殡葬个案工作的重点是如何调整处于困境或存在偏差的个人，帮助案主了解和接纳本身的长处和限制，提升解决问题的信心，提高解决问题的能力。

⑤ 从技术角度看，殡葬个案工作的许多技术非常适合殡葬个案管理使用，尤其是在界定问题阶段，建立关系的技巧、资源运用的技巧等，都与殡葬个案工作所使用的技术非常类似。但殡葬个案管理对问题的解决大多采取间接服务的方式，协助案主运用各种资源排除障碍。殡葬个案管理在一些紧急情况也会提供直接服务，但一般都是以任务取向的短期干预，而不是长期服务。

表 4-4　殡葬个案管理与殡葬个案工作的差异

项目	殡葬个案管理	殡葬个案工作
案主的问题类型	1. 多重 2. 必须使用不同的资源和服务	1. 较为单纯 2. 一般单一资源即可解决
服务提供者	来自不同专业、不同层次的人员	专业社会工作者
功能	强化或发展资源网络来满足案主的需求	解决案主的问题
主要角色	教育者、协调者、倡导者	使能者、联系人、治疗者
服务目标	协助案主发展使用资源的知识，争取资源	个人的适应与协助解决问题
运用的技巧	1. 殡葬社会工作者努力联结案主与资源 2. 获取内、外资源的技术 3. 针对不同系统层次处置的技术	1. 殡葬社会工作者本身是服务的来源 2. 问题解决的相关技巧 3. 人际关系技巧

4.4.2 殡葬个案管理中社会工作者的角色

殡葬个案管理中社会工作者所扮演的角色受机构服务的功能、形态与社会工作者本身职位的影响。综合多位学者的研究，社会工作者在个案管理中主要扮演了三种角色：教育者、协调者和倡导者。

(1) 教育者

强调社会工作者在殡葬个案管理中，要了解案主并教导案主掌握相关的知识和技巧，以便能够发展与维持自身拥有的资源网络系统。社会工作者通过与案主建立信赖关系，一方面帮助案主正确看待生死、重新了解和认识自我，思考个人功能发挥不佳的原因；另一方面协助案主去建立健康的行为方式。

(2) 协调者

社会工作者在殡葬个案管理中通过评估案主的问题，判断其需要得到的服务性质、内容、传送方式。社会工作者据此先拟订一个服务计划，然后帮助案主接触那些可能提供服务的专业人员。如果必要，社会工作者也会促进这些服务提供者之间的相互沟通，以减少服务的重叠、冲突，提高服务资源网络的效率。

(3) 倡导者

殡葬个案管理中的案主一般具有多种问题和复杂需求，因此社会工作者作为倡导者有三方面任务：一是为案主争取资源，或者争取资源的合理分配；二是要努力帮助提供服务的系统（包括心理辅导师、学校老师、护理人员、家庭服务员、就业辅导师）持续介入服务过程，不会因为案主问题复杂，或案主缺乏改善动机和能力而放弃；三是调整社会对案主过高的要求，使案主不会因为无法应付社会对自己的要求，而失去改变自己的信心，或放弃改变行动。

4.4.3 殡葬个案管理的过程

(1) 个案发掘与转介

需要个案管理的个案，一般都具有多重需要，案主可以由其他机构或渠道转介而来，也可以由案主自己主动求助而来。如家庭、社区、警察、学校、医院和精神卫生机构等的转介，或者是社会工作者通过外展寻找或鼓励潜在的案主，如不堪工作压力的殡葬工作人员、丧亲陷入极度痛苦中的人员等。需要强调的是，不是每位案主都会成为个案管理服务的对象。在接案时，工作者要通过协助案主表述需要，确认其需要与问题是否需要提供个案管理服务。这个阶段社会工作者应具备的技巧有：介绍个案管理服务中社会工作者的角色、建立彼此的信任关系、澄清双方的角色期待等。

(2) 评估与选择

由于个案管理工作服务的对象一般都具有复杂和多重的需要与问题，因此与一般的评估工作不同，大多数情况下，社会工作者需要与其他专业人士（心理、医疗等）共同合作进行评估，以确认案主的问题性质及所需要的服务。个案管理的评估一般采用的是在短时间内准确诊断方式。

(3) 个案管理服务计划与执行

个案管理的主要任务是为服务使用者设计一揽子的服务，包括服务计划和治疗性/辅导计划。一揽子服务不是一个机构和社会工作专业本身能够提供的通常涉及多种专业和非正式服务资源的配合。社会工作者要将案主的需求与满足需要的各方资源进行联结，必要时召开包括案主在内的相关机构和人员的协商会议。因此，在制订服务计划的阶段，有两个方面需要特别注意：一是要确保有适当的资源，以满足案主的需求；二是需要负责管理珍贵而稀少的资源。

殡葬个案工作者在执行服务计划时，既要承担直接服务的角色，包括为案主提供个人心理、情绪的辅导，同时还要扮演服务统筹和协调者的角色，将满足案主需要的资源进行联结和整合，串联起政府部门、企业、非营利组织和非正式组织的服务资源，与相关机构和专业合作共同满足案主的需要。

个案管理的另一项重要工作是为案主建立和扩展其非正式的社会支持网络，并对网络进行"维护"，与其一道工作，为案主提供资源，满足需要。所以，"获取资源"是将计划付诸实施的重要工作，工作者需要克服与资源联结的障碍，并且与案主所需并可能运用的资源进行联结，其主要策略包括：

第一，联结，社会工作者扮演案主及所需要资源间的中间人角色，将两者联结起来；

第二，协商，与服务的提供者进行协商，以克服资源和服务提供中的障碍，加强资源提供者之间的配合；

第三，倡导，当外部环境存在威胁案主需要满足的因素时，或者政策不完善而阻碍了案主所需资源的运用与提供时，社会工作者需要代表案主与相关个人或者组织进行沟通，必要时需要在政策层面进行倡导，以确保案主所需资源和服务的提供，维护其权利。

第四，协调与整合，社会工作者需要负责确保案主的资源得以持续提供，并随时查看资源是否有效地被案主运用，对不同部门的资源和服务进行协调。

(4) 监督与评估

在服务过程中，社会工作者需要不断监督和评估，以便及时调整服务，保证服务的适当性；而在服务结束后，也需要通过追踪来确保服务的效果。服务结束后，评估主要包括如下几项指标：一是服务是否符合服务使用者的需要；二是服务使用者对整个服务是否满意；三是服务提供的目标是否实现。此外，社会工作者还可以再进行追踪评估，包括了解案主改变的情况、提供转介的情况、满足案主需要的状况、服务计划是否需要调整以及服务是否可以结束等。如果评估的结果显示案主的问题没有得到解决，则必须考虑重新回到"个案管理服务计划"阶段。

(5) 结案

个案管理工作随着合同的终止而结束服务。在结案阶段，社会工作者要为结束服务做好充分的准备工作，包括征求服务使用者对服务结束时间的建议，处理服务关系结束所带来的情感反应，检查结束工作的安排以及转介工作的安排情况等，同时召开与个案相关的机构、专业人士的结案会议，正式结束个案。

综合案例

"爱的和解"——个案工作在殡葬领域中的应用

一、背景介绍

刘玲（化名），52岁，大学本科文化，身体健康。刘玲丈夫53岁，夫妻俩育有一子，儿子24岁，一家三口均为公务员，家庭经济状况较好。案主在2017年底，通过社工服务为其母亲制作了生命纪念册，在制作完成后，向社工倾诉希望获得专业心理服务，社工将其转介给上级社工,另开个案服务。刘玲上大学时,经母亲的朋友介绍与当时在上大学的丈夫认识结婚。刘玲因成长经验对自己的现在生活有一定的影响,刘玲父母均为再婚,自己是家中最小的女儿。母亲有严重的重男轻女思想,小时候刘玲经常被打、骂,这对刘玲产生了严重的影响。刘玲在高中开始就出现了觉得活得没有意义的想法。母亲去世后,对在母亲生前未与母亲关系和解耿耿于怀,对母亲又出现内疚和自责情绪。

二、分析预估

经与案主的面谈与电话接触,发现案主面临的问题主要有:案主因母亲去世,经常有情绪低落和悲伤情绪。经专业评估案主存在中度抑郁和中度焦虑情绪。

1. 身体层面:案主讲话时经常感觉无力,疲劳。
2. 情绪层面:案主陈述觉得活着没有意义,觉得自己是可有可无的存在,从高中开始就有这样的想法,希望自己像空气一样;案主经常哭泣,情绪低落,在母亲生前未与母亲关系和解,母亲去世后对此不能释怀,出现内疚和自责情绪。
3. 认知层面:案主在认知层面会幻想母亲仍然在世。
4. 行为层面:案主表现出睡眠障碍,表示时常看见母亲的影像。

因此,可分析预估案主的需求主要包括:

1. 心理辅导:案主因其成长经历,长期受心理问题困扰,有心理辅导需求。案主陈述希望能够获得一些正能量,活得更加快乐。
2. 哀伤辅导:案主母亲去世后,对案主情绪有一定的影响,因儿时成长经历,案主与母亲关系较为紧张,一直未能释怀,母亲去世后,案主对此有遗憾和自责情绪。

三、服务计划

哀伤辅导的终极目标是殡葬社会工作者运用自身的服务技能与资源协助丧者家属调适失亲的失落,并能够适应没有逝者的新生活。

(一)服务目标

总目标:通过心理辅导和哀伤辅导,缓解案主抑郁和焦虑情绪,更好地完成哀伤任务。

具体目标:

1. 了解案主基本情况,评估案主情绪状态,建立专业关系;
2. 通过心理辅导,缓解案主的抑郁和焦虑情绪;
3. 通过哀伤辅导,协助案主与母亲合理告别,完成哀伤任务。

(二)服务策略

弗洛伊德提出人的精神活动,包括欲望、冲动、思维、幻想、判断、决定、情感等,会在不同的意识层次里发生和进行。不同的意识层次包括意识、前意识和潜(无)意识三个层次。意识即为能随意想到、清楚觉察到的主观经验。前意识虽不能即刻回想起来,但经过努力可以进入意识领域的主观经验。潜意识(无意识)是原始的冲动和各种本能、通过遗传得到的人类早期经验以及个人遗忘了的童年时期的经验和创伤性经验、不合伦理的各种欲望和感情。核心观点是,人的任何精神活动都是存在其根源的,并非出于偶然。根源就是潜意识,它对人行为的影响是无所不在的,因此要解决案主的问题,就必须探寻潜意识的意义。对案主而言,母亲在其童年时期"重男轻女"思想、对她的打骂,让其形成了"活着没有意义"的想法,童年时期的创伤性经历一直在潜意识层次保留,并对她现在的生活产生影响。殡葬社会工作者需要就此提供相应的治疗服务。

"四个哀伤复原任务"的任务模式阐明，哀悼是一种过程而不是一个状态，各阶段任务的完成都要付出心血努力。丧亲者要经历的哀伤时间各有长短，哀伤表现亦各有差异。哀伤复原的四个任务包括：在理性层面接受丧亲的事实、在感性层面接受丧亲之痛、对痛失至亲的适应、重新投入新生活。

根据以上相关理论，殡葬社会工作者需要协助案主在理性层面接受母亲已经去世的事实，坦然面对儿童时期母亲对自己的伤害、母亲年老后表达的愧疚之情、自己在母亲生前未能与其和解这一系列的状态，在感性层面接受丧亲之痛，并通过"对话"的方式与母亲达成和解，最终开始新的生活。

（三）服务程序

1. 与案主建立关系。本案例中案主为主动求助型，有着强烈的改变动机与意愿，有助于殡葬个案工作者与其尽快建立良好的专业关系。

2. 通过心理辅导，缓解案主抑郁和焦虑情绪。引发正常哀伤情绪的宣泄。运用同理心与哀伤辅导技能，允许案主有时间去悲伤，要把情绪发泄出来，在感性层面接受丧亲之痛。协助案主在理性层面接受丧亲之实。通过鼓励案主谈论死亡及内心感受，强化"死不复生"的事实。

3. 通过哀伤辅导，协助案主与母亲合理告别，完成哀伤任务。通过书信与表达的方式与母亲进行对话，表达曾经的怨恨之情、母亲过世后的自责之感，达到情感上的和解。

4. 帮助案主处理过去经历对现在的影响，重新投入新生活。

四、服务计划实施过程

第一阶段：评估案主的情绪状态，了解案主的家庭背景、成长经历和服务需求。

1. 案主的情绪状态：案主陈述觉得活着没有意义，觉得自己是可有可无的存在，从高中开始就有这样的想法，希望自己像空气一样。（案主在说话时，开始哭泣）

2. 案主的家庭背景：案主的家庭为三口之家，儿子，24岁，均为公务员。

3. 案主的夫妻关系：案主上大学时，经母亲的朋友介绍，与当时在上大学的丈夫认识结婚。

4. 案主的亲子关系：案主陈述觉得儿子很帅，自己非常地溺爱儿子，因为自己小时候没有得到爱，所以弥补给儿子。在儿子上初中时还会背着、抱着儿子。现在儿子在仙女山工作，工作半个月、休息半个月，有时工作一个月休息一个月。

5. 案主的成长经历：案主的原生家庭为再婚家庭，母亲和第一任丈夫在19岁时结婚，育有一子，离婚后，和案主的父亲结婚。父亲的第一任妻子因病去世，育有两个儿子。父母结婚后，生育了4个孩子，案主是最小的女儿。家庭中共有6个孩子。案主陈述母亲有严重的重男轻女思想。

6. 案主与母亲的关系：案主在母亲来家里住之前，对母亲一直有怨恨，觉得母亲在其小时候不应该打骂自己。2013年母亲在案主家住了1年多，期间案主和母亲发生冲突时，案主会向母亲诉说母亲之前对案主的打、骂，偶尔案主会故意气母亲。案主觉得母亲变得比较包容，母亲去世后，案主对此有遗憾和自责情绪。

7. 家族疾病史：案主家族中曾有一名大伯因饥饿自杀；母亲的打、骂教育对三哥和大姐有一定的影响，三哥年轻时出意外，同事通知母亲去看三哥，说非常严重，但母亲因工作未去，三哥一直记着此事。

8. 案主的服务需求：案主希望能够获得一些正能量，活得更快乐。

9. 通过专业心理量表 SCL-90、SDS、SAS 评估案主心理和情绪状态。评估结果显示案主存在中度抑郁和焦虑情绪。（第二次家访）

此阶段服务初步了解了案主的基本情况和问题，并向案主说明了心理咨询不是一次就能够达到效果，初步达成每周面谈一次的约定。与案主初步建立了信任关系，案主愿意向社工倾诉。

第二阶段：通过心理辅导，缓解案主抑郁和焦虑情绪。

社工与案主一起回顾其成长经历，在过程中，社工运用了倾听、同理、具体化等技巧。

案主说："小时候母亲经常打我、骂我，骂我是多余的，当初不应该把我生下来。"社工运用同理回应案主成长得不容易。（第三次家访）

案主说："经常觉得活得没有意义。"

社工运用具体化，询问案主在什么时候会有这种感觉。案主说"晚上躺在床上睡不着时出现得比较多。"

社工询问案主："你是从什么时候开始有这种想法的呢？"

案主沉默，仔细地回想："从高中开始有的。"

社工："那你觉得怎样是有意义的？"

案主沉默。

案主母亲年老以后，对儿时打骂案主的行为有内疚，曾向案主陈述，小时候对案主不好，希望案主多谅解。案主虽然与母亲的关系缓和，但心里一直对儿时的成长经历记忆犹新，且影响案主当下的生活状态。案主陈述：因受其成长经历的影响，晚上睡觉必须开灯和开着电视，影响丈夫休息，案主和丈夫在 10 年前开始分房睡。案主母亲认为丈夫很好，不抽烟、不喝酒，案主认为和丈夫缺乏精神交流。案主向丈夫说过自己有抑郁症。

社工："这么多年，你想过如何改善自己的状态吗？"（第四次家访）

案主："曾经想过心理咨询，但走到心理咨询所门口，没有勇气走进去。"

社工对案主此次主动求助给予了肯定，并和案主共同讨论如何缓解当下的情绪。

最后商定，案主情绪低落时以游泳和做家务的方式让不良情绪通过流汗宣泄出去。

此阶段服务，社工通过倾听、同理、具体化等技巧，与案主共同回顾其成长经历，梳理案主的一些非理性信念，通过进一步澄清，转变案主对成长过程中的非理性认识。

第三阶段：通过哀伤辅导，协助案主与母亲合理告别，完成哀伤任务。

母亲去世，案主未能与母亲做心理上的告别，在社工鼓励下，案主运用书写的方式将想对母亲说的话写下，并在家访过程中将信念出。

案主哭着说："妈妈，对不起，您小时候对我不好，我长大结婚了，您对小时候的事感到内疚，我没能及时地原谅您，您老了，我对您没有做到尽心尽力地照顾，对不起。"

社工："我想您母亲会谅解您的，就像您能谅解她一样。"

案主擦着眼泪，露出微笑说："母亲是很包容的，我现在感觉说出来，心里很畅快。"（第五次家访）

在最后一次家访中，案主陈述：上周的状态比之前有好转，心情没有之前低落，没有再梦见母亲，和母亲在一起的情景没有出现了。但偶尔想起时还是会容易流泪。

社工："这是一个正常的阶段。"

案主说："近期计划同老公、儿子去香格里拉和丽江玩。"

社工结束服务,并告知案主,如果有什么问题还是可以给社工打电话。

此阶段社工引导案主通过给逝者写信,将心中的想法表达出来,并在家访中鼓励案主将信念出,表达情绪,引导案主对逝者做最后的告别。完成此阶段的目标。

五、总结评估

通过6次的家访服务,引导案主书写表达情绪,案主从最初的情绪低落状态,逐步调节情绪,与丈夫的亲密关系有所提升。结束服务时,提及母亲哭泣的频率由第一次家访的全程哭泣,到最后一次家访,仅仅在和母亲做告别时,提及母亲去世时会有哽咽外,在谈及其他事件不再流泪。悲伤情绪有所缓解,基本实现设定目标。

案主最后还计划与家人一起外出度假,改变的动机明显提升,且在寻找方法改善和丈夫的关系。

六、跟踪服务

社工通过电话关怀,关注案主情绪状态,案主旅游回来后进行了回访。

(注:本案例由重庆石桥铺殡仪馆社工站提供)

小 结

殡葬个案工作方法是直接的服务方法,其对象包括丧亲者及其家属、殡葬从业人员两类,功能重在为丧亲者及其家属提供"全方位的关怀"服务。

殡葬个案工作的介入过程分为接案、调查、诊断、计划、介入、评估与结案6个不同阶段,每个阶段都有自己需要处理的任务和工作重点,同时各阶段之间又相互连接、相互影响,构成一个有机整体。

殡葬个案工作的技巧很多,本模块主要介绍了沟通技巧、关系技巧、过程技巧及其增进技巧的方法。

殡葬个案工作的服务模式是工作者针对某个案主开展专业服务、设计专业服务程序和方法的重要依据。本模块着重介绍了五种常用的个案工作的服务模式:心理社会治疗模式、人本治疗模式、行为修正模式、理性情绪治疗模式、叙事治疗模式。

个案管理是一种兴起于20世纪70年代的个案工作的服务模式,用于向受复杂、多重问题困扰或存在障碍的个人或家庭提供服务。个案管理与个案工作存在五个方面的差异。个案管理的实施一般经历个案发掘与转介、评估与选择、个案管理服务计划与执行、监督与评估和结案五个阶段。

思考与练习

一、单项选择题

1. 当案主并没有求助,但可能需要殡葬个案工作者的协助,或者是虽还没有求助但妨碍他人或社会系统功能的正常发挥时,他即成为( )。

　　A. 实际案主　　B. 潜在案主　　C. 现有案主　　D. 原有案主

2. 殡葬个案工作的第一步是( )。

　　A. 辨别案主的类型　B. 评估案主需求　　C. 诊断案主问题　　D. 制订服务计划

3. 跟踪服务往往是在( )阶段后进行的。

A. 接案　　　　　B. 预估　　　　　C. 计划　　　　　D. 结案

4. 注重借助"人在情境中",把心理因素和社会因素结合起来帮助案主,重视案主自身潜能与价值,认为个案辅导的目标就是帮助案主认识、开发自己的潜能,使案主能够按照自己的价值做出更为合适的选择的殡葬个案服务模式是（　　）。

　　A. 人本治疗模式　　　　　　　　B. 理性情绪治疗模式
　　C. 心理社会治疗模式　　　　　　D. 行为修正模式

5. 当案主具有以下两个特质:一是他们所遭遇的问题复杂,需要多位专业人员的服务才有可能解决;二是他们在获得与使用潜在的助人资源方面有特殊困难时,一般选用（　　）模式。

　　A. 个案管理　　　B. 心理社会治疗　　　C. 叙事治疗　　　D. 人本治疗

二、多项选择题

1. 预估的内容包括（　　）。

　　A. 问题界定　　　　B. 个人分析　　　　C. 环境分析
　　D. 介入方法　　　　E. 介入目标

2. 殡葬社会工作实务中,接案前需要做好的准备工作包括（　　）。

　　A. 收集案主相关信息　　B. 安排初次会谈的时间、地点
　　C. 拟定面谈提纲　　　　D. 制订介入计划
　　E. 实施介入行动

3. 结案的主要任务包括（　　）。

　　A. 总结工作　　　　B. 巩固已有改变　　　　C. 解除工作关系
　　D. 做好结案记录　　E. 跟踪回访

4. 增进殡葬个案工作者的技巧的方法有（　　）。

　　A. 做好记录　　　　B. 运用督导资源　　　　C. 巧用顾问资源
　　D. 向非专业人士请教　　E. 巧用督导资源

5. 殡葬个案管理与殡葬个案工作的不同主要体现在（　　）。

　　A. 服务提供者不同　　B. 功能不同　　　　C. 角色不同
　　D. 服务焦点与目标不同　　E. 运用技术不同

三、实训题

依据以下材料制订介入计划。

个案编号:000048	报告日期:2018年7月18日	负责社工:胡某
姓名:李某	性别:□男 ☑女	76岁
背景资料	案主6月在殡仪馆为儿子办理了火化,社工通过电话回访进行预约,后了解到案主背景资料。 身体状况:案主与配偶同住,老两口身体状态不太好,丈夫患有高血压,案主患有高血压和糖尿病,两人因身体原因,很少外出,日常仅仅在周边散散步。妻子因患糖尿病引眼疾,眼睛不太好。 经济状况:两人均由某电机厂退休,主要经济来源为退休工资,每月两人的主要开销为看病吃药,家庭收支基本持平。 家庭关系:两人生育了两个儿子,去世的是小儿子,大儿子住在石油路,平时较少来看父母。去世的小儿子早年离异,与前妻生育了一个女儿,现在其前妻与孙女在北京生活,节日和生日会给老两口发来祝福。	

社工评估	问题诊断	（一）问题表现 案主及其配偶有一般性哀伤表现，因儿子的去世，近期经常有情绪低落、沮丧，偶尔有失眠和头晕现象。 所处哀伤阶段：案主儿子于2018年6月22日去世，去世近1个月，案主应处于哀伤阶段的渴望与寻找阶段。 身体层面：案主精神恍惚，讲话时有气无力，眼里有血丝。 情绪层面：案主表现出经常的悲伤和偶尔的内疚情绪，情绪低落。 认知层面：案主偶尔会幻想儿子仍然在世。 行为层面：案主偶尔表现出睡眠障碍，与社工讲话时虽然一直克制，但是仍然有多次哽咽流泪。案主因身体不好较少出门，儿子去世后更加不愿出门，一直呆在家里。 （二）成因分析 案主及其配偶在儿子生病前，与儿子关系比较紧张，儿子生病后紧张，虽然也照顾儿子，但与儿子的关系一直未化解，直至儿子去世。 （三）问题诊断 案主及其配偶因与儿子的紧张关系，在儿子去世时一直未和解，又伴随老年丧子之痛，在情绪方面的问题较为突出，尤其是案主的配偶。
	需求分析	1. 生命回顾：案主因儿子去世在殡仪馆办理了火化手续，电话回访过程中案主愿意为儿子制作一本刻录生命纪念册，案主有生命回顾需求。 2. 情绪疏导：在家访过程中社工评估案主及其配偶因儿子去世，需要情绪疏导。 3. 支持系统建立：案主与配偶居住，身体状况均不好，大儿子家距离案主家有一定距离，较少回家看案主夫妇，家庭支持系统需进一步建立。

PPT课件

模块 5 小组工作在殡葬领域的应用

> **学习目标**

通过本模块内容的学习，应能够掌握殡葬小组工作的概念、类型与特点；掌握殡葬小组工作过程中的组员特点、工作者任务及角色，并能够将其应用于殡葬社会工作的实践中。

小组社会工作是社会工作的三大方法之一，简称小组工作或团体工作，是一种以小组活动形式（两个或更多的人）开展的社会工作方法。总体而言，小组工作旨在以人际间的依存互动关系为基础，通过专业的小组活动过程，来恢复和增强个人的、团体的社会功能，进而实现社会发展的目标。

殡葬小组工作则是小组工作方法在殡葬领域的运用，它有着小组工作普遍的特征特点，也有其在殡葬领域应用的特殊性。做好殡葬小组工作的前提，是明确殡葬小组工作的概念界定、类型特点与功能；掌握殡葬小组工作的模式、过程、工作技巧，为殡葬小组工作的实践打下坚实的基础。

5.1 殡葬小组工作的概念、类型与特点

要掌握殡葬小组工作的实务方法，首先要了解殡葬小组工作的概念、类型与特点。

5.1.1 殡葬小组工作的概念界定

社会工作使用的小组概念，通常指由社会工作指导者，将两个以上且具有共同需求或相似社会问题的成员组织在一起而开展互动性活动的团体。正是由于需求和问题的共性或相似性，组员一般会对小组产生认同感，组员之间相互依存和影响，进而形成特定的小组文化和社会关系氛围。

虽然现阶段学者对殡葬小组工作的研究十分匮乏，但是我们仍可以从现有的殡葬社会工作实践中发现，无论是作为殡葬社会工作直接服务对象的各类丧者家属、殡葬行业的工作人员还是作为间接服务对象的濒死者、轻生者、其他缺乏敬畏生命精神者及社会大众，每一类服务对象的内部，都存在着相同或相似的需求与问题。无论是丧亲的伤痛、对亲人的追思，长期面对死亡的巨大压力，还是即将走向生命尽头的恐惧，对生命的无视与消极厌世，对死亡的恐惧与偏见，每一个问题及表现都不是单个个体的个别化呈现。殡葬小组工作就为有着同样问题或者需求的成员提供了一个"抱团取暖"的机会，在殡葬社工的带领下，通过互动性活动的开展，组员发现个体的困局不再个别化，"同命相连"的同伴与自己面对着相同的境遇，自己的哀伤、压力与烦恼有同伴一起承担，自己的困难问题有同伴共同出谋划策，在小组动力的支持下，小组成员携手共进，披荆斩棘，逐渐走出伤痛，摆脱压力，走向人生的新起点。

由殡葬社会工作的实践可知，殡葬小组工作是殡葬社会工作的基本方法之一，经由殡葬社会工作者的策划与指导，帮助有共同问题或需求的各类丧者家属、殡葬行业的工作人员、濒死者、轻生者、其他缺乏敬畏生命精神者等，经过自愿报名与筛选组成小组，通过小组活动过程及组员间的互动和经验分享，改善其社会功能，促进其转变和成长，以达到预防和解决丧亲哀伤、长期面对死亡的压力、死亡恐惧、无视生命价值等有关社会问题的目标。

5.1.2 殡葬小组工作的类型

无论是在殡葬领域，还是社会工作的其他服务领域，事先明确小组工作的类型是开展小组工作实务的前提，在不同的小组工作类型中，其所依据的理论模式、运用的具体技巧和最终实现的目标都是不尽相同的。社会工作学科中有关小组的分类标准很多，一般依据小组的目标、服务对象的特点、实际需要、小组的形成方式、服务对象的参与动机以及小组参与的结构等，划分成不同的类型。这里根据殡葬领域的特殊特点，重点介绍以下四种类型。

（1）教育小组

在殡葬社会工作领域，教育小组的应用十分广泛，其宗旨在于帮助小组组员学习新知识、新方法，或补充相关知识的不足，促使组员改变原来自己对于问题的不正确看法及解决方式，从而实现小组成员的发展目标。通常来说，教育小组要经过以下三个步骤来实现"教育"组员的目的：

① 识别问题，形成解决动机，帮助小组成员认识到自己存在的问题并意识到问题有解决的必要；

② 学习新知，改变惯性思维，促使小组成员能够确立新观念、新视野，从而改变看问题的角度；

③ 运用新知，降低问题行为，开展干预服务，降低小组成员的问题行为特征，以达到改变自我的目的。

在指导教育小组的活动中，殡葬社会工作者除了要重视成员的自我成长与改变外，也应重视并引导成员间的互动，鼓励小组组员通过讨论与经验分享，形成互帮互助的良好学习氛围，实现小组组员的共同成长。

在殡葬社会工作中，常见的教育小组有生命教育小组、器官捐献知识学习小组、减压技能学习小组等。

（2）成长小组

成长是贯穿人生的必修课，处于每个人生阶段的个体都要不断去习得和适应相应阶段的角色定位，若不能由个体主动完成成长，则可能出现各种各样的问题。殡葬社会工作者认为，正确看待生命的意义与人生的每个阶段是每个个体应有的能力，也是生命教育的重要组成部分，对个体的成长发挥着至关重要的作用。同时，推广生命教育也是殡葬社会工作社会责任的重要构成部分。成长小组多用于边缘群体的辅导工作。成长小组的工作旨在帮助组员了解、认识和探索自己，从而最大限度地运用自己的内在及外在资源，充分发挥自己的潜能，解决所存在的问题并促进个人正常健康地发展。成长小组的焦点在于个人的成长和正向改变。在殡葬社会工作者看来，每个人的人生都有一定的逆境，每个人都有潜能，逆境是一种挑战性机会，在逆境中挖掘自己的潜能和提升自我的过程就是成长过程。

在殡葬社会工作中，常见的成长小组有生命历程体验小组、正向自我探索小组、找寻生命的意义体验小组等。

(3) 支持小组

支持小组顾名思义，是期待通过小组动力为组员及组员之间提供支持的。支持性小组的组员可能都经历了至亲去世的痛苦，也可能都面临着相同或类似的压力，总体而言，他们都处于相同或类似的困境中。在部分支持小组中，社工也会有意安排已经走出困难的组员加入小组，以带给处于困境中的组员希望、勇气与解决问题的思路与方法。殡葬社会工作者期望通过小组成员彼此间提供信息、建议、鼓励和情感支持，达到解决某一问题和成员改变的效果。在支持小组中，最重要的是小组成员的关系建构、相互交流和相互支持。社会工作者的任务是指导和协助小组成员讨论自己生命中的重要事件，表达经历这些事件时的情绪感受，建立相互理解的共同体关系，达到相互支持的目的。因此，支持小组要充分发挥小组成员的自主性，鼓励成员分享经验并协助解决彼此的问题。

在殡葬社会工作中，常见的支持小组有失独家庭互助小组、意外事故丧者家属支持小组、丧偶者互助支持小组等。

(4) 治疗小组

无论是曾置身事故现场，直击亲人或朋友离世，身受重伤而死里逃生者，亦或是长期直面死亡与残破尸体的殡葬行业工作人员，在经历个别化的危机干预辅导后，消极情绪有所缓解，但恢复到往常水平仍需要一定的时间，而治疗小组的存在，则给经历过个别化危机干预后正处于恢复期的服务对象带来了福音。治疗小组的组员一般来自那些不适应社会环境，或其社会关系网络断裂破损而导致其行为出现问题的人群。治疗小组对社会工作者的素质要求比较高，不仅要求工作者具备扎实的社会工作理论和娴熟的实务技能，还要具备一定的心理学、医学等方面的学术训练和临床经验。社会工作者在治疗小组中的角色在于通过小组工作的活动过程，帮助小组组员了解自己的问题及其背后的社会原因，利用小组的经验交流和分享，辅以一定的资源整合和社会支持网络，以促成对小组成员的心理和社会行为问题的治疗，从而改变小组成员的行为，重塑其人格，开发其潜能，促使其成为健康、健全的社会人。

在殡葬社会工作中，常见的治疗小组有曾经直面死亡的幸存应激创伤者治疗小组、直面亲人去世无力挽回而自责的应激创伤者治疗小组、殡葬行业工作员心理创伤治疗小组等。

5.1.3 殡葬小组工作的特点与功能

(1) 殡葬小组工作的特点

① 小组组员问题或需求的相同性或相似性。由于小组组员有着相同或相似的问题或需求，组员之间更易于形成认同感，组员之间相互影响，易于形成互帮互助共同进步的小组氛围。

② 强调小组组员的平等意识与民主参与。殡葬社会工作者将组员看作彼此独立的个体，尊重每一个组员的权利与义务，主动去挖掘每个组员身上的闪光点，认为组员可以相互扶持，面对压力，解决问题。

③ 运用专业理论、理念、治疗方法等小组治疗性因素。在殡葬社会工作领域，小组成员或多或少地存在消极、悲伤的情绪，因此治疗性理论方法的运用有助于小组成员尽早摆脱非理性信念，重获积极的情绪体验。如通过事件的解构和重构，发掘事件发生不是组员自己导致的，是客观必然的，再植入希望，从而帮助组员摆脱对亲人离世的自责感，重新思考自己接下来的人生道路。

④ 注重团体动力的培养与运用。小组的功能在于团体动力的形成及利用团体动力实现组员的相互支持与成长。因此，如何促成小组动力的形成，并促使其发挥作用，实现组员的互帮互助，促成组员的改变，也是十分重要的。

（2）殡葬小组工作的功能

① 认同平等意识，增强团体归属感。参加小组的组员有着共性或相似的问题，他们临时组成一个社会共同体，社工则需要引导组员形成平等相待意识和主人翁意识，塑造平等基础上被接纳的小组文化，以此使得组员彼此认同，感受到自己存在的价值与意义，从而对小组产生归属感与认同感。

② 为组员提供自我改变的机会，营造接纳、鼓励的正向成长氛围。在社工的引导下，小组形成积极正向的成长氛围，任何组员的点滴改变和成长都能得到小组其他成员的鼓励，这样促使组员不断地成长与改变，同时能将在小组中收获到的成长应用于小组外的世界，从而以崭新的自我去迎接未来。

③ 践行互帮互助，相互学习，共同成长，构建社会支持网络。小组为组员提供了互相帮助、互相学习的机会。在社工的引导下，小组成员会乐于分享自己的知识与经验，乐于为其他组员提供支持，在互动的过程中，组员的友谊不断加深，无形中形成了彼此的支持网络。

5.2 殡葬小组工作的过程

殡葬小组工作是一个动态的过程，和普通的小组工作一样，它也有着不同的小组阶段。通常我们根据小组各阶段的特征，将整个小组过程划分为五个阶段：准备阶段、开始阶段、中期转折阶段、后期成熟阶段以及结束阶段。

【案例 5-1】
某殡仪馆新进了若干名员工，入职两个月以来，部分员工因为压力过大表现出了消极情绪，驻馆社工小张在了解到这个情况后，决定策划一次员工支持小组，帮助员工们舒缓压力，促进新员工的融入与融合。

5.2.1 准备阶段

准备阶段是殡葬社会工作者制定小组计划和进行小组筹备的阶段。在准备阶段，殡葬社工要精心筛选组员，了解他们的问题及需求，并以此为基础制定具体的工作方案。

（1）组员的招募与遴选

殡葬社工如何选择小组的主题与形式，与组员的真实需求和问题紧密相连，因此，谨慎地挑选小组成员，并对他们的问题及需求进行系统的评估，是在小组准备阶段必不可少的一环。

① 招募组员　通常来说，殡葬社工可以通过以下方式招募组员：一是将主动向殡葬社工求助者纳为组员；二是鼓励已经在接受殡葬社工服务的某些对象参与小组活动；三是吸纳其他机构转介来的特定服务对象；四是通过互联网、社区宣传栏等载体得知信息而主动报名参加的某些人员；五是殡仪馆其他工作人员向社工介绍的某些人员。

在案例 5-1 中，殡葬社工可以采取多种方式招募组员，如在殡仪馆同事群里发布活动信息；向统管新员工的人事负责人询问需要特殊帮助的新员工人选；在工作例会上宣传并发布招募信息。

② 甄选与评估　为保证小组的效果，殡葬社工需要对小组成员进行甄选与评估，通常而言，可采取个别访谈或资料考察（如填写报名表）的形式。甄选与评估应注意如下事项：一是有共同或相似的问题或者有共同的兴趣或展望；二是年龄与性别（若需要考虑的话）；三是文化水平及对某些问题的认识；四是家庭状况；五是职业状况；六是对参加小组的要求。

在案例 5-1 中，殡葬社工可以采取发放并回收报名表的方式进行组员筛选。具体示例如下：

"Team 体验，添成长"——JN 市殡仪馆员工历奇小组　活动报名表

姓名		性别		爱好		部门职位	
电话		年龄		邮箱		入职时间	
成长经历	你认为家庭关系的哪些方面以及个人成长中的哪些经历影响到了现在困惑的你？						
来询问题	你困惑或难以摆脱的问题是什么？	□学习困难　□人际关系　□适应　□人格 □自我认知　□恋爱问题　□强迫　□抑郁 □情绪困扰　□睡眠　　　□焦虑 □经济问题　□个人发展　□其他					
参与目的	你期待在辅导小组中得到什么帮助？						
咨询历史	以前有没有做过咨询？得到过什么样的结果？						
个人现状	1. 睡眠情况； 2. 饮食情况； 3. 体重变化； 4. 学习、生活、人际交往概况； 5. 目前受困惑程度； 6. 从什么时候开始感到困惑的？						

③ 确定组员及小组规模　殡葬社工按照小组的类型、特点及人数要求等，确定小组成员。殡葬社工需要帮助未来的组员了解小组的主题、目标、流程、可能的形式和特点，并鼓励组员将自己对小组的期待表达出来。

小组规模是指小组组员的人数。影响小组规模的因素有：一是小组的目标；二是小组类型；三是探讨问题的性质；四是组员的成熟度；五是工作者的经验；六是有无协同领导者。关于一个小组多少人最合适，学界一直存在争议，但多数人同意小组的规模在 3～50 人之间。不同规模的小组有不同的功能，5 人的小组比较适合讨论，8 人的小组最容易完成任务。治疗小组一般为 5～7 人，儿童小组 6～8 人，而活动性、辅导性或教育性的小组规模则可稍微大些，30～50 人均可。工作小组或会议小组大多在 5～9 人，讨论性小组不超过 15 人，督导小组适合 8～10 人。不过，超过 25 人的小组，成员之间的紧密性将明显降低。

在案例 5-1 中，社工小张根据组员填写报名表的情况，最终确定了 25 名组员，其中包括 18 名新员工，7 名老员工。7 名老员工中，有社工小张特别邀请的乐观开朗的工作能手王强、细心贴心助人为乐的徐锦。社工小张期待可以通过小组活动，将老员工与新员工之间建立起沟通的桥梁，将老员工的优良传统传承下去。

（2）确定工作目标

为了保证小组的成效，在开展小组之前，殡葬社工要制定明确的小组工作目标，并遵循如下原则：一是目标清晰明了，可测量和评估；二是要有明确的时间限定，以便小组成员清楚目标达成的时限；三是目标要适合小组成员的实际能力；四是具体目标之间要相互独立又不能相互冲突，又要有一定的逻辑关联；五是目标的表述要用积极正面的话语，以帮助组员明确他们需要完成的事项。

在案例 5-1 中，社工小张制订的小组目标是可以参考的范例（详见小组计划书）。

（3）制订工作计划

专业的小组计划书是开展小组工作的重要依据，殡葬社工需要根据工作目标、人员、自身能力、财力、物力等多方面，综合考虑并制订尽可能详尽合理的小组计划书。

案例 5-1 中，社工小张综合考虑各种因素，制订的项目书如下：

"Team 体验，添成长"历奇小组 小组计划书

1. 名称："Team 体验，添成长"历奇小组　　编　号：JNSG-P-20170210/*****
2. 对象：JN 市殡仪馆业务科职工　　　　　　名　额：25 名
3. 地点：JN 市殡仪馆火化车间　　　　　　　人手编配：3 名社工及 0 名义工
4. 日期：2017 年 2 月 10 日-3 月 15 日　　　 时　间：下午 3:00-4:00
5. 招募及宣传手法：自主报名、人事主管推荐
6. 理念：历奇辅导是指经历一些从未有过的体验或是新鲜的事情，而这些体验或事情是陌生的、有难度的，并产生一定的危机感。"危"即挑战自我与面对处境的能力，"机"即是存在成功的机会，从而构成历奇奇特的效果。

历奇的过程即是产生真实及新的体验，使参与者参与自我探索，新的经验令参加者体验及探索自己的能量；小组动力的体验，协助参与者处理经验，学习走出自己的框架，与他人一同分享、自我反思、彼此回馈，将经验链接，加强新思想、态度及行为的确立；经验引申及应用，是参与者自我启动，走入应用及实现成长后的自己的开始。

本次小组主要结合殡仪馆服务团队的实际，即部门与部门之间职工比较生疏，大家各自负责自己部门的工作，团队成员之间较少互动，同时，服务对象往往对于社工服务了解不深入，结合以往小组开展的经验以及对服务对象需求的访谈，服务对象希望可以有一些活跃的游戏体验，既可以放松身心，又可以参与互动，获得一定的成长。以历奇的形式开展小组，一方面以新鲜的服务方式吸引服务对象的参与，另一方面，让服务对象在小组互动中满足一定的团队互动与融合、放松与成长的需求。

7. 小组目标：
(1) 通过增加组员间的互动，50%以上的成员认为建立了信赖的团队关系。
(2) 通过历奇体验，70%以上的组员认为达到了互动带来的提升、放松、思维框架、自我反思等思考能力。
(3) 通过学习互相配合、互助，获得至少一种团队融入的方法并在团队协作、问题解决能力等方面获得一定程度上的进步。

8. 预计困难及解决方法：
(1) 招募人数不够。邀请人事主管帮忙推荐；让已经报名的组员帮忙宣传。
(2) 时间与地点冲突。提前预定活动场地，选取馆内集体活动时间开展活动，保证能有更多的员工参与活动。

9. 评估方法：
(1) 过程评估。查看小组出席记录并撰写小组过程记录。
(2) 目标达成评估。观察组员对小组活动的参与度。每节小组结束及小组最后一节结束发放小组参加者意见反馈表。

10. 财政预算：（略）
11. 程序安排：（见附表）

小组程序安排表

名称:"Team 体验,添成长"历奇小组　　编　号:JNSG-P-20170210/＊＊＊＊＊

第一节　"相逢是首歌"	
时间/地点	2017年2月10日/JN市殡仪馆火化车间
分目标	目标: 1.介绍小组活动的目的和内容,与组员分享对小组的认识和期望(鼓励每位组员说出自己的想法)。 2.组员打破陌生感,愿意分享个人的想法,并对小组形成一定的归属感。
主题/具体活动内容	社工组织组员签到并进行开场白。 1.破冰游戏:水果蹲。 场地:大家围成一圈而坐。 (1)社工先带领大家选择自己喜爱的水果作为自己的代号,然后依次开始进行"苹果蹲,苹果蹲,苹果蹲完,香蕉蹲"的口令,当上一位组员念到下一位组员的代号后,下一位组员按照口令传达给下一位组员。 (2)游戏说明:上一位传达口令组员念到的下一个水果名称,必须是在组员中存在的,否则将受到惩罚;同样下一位组员要及时传达口令,忘记传达口令的组员同样将受到惩罚。惩罚内容将由抽签决定。 (3)分享与讨论:总结整体的活动情况,社工引导组员对互动过程中表现良好的组员进行赞赏,同时对于比较沉默的组员给予鼓励。 2.我的期望与想法:社工介绍本小组的内容与目的,组员表达对小组的理解与期望,社工负责澄清组员的疑问。 3.建立小组契约:社工与组员一起针对小组建立小组契约,让组员们各抒己见,并将组员们达成一致的约定最终确定下来。 4.我感到刺激的经历:引导组员表达在刺激环境中的感受或者经历,并对此进行适当引导,让组员们在一种宽松的氛围中畅所欲言。 5.讨论与分享:组员在社工的引导下对本节小组进行讨论与分享,并进行总结。 (1)今天我们一起做了什么事?(2)我有什么收获? 6.请组员填写参与者意见反馈表。

第二节　"团结就是力量"	
时间/地点	2017年2月17日/JN市殡仪馆火化车间
分目标	目标: 1.通过互动增加组员间的接触,培养50%以上的成员建立团队信赖关系。 2.组员初步建立信任关系,共同完成任务,并在其中尝试解决问题。
主题/具体活动内容	社工组织组员签到并进行开场白。 1.热身游戏:"对不起,我错了"。 (1)社工请全体游戏参加者站成体操队形,并告诉大家,我们来学习小八路,当我喊口令"1!"时,全体向右转;喊"2!"时,向左转;喊"3!"时,原地不动;喊"4!"向后转;喊"5!"时,向前跨一步;喊"6!"时,后退一步;喊"7!"时,不动;喊"8!"时,原地热烈鼓掌! (2)社工可以讲解两遍并做示范,接着就开始。如果有人做错了,就要走出队伍,站到大家面前敬个礼,并且大声说:"对不起,我做错了!"然后归队。有几个人错,就要出几个人表示歉意。 (3)社工可以变化口令的快慢节奏和次序,直到若干回合以后全体队员的动作整齐划一为止。然后,请组员畅谈一下感想和体会。 (4)分享与讨论:分享自己在做错事情后,需要自己承认错误时,内心出现的不同的变化。每个人都会犯错误,引导组员勇于承认错误,同时也不要纠结在自己的错误上。 2.运送核废料: (1)分派10条绳子、4条橡皮筋和4个眼罩,要求他们将一个摆在大约4平方米范围内的一杯水("核废料")在不利用其它工具的情况下运送到社工指定的地点。

主题/具体活动内容	(2)参加者可以商量如何利用现有工具将"核废料"运出,其中负责操作的4名组员必须戴上眼罩才可以进行操作,并将"核废料"倒入一个塑料器皿内。 (3)在运送过程中,负责操作的组员双手不可接触到"核废料",过程中任何人都不许进入4平方米的范围内。 (4)其他组员可以在场外提示,不可与操作者有身体接触。 分享:你的小组是如何找到一个可行的方法的?当大家都有自己的意见和观点时,如何表达不同的意见和观点?当你的意见被采纳或被拒绝时,你有什么感受?在小组解决问题时,有人带领我们、指挥我们进行吗?小组需要这样的领袖人物吗?你自己担任什么角色呢?被蒙上眼睛的操作者有何感受呢? 注意事项:限定操作者的手距离装"核废料"的杯50厘米,或待操作者戴上眼罩后才指定"核废料"回收点的做法都可增加难度。严格约定不许偷看和"核废料"回收点距离安排适当都是游戏成功的关键。社工要根据具体情况来决定运送距离。 3.巧钻呼啦圈:小组成员手拉手围成一个圆圈,将呼啦圈放在任意两位组员之间,让组员在不放开手的情况下,使全体小组成员钻过呼啦圈,可在所有小组都试过以后让他们考虑有没有更快和更好的方法,然后再尝试。 讨论与分享:在小组接收任务时,如何产生一个有效且快捷的方法?在参与过程中,如何配合小组完成任务?小组成员是如何不断超越自我的? 注意事项:制定呼啦圈不可以碰到地面的规则可以增加难度;多个小组同时进行可以增加竞争性;把呼啦圈用橡皮筋圈代替会使得完成任务更具挑战性,更能体现团体合作;社工应提醒学员小心呼啦圈碰到头部和戴眼镜组员的眼镜。 4.讨论与分享:组员在社工的引导下对本节小组进行讨论与分享,并进行总结。 (1)今天我们一起做了什么事?(2)我有什么收获? 5.请组员填写参与者意见反馈表。
	第三节 "压力亦是动力"
时间/地点	2017年2月24日/JN市殡仪馆火化车间
分目标	通过历奇的新鲜体验,让70%以上的组员体验互动带来的放松并能在互动中学习走出自己的思维框架、自我反思,获得一定的成长。
主题/具体活动内容	社工组织组员签到并进行开场白。 1.热身游戏:七手八脚。 社工在游戏开始之前,将组员分成两个小队,进行比赛。 (1)每组必须按要求将某数目的手或脚着地,如七只手八只脚,最先按要求完成的为赢。 (2)社工从易到难,更改手脚数目并请组员不断尝试。 (3)分享与讨论:组员针对刚才游戏过程分享自己的感受,以及自己在团队中的角色、为团队所做出的努力。 2."我在这里":引导组员对在工作环境中的感受或者经历分享自己的感受,社工应结合组员的分享进行适当的引导,让组员们在一种宽松的氛围中畅所欲言,感受"吐槽减压"的刺激。同时社工选取组员所表达的个别典型事件进行讨论,探讨认知、行为、情绪之间的联系,并讨论在问题中解决问题的办法,由组员表达,社工进行收集。 3.团队塔:社工发给每位组员胶带及报纸一张,在15分钟之内利用这些材料建一座最高的塔,外形美观、结构牢固、创意第一。这个塔做完之后,每组将自己建的塔放在大家面前,每组派出一位组员点评,评出最有创意的一组。 讨论问题示范: (1)在小组工作中,是否每个人都参加?参与程度不一致时,你有何感受? (2)小组的领袖是如何产生的?他或她是否发挥了作为领袖的角色和责任? (3)你对小组的合作有何看法?

主题/具体活动内容	注意事项：可以要求参加者建房子或者修桥。可以提供不同的材料，如扑克牌、吸管、卫生筷等；在组员较多时，可以适当增加一个其他游戏，将小组任务分成两个；社工应留意一些不太参与活动和游离于活动外的组员。 4.讨论与分享：组员在社工的引导下对本节小组进行讨论与分享，并进行总结。 (1)今天我们一起做了什么事？(2)我有什么收获？ 5.请组员填写参与者意见反馈表。
	第四节 "有你真好"
时间/地点	2017年3月3日/JN市殡仪馆火化车间
分目标	通过学习互相配合、帮助，获得至少一个解决问题与团队融入的经验，团队共同获得一定的协作、解决问题方面的成长。
主题/具体活动内容	社工组织组员签到并进行开场白。 1.热身游戏：赞美伙伴，展现自我。 需要大家敞开心扉，尽可能做到人人都有机会上场来展现自我，但应遵守如下规矩： (1)每人只有30秒的时间上场。 (2)前面已讲过的话，之后不得再出现。 (3)每人可选取多种形式来表达，如做动作、唱歌、跳舞、朗诵、问答、数来宝、单口相声等，越新奇越好。 (4)上场次序不设限，越主动争先越好。 提完要求，大家明白之后就可以开始，为表现好的鼓掌，为出众者喝彩。 (5)分享与讨论：集中发言，人们最忌的就是粗鲁、重复、冗长、枯燥、乏味，那么，我们完全可以去改变这种司空见惯的现象，关键是社工要具备标新立异的创新精神，他只要带了好头，生动活泼的局面也就有了，效果也就好了！ 2.变通与拓展：事实上，我们日常生活中繁文缛节和令人讨厌的东西确实不少，人人都烦它，可就是缺少聪明人去挑战它、变革它。其实，要改变它一点儿也不难，更不会有什么阻力，只要使点小智慧就行了！ 3.形似我心： (1)把长绳平放在地上，将组员集中至中间点附近围成一个圈，小组内选出一名指挥者，眼看口动，但不允许碰到其他组员和长绳，其他组员戴上眼罩，蒙上眼睛，只可用手接触绳子，但不可碰到其他组员。所有蒙眼组员必须在指挥者的领导下，将长绳围成一个最大的无缺口的心形。 (2)当指挥者和组员满意共创的心形时才能解开眼罩。 分享：在游戏过程中，你最焦急的是什么？最担心的又是什么？如果把你换作指挥者，你会注意些什么问题呢？ 注意事项：若场地足够大，可以安排几个小组同时进行；根据组员的情况，可以限定蒙眼睛者不可以开口说话，也可以增加或缩短长绳；清理现场障碍物，确保参加者的安全；严格约定蒙眼睛者不许偷看。 4.讨论与分享：组员在社工的引导下对本节小组进行讨论与分享，并进行总结。 (1)今天我们一起做了什么事？(2)我有什么收获？ 5.请组员填写参与者意见反馈表。
	第五节 "扬帆远航"
时间/地点	2017年3月10日/JN市殡仪馆火化车间
分目标	懂得成长过程和竞争，制造轻松快乐的氛围，总结自己参加小组后的感受和想法。
主题/具体活动内容	社工组织组员签到并进行开场白。 1.热身游戏： (1)请所有的组员都分散蹲下，当鹰蛋。游戏开始，互相蹲跳着找同伴，用手猜拳。获胜的便可站起来变成雏鹰。

主题/具体活动内容	(2)雏鹰可以直立用单足跳找同伴,然后用双脚猜拳。获胜者又可变成老鹰。 (3)老鹰可抖动双翅飞跑去找同伴,然后面对面用嘴巴猜拳(先用双手蒙脸,齐喊"石头剪子布",然后立即松开双手出动作:闭嘴吹大腮帮为"石头",张大嘴巴为"布",伸出舌头为"剪子"),先获胜者为鹰王,社工可给他戴上皇冠,以示祝贺。 (4)在游戏的过程中,凡是负者仍然为原来的角色,只能找同角色进行竞争。 (5)分享与讨论:引导组员对本节互动游戏进行分享;总结自己参加小组后的感受和想法。 2. 回顾点滴成长:社工带领组员回顾前面4节小组的内容,如让组员分享前4节小组中令自己收获最大的环节,让组员通过互动的过程,提炼小组中所获得的经验,并引导组员思考在以后生活中可以继续运用的经验有哪些。 3. 表达感谢:组员之间相互表达感谢,感谢在这段时间里,对自己的成长的陪伴。 4. 美好展望:社工与组员之间一起对未来生活进行展望,怀抱希望与幸福,传递正能量。 5. 小组总结:社工带领组员们总结小组,提炼小组团队的智慧与力量,鼓励组员在生活中应用小组中的经验。(1)今天我们一起做了什么事?(2)我有什么收获? 6. 请组员填写参与者意见反馈表。 7. 合影留念。

(4) 申报并协调资源

① 服务计划申报　殡葬社工需要提前2周将活动计划上交给机构督导审阅,保证服务实施的专业性与可行性。在获得批准后,社工进一步核实时间、场地及物资等确保服务的可行性。

② 规划小组时间　殡葬社工需要合理规划小组的时间:一是工作的持续时间;二是小组聚会的频率;三是每次活动的时长;四是每次小组开始和结束的时间。应综合考虑服务对象的现实情况,充分合理地利用业余时间或工会活动时间开展服务。

③ 活动场地选择　在小组活动场地的选择上,殡葬社工应充分考虑小组人数,小组性质,尽量选择安全、安静、舒适、方便大家到达的活动场所。在座位安排上,最好是圆形或者是面对面,以方便组员之间进行交流。

④ 活动物资筹备　殡葬社工需要提前准备好小组所需的物资,并提前放到指定位置备用,尽量多准备,以备不时之需。

5.2.2　开始阶段

从第一次小组聚会开始,小组就进入了开始阶段。在这个阶段,组员之间、殡葬社工与组员之间处在建立专业关系的阶段,组员共同制定小组规范与契约以推进小组的规范化运行。

(1) 开始阶段小组组员的一般特点

① 谨慎与试探的矛盾心理　案例5-1中,在小组的第一节,社工小张发现,组员们对小组的内容和形式充满好奇,他们会尝试和其他组员交流与合作,但是并不会谈论很深入的话题,表现出礼貌与客气的一面。

② 依赖与服从　案例5-1中,在小组的第一节,社工小张发现,组员在参与活动时,需要社工邀请,并不会十分积极主动,呈现出了沉默、观望的特点,这也十分符合人们在接触新事物时所呈现的心理特征。

（2）殡葬社工的主要任务

此阶段是小组的初始阶段，也是建立关系，订立规矩的关键阶段，社工需要完成的任务如下。

① 打破僵局，建立关系　社工应以同理心尊重和接纳组员，同时应该使得组员感受到小组尊重、接纳、非批判、保密的良好氛围，鼓励组员之间建立沟通，寻找彼此之间的相似性，共同为实现小组目标而努力。

> 案例 5-1 中，在小组的第一节，社工小张通过"水果蹲"的游戏进行破冰，拉近组员之间的距离，社工引导组员对互动过程中表现良好的组员进行赞赏，同时对于比较沉默的组员给予鼓励。通过引导组员分享"我感到刺激的经历"这个简单轻松又有趣的话题，促进组员之间的沟通与交流，逐渐熟悉彼此。

② 明确目标，澄清期待　虽然组员在报名时已经大概了解过小组的目标，但是，大多数组员由于缺乏相关的经验，并不能十分准确地理解目标。

> 案例 5-1 中，社工小张进一步澄清和解释了小组的目标，能够使得小组组员放下顾虑，逐渐融入小组，共同向着小组目标的实现而努力。

③ 建立契约，制定规范　为保障小组活动的有序进行，社工应引导组员广泛参与，展开讨论，制定契约与规则。特别应该对社会工作的基本价值观展开更为具体的讨论。一般而言应从以下三个方面明确小组规则。

一是秩序性规则：组员应该遵守小组的秩序，文明表达自己的观点，不接话抢话，做一个文明的倾听者。

二是角色规则：分别界定和明确组员及社工应该做的事，明确各自的职责，避免组员对社工形成依赖性。

三是文化规范：强调尊重、接纳、非批判、保密、平等、团结互助等原则，营造小组内的正向文化，以促使小组动力尽快形成。

> 案例 5-1 中，社工小张引导组员们围绕小组契约展开讨论，鼓励每个人提出自己的观点，鼓励大家提出自己对于保密原则的看法，最终形成了如下小组契约：组员应按时参加小组活动，不迟到早退；组员之间礼貌相待，相互尊重，团结协作，不拉帮结派；未经组员允许，不得私下散播组员的个人信息及小组内发生的事件；组员参与小组活动应全神贯注，全力以赴，不得在活动中玩手机，破坏小组氛围；组员、社工人人平等。

（3）殡葬社工的主要角色

① 领导与引领　在小组初期，社工应充当领导与引领的角色，制订小组计划，引领组员参与小组互动，逐步带领小组走上正轨。

② 鼓励与支持　在小组初期，内敛的组员需要得到鼓励，不被别人认可的组员需要得到支持。社工的鼓励和支持使得组员们不再孤单，逐渐敞开心扉，澄清误会与误解，互帮互助，逐渐形成小组动力。殡葬社工领域的很多小组主题本身或者组员们的背景并不是积极乐观的，这就需要社工以积极乐观的心态鼓励组员走出阴影，自我调节，和其他同伴共同寻找相互的支撑，直面困境。

③ 组织与协调　无论是场地与物资，还是人员，在小组初期，社工充当着组织协调者的角色，整合多方资源，积极应对突发事件，努力实现小组活动的顺利开展。

5.2.3 中期转折阶段

中期转折阶段是小组迈向成熟的必经之路，这是一个相对动荡的阶段，可能充斥着认同与矛盾，为殡葬社工带来了新的挑战。

（1）中期转折阶段小组组员的一般特点

① 认同与投入　通过前一阶段的小组活动，小组组员已经能够适应小组的活动，多数组员都能投入到小组互动中来，对待其他组员与社工的态度也更加接纳和开放，组员逐渐开始分享自己的观点和想法，较为开放的组员已经可以开始和他人分享自己较为私密的经历。

② 矛盾与抗拒　尽管小组整体上是朝着积极正向的方向发展，但是，不排除个别组员仍然充斥着矛盾的心理，既想融入小组，又对其他组员和社工充满防备心理，当意识到自己某个一直以来坚信的非理性信念受到质疑和挑战时，组员可能会对面临改变呈现出抗拒的心理，甚至会用缺席或迟到来保护自己。

案例 5-1 中，社工小张让组员们分享自己曾经犯过的错误并勇于承认错误的初衷是好的，但是组员们不免会在这个过程中产生顾虑，有的组员会担心坦承错误会被其他人抓住把柄，影响自己未来的职业生涯，这就需要社工小张进行积极的引导，鼓励组员坦诚相待，并积极遵守保密原则，同时避免将过多的与工作相关的内容带入活动，以避免真的会对工作产生消极影响。

③ 质疑与冲突　随着小组的开展，组员之间更加熟悉，组员们的自我意识和权利意识也不断展现出来，有些组员开始在小组中寻找自己的位置，有的想挑战领导者，有的则因看不惯其他组员的行为而表达出对个别组员的不满，这就需要社工进行沟通与协调，鼓励大家共同为小组而努力，但是又最大限度地避免冲突。

案例 5-1 中，社工小张发现老员工与新员工由于存在一定的年龄差距，对待一些事情的态度和看法也存在差距，社工小张积极引导组员正确看待和面对彼此间的差异，在执行小组任务时，鼓励大家轮流作为领导者和执行者，以体验不同角色，提升与角色对应的相关能力，并促成各个角色之间的理解与谅解。

（2）殡葬社工的主要任务

① 积极处理冲突与抗拒　冲突与抗拒的出现是小组进程中不可避免的现象，任何的冲突与改变都可能造成部分组员的不安与抗拒，社工应该营造安全与私密的氛围，帮助组员积极探索自己并勇于突破和面对自己的瓶颈与不安，鼓励他们面对内心所害怕或恐惧的部分，积极分析原因，承认自己的不足与弱点反而更容易走出困境，迎接新生。

案例 5-1 中，社工小张发现组员们因为完成挑战任务的方式方法分歧而产生了冲突，小张积极鼓励组员们放下脾气，坦诚相待，对事不对人，为此他采取了如下办法：一是帮助组员澄清冲突的本质，特别是澄清冲突背后的观点与价值观的差异；二是帮助组员进行更深层次的自我探索，用角色扮演与互换的方式，加深组员对自身行为后果的理解，以提升组员与人相处的技能；三是针对冲突重新调整了小组的契约与规则，并让组员更深刻地理解了尊重的含义；四是对需要特别协助的组员，可以采用单独面谈的方式，在小组结束后进行单独的干预与沟通，帮助其更好地调整和面对自己；五是运用焦点回归法，在帮助组员处理部分问题后，引导组员积极运用新学到的方法，自己积极处理和应对小组中的问题。

② 保持小组目标，控制小组进程　在小组的中期转折阶段，组员之间的摩擦和碰撞可能会使得组员将关注的焦点放在解决冲突和矛盾而影响小组原有目标的实现。殡葬社工要时刻牢记小组的目标，并适时地提醒组员，回归对小组原有目标的关注度，也可以根据现实情况，对原有的目标进行延伸和解读，帮助组员齐心协力，促使小组目标的达成。如果组员的个人目标与原有小组目标呈现出了冲突，殡葬社工需要花费一些时间，与个别组员进行交谈，帮其澄清个人的期待。如果多数组员都呈现出了冲突，那么殡葬社工可以引领组员花一点时间来一起讨论冲突的原因及应对策略。

案例5-1中，在大家共同商议如何完成"团队塔"的时候，社工小张观察到个别组员没有很好地投入小组的讨论。社工小张鼓励组员参与，也在小组结束后和组员进行个别化的聊天，了解到个别组员对其他组员的言行有意见，又不想提出来。社工小张提醒组员参加小组是为了形成团队意识，并鼓励他以包容的心态去看待他人，并学会委婉地表达自己的观点。在社工小张的支持下，个别组员重新融入小组。

③ 引领角色转换，重构小组　在中期转折阶段，社工应逐渐从主导地位中淡出，引导组员成为主导，社工则逐渐成为协助、支持的角色，重构小组的权力结构。

(3) 殡葬社工的主要角色

随着小组进程的推展，社工的角色也会随着小组的进程而有着相应的变化，在小组的中期转折阶段，社工主要充当的角色如下。

① 协助与引导　在转折阶段，殡葬社工应意识到，小组的成长应该以组员为中心，并渐渐退出主导的角色。进而转为协助与引导的角色，给组员更多成长的空间和机会，做好协助者和引导者的角色。

但是值得注意的是，在为老年服务对象开展活动时，社工可能不会立刻退出主导的角色。由于老年服务对象的特点，他们在接受新事物时的速度明显较慢，社工可能会存在自始至终都充当主导者的可能性。殡葬社工要具体问题具体分析，根据群体的特点来考虑自身的角色，不可生搬硬套。

② 协调与支持　在转折阶段，殡葬社工应积极协调小组内部关系，对有困难的组员给予支持和关注，保证整个小组进程向前推进，做好协调者与支持者的角色。

5.2.4　后期成熟阶段

经过转折期的冲突与碰撞，小组逐渐走向成熟与稳定，组员之间更加默契，达成小组目标的意志也更加坚定。

(1) 后期成熟阶段小组组员的一般特点

① 凝聚与亲密　在此阶段，冲突与风波经过前期的努力已经逐渐淡去，小组的凝聚力逐渐增强，直至达到整个小组进程中的最高潮，组员彼此间也更加亲密与信任，小组的氛围也更加温馨。组员学会了尊重和接纳，也更信任他人，敢于吐露自己内心的真实想法。组员之间私下的交往也逐渐增多，有的组员因为小组而成为了好朋友。

案例 5-1 中，社工小张发现老员工已经乐于将自己的经验分享给新员工，并且能够以开放的心态接纳新员工，新员工也表现出彼此间的信任，遇到问题能够积极沟通。

② 稳定而坚定　在此阶段，小组动力已经基本稳定，小组的关系结构基本形成，组员对小组充满希望，对达成小组目标的期待更加坚定。组员能认清自己的责任并为之努力，也能以更开放的心态接纳其他组员。

案例 5-1 中，社工小张发现小组组员都能看到自己的优点并认清自己的角色，在完成小组任务时更有秩序，共同为实现小组目标而努力。

（2）殡葬社工的主要任务

在后期成熟阶段，社工的主要任务在于保持现在的小组动力，协助组员解决问题，并积极发现和修正不和谐的声音，保证小组活动的顺利有序进行。

① 维持良好的互动，专注问题解决　经过上一阶段的波折，本阶段的小组动力相对持续而稳定，殡葬社工需要做的是维持好现阶段的稳定状态，及时察觉问题并解决问题。在处理问题时，殡葬社工可以将问题抛给成熟的小组，经历澄清、分析、应对几个阶段，由组员齐心协力共同解决。

案例 5-1 中，由于临时的工作安排，组员小李不能继续参加小组活动，这对相对稳定的小组造成了一定的冲突。社工积极引导大家面对小李的离开，也引导小李解释清楚离开的原因并进行道别，同时提议大家重新分工而降低小李离开对小组造成的影响。

② 协助组员温故知新，知行合一　殡葬社工应鼓励组员摒弃固有的非理性认知，接受新思想，新思路，并将新的认知转化为行动。当新的认知转化为行动时，社工应通过鼓励的方式对组员的行为进行强化，使得组员们能够保持积极正向的行为，进一步接近小组的目标。

案例 5-1 中，社工小张提议大家都要为小组任务分享自己的观点，引导其他组员与自己一起积极鼓励沉默内敛的小钟在小组任务中勇于表达自己的观点。在此之后，小钟终于通过自己的努力得到了大家的一致称赞，并在以后的活动中表现得更加愿意参与和投入。

（3）殡葬社工的主要角色

在成熟阶段，小组组员已经能够逐渐摆脱对社工的依赖，逐渐独立成长并推动小组朝着目标的方向前进。小组的主要角色已经被组员自己承担，社工逐渐成为"同行者"与"旁观者"，组员的自我管理与决策能力大大增强，开始能够独立承担和面对小组中的困难和挑战。

① 资源提供与链接者　由于组员独立性的凸显，殡葬社工不再居于主导的地位，社工应根据组员的需要，做好资源的提供和链接，以便组员自己整合和运用好这些信息。

② 引导、增能与支持者　社工应进一步引导组员依靠自己的能力推展小组进程，不断地让组员意识到自身的潜能并对组员的潜能进行正向的强化。虽然社工不再是主导者，但仍然需要对个别组员的异常行为和特殊变化保持警惕，适时给予关注和必要的专业辅导。

5.2.5 结束阶段

小组的结束阶段是小组历程的最后阶段，小组的目标基本达成，组员面临分离，此阶段也包括小组结束后社工对组员的个别访谈与跟进。

(1) 结束阶段小组组员的一般特点

① 离别情绪高涨　小组逐渐接近尾声，组员不得不面对小组即将结束的事实，在小组成员与社工的共同努力下，小组的目标基本达成，组员间的感情也日渐深厚，即使社工已经对小组即将结束的事实进行过预告，而离别将至也会使得离别情绪在小组中弥漫，组员之间恋恋不舍，又对前途有着憧憬和担忧。在极端的情况下，小组极易出现如下现象：一是组员采取逃避的态度，不直接面对小组即将结束的事实，如为小组的持续寻找新的理由与借口，引导组员思考新的任务与问题，或者采取缺席、对待其他组员的态度逐渐冷淡等方式来回避小组结束；二是出现退化行为，希望小组可以因为目标未达成而延续下去。以上两种情况会经常出现在老年和青少年的小组中，但是针对其他年龄层的小组也不能因此放松警惕。尤其是在丧者家属支持小组中，社工要特别警惕已经有过情感创伤的组员在面临小组结束时的二次伤害的出现。

② 关系逐渐松散　小组接近尾声，组员知道小组即将解散，原有的约束力及动力也会因此而减弱，甚至有些组员因为害怕面对离别而提早离开小组或减少对小组的情感投入；组员间的互动也可能因此而降低，小组结构也因此而更加松散。

(2) 殡葬社工的主要任务

在小组的最后阶段，殡葬社工的主要任务就是帮助组员恰当地处理离别情绪并巩固在小组中的成长与收获。

① 协助组员处理离别情绪　在小组开始前，社工就应告知每个组员小组的开始和结束时间，在小组的进行过程中，社工也应不断提醒组员当下的小组阶段及距离小组结束的时长，让组员有充分的心理准备，逐渐接受小组即将结束的事实。同时社工也可以设计相应的环节，帮助组员合理恰当地抒发离别情绪，从而正视离别的发生。

② 鼓励组员保持小组经验　在最后的阶段，小组的目标基本达成，社工应鼓励组员将在小组学到的新观点与新技能应用于日常生活，逐渐建立小组内外的联结，使组员不惧怕面对组外的现实生活与挑战。为帮助组员保持现有经验，社工可做出如下尝试：一是模拟练习，在小组中模拟现实中的一些情景，让组员进行应对和处理，以巩固他们在小组中的所学；二是鼓励独立，虽然现有的组员之间形成了较好的支持网络，但是组员始终要独自面对一些挑战，鼓励组员独立完成自己该承担的任务，避免新的依赖心理的产生；三是跟进服务，为了保证小组成效的持续，社工在小组结束后也要对组员进行回访，查看组员在小组结束之后的状态，有必要的再开展个别化的服务。

③ 做好小组评估工作　小组评估包括过程评估和结果评估，参与小组评估的群体应包括小组组员、社工、观察员及督导。应针对小组目标达成程度、小组环节设计、社工带领情况、组员投入情况、参加者满意度等几个方面对小组进行全方位的评估。值得一提的是，部分刚入职的社工将参加者满意度等同于小组成效评估是十分错误的做法，成效与满意度不可混为一谈。例如老师上课讲得越有趣，同学的听课满意度就可能越高，但就期末测试而言，享受听课乐趣的同学可能并没有上课风格严谨严格的老师教授的学生成绩高，学生对课程的满意度与是否学到知识的授课成效之间并没有直接的因果关系。

案例 5-1 中，社工小张为观测小组成效，制定了一个参加者意见反馈表，用于给组员对每节小组服务进行测评及在最后一节对整个小组服务进行测评。

参加者意见表

这份问卷的目的是收集你对本机构服务的意见，以改善机构的服务。请选择最能代表你意见的答案。你的意见将会被保密，而你给予的意见并不会影响你现在或将来所接受的服务。

现诚意邀请你抽空填写问卷，完成后请交予有关职员。多谢合作！

活动名称："Team 体验，添成长"历奇小组　　编号：JNSG-P-20170210/*****

活动目标：

1. 通过增加组员间的互动，50%以上的组员认为建立了信赖的团队关系。
2. 通过历奇体验，70%以上的组员认为达到了互动带来的提升、放松、思维框架、自我反思等思考能力。
3. 通过学习互相配合、互助，获得至少一种团队融入的方法并在团队协作、问题解决能力获得一定程度上的进步。

请圈出以下最能代表你意见的答案：

	非常不同意					非常同意
1. 我认为活动的目标可达成	0	1	2	3	4	5
2. 我满意活动的时间编排	0	1	2	3	4	5
3. 我满意活动的形式	0	1	2	3	4	5
4. 我满意活动的场地	0	1	2	3	4	5
5. 我满意以下活动的内容						
5.1	0	1	2	3	4	5
5.2	0	1	2	3	4	5
5.3	0	1	2	3	4	5
6. 工作员表现						
6.1 我满意工作员的工作表现	0	1	2	3	4	5
6.2 我满意工作员的工作态度	0	1	2	3	4	5
7. 我投入此活动	0	1	2	3	4	5
8. 通过活动我有如下收获						
8.1						
8.2						
8.3						

*备注：

1. 作为每一节小组测评问卷时，编号 5 的空白处请结合小组每一节的内容设计填写；
2. 作为小组整体测评问卷时，编号 5 的空白处请填写每一节小组的名称；
3. 作为每一节小组测评问卷时，编号 8 的空白处请结合小组每一节的目标填写；
4. 作为小组整体测评问卷时，编号 8 的空白处请填写小组整体的目标。

同时，社工小张要在每节小组结束后及时撰写小组过程记录，在小组整体结束后及时撰写总结报告，以客观地总结和评价整个小组的开展状况。

(3) 殡葬社工的主要角色

① 引导者　在小组即将结束时，社工应该积极地引导组员面对小组即将结束的事实，并尊重和接纳组员离别情绪的流露，引导他们做好情绪表达，甚至设置一些活动环节专门用于帮助组员抒发离别情绪，如互赠贺卡、离别赠言等。

② 领导者　在小组的最后阶段，社工更应该以领导者的角色帮助小组做好最后的收尾

工作，帮助小组完美的完成使命。

案例 5-1 中，社工小张在最后一节小组活动中带领小组组员回顾前四节小组活动的欢笑与泪水，升华活动的主题，处理离别情绪，巩固组员的收获。

综合案例

"生命教育，携手夕阳"——长者生命教育小组

一、小组计划书

小组计划书			
小组名称	"生命教育，携手夕阳"——长者生命教育小组	小组编号	***-G01-20161128(***)C
小组对象	GC 敬老院长者	小组名额	10
小组日期	2016 年 12 月 7 日—2017 年 1 月 11 日	具体时间	14:00—15:30
小组地点	DG 市 GC 敬老院	人手编配	2 名社工
小组性质(打√)	1.√ 成长/教育小组　2.治疗小组　3.互助小组　4.其他_____		
招募及宣传方法	电话邀请、现场招募、护理员推荐		
理念背景	生老病死是人的自然规律，谁也不能避免，很多老年人随着年龄的增长对死亡有了恐惧感，而在敬老院里，很多长者的亲属都无暇照顾他们，他们谈话的对象只能是和自己一样的长者，当这些老伙伴相继过世后，他们面对的是对死亡的恐惧和不安。通过生命教育，可以让长者们分享生命中的喜怒哀乐，澄清生命价值。		
预估分析	为长者开展小组服务不同于其他人群的小组服务，多数长者更需要社工以领导者的身份带领他们走完小组全程。社工在服务前应和护工进行充分的沟通，了解参加小组的各个长者的特点。对待"求关注"型的长者，社工在不忽略其他组员的情况下，在小组中要特别注意对他的关注与称赞，否则此类型的长者可能会中途离场或拒绝参加下次活动；对待拒绝互动的长者，社工应给长者更多的时间去适应小组活动，而不是强迫其立刻融入小组活动；社工应留心观察每一个老年组员的状态和反应，并适时地给予正向积极的回应；每个长者对小组活动的参与程度可能会存在差异，社工应结合长者自身的情况，留心长者的点滴改变，鼓励和认可长者的进步。		
小组目的、目标	目的：协助长者们探讨生命的意义，澄清生命的价值，提升长者们对死亡的承受能力，宣传新型殡葬仪式。 目标：1.至少为 8～12 位长者进行辅导。 2.让 80%以上的参与者在该次小组活动中明白生命的价值和正面面对死亡。 3.通过该次小组活动，为以后殡仪馆的外展活动收集经验。		
评估方法	观察法、统计法		

小组程序安排				
节次	日期/时间	内容	所需物资	负责人
第一节 认识生命 （快乐的泉源）	2016.12.07 下午:14:00—15:30	1.通过社工和长者互相介绍及破冰游戏营造出良好的小组氛围，然后长者们在社工的引导下共同订立小组口头契约。 2.先分两三个小组讨论，再整个大组一起分享。让长者思考：什么是快乐，让他们想起一件(最)令自己快乐的事和一件(最)不快乐的事。	工作纸、笔、照相机	陈社工 陈助理

节次	日期/时间	内容	所需物资	负责人
第一节 认识生命（快乐的泉源）	2016.12.07 下午:14:00—15:30	3.社工引导长者之间分享一下如何能让自己更快乐的方法。 4.社工用工作纸收集好每个组员的信息。 5.社工总结小组内容，让组员不断发现和发掘，让自己快乐有法。	工作纸、笔、照相机	陈社工 陈助理
第二节 欣赏生命（品味人生）	2016.12.21 下午:14:00—15:30	1.社工准备好甜、酸、苦、辣四样食品，让组员们猜味道。 2.让组员随机抽取一样食品，按照食品的味道作出分享： 甜，人生中感到甜蜜/开心的事； 酸，人生中感到心酸/伤心的事； 苦，人生中感到痛苦的事/难过的事； 辣，人生中感到艰难/辛苦的事。 (社工的引导很重要，一定让组员明白人生总有起起跌跌，无论事情是好是坏，每一样经历都在丰富我们的生命，令我们成长；面对危机、挫折要冷静应对，找出生机，经一事长一智) 3.社工用工作纸做好总结。 4.社工做好本节主题的分享和总结。	工作纸、笔、照相机、甜酸苦辣4样食品	陈社工 陈助理
第三节 尊重生命（生命的意义）	2017.1.04 上午:9:00—10:30	1.与组员回顾前两节的小组活动，另外问问长者对丧葬的了解与看法，为这节活动做铺垫。 2.观看影片，让组员讨论自己生命的意义，包括最有价值的时期。 3.让组员们列举一些自己年轻时代最有价值、最值得骄傲的事情。 4.通过这些讨论让组员澄清自己的生命价值，从而正视死亡。 5.社工做好本节主题的分享和总结。	工作纸、笔、照相机、关于生命教育的宣传片——《永远年轻》焦裕禄。	陈社工 陈助理
第四节 探索生命（生命有价）	2017.1.11 上午:9:00—10:30	1.社工让组员回顾整个小组的内容。 2.请组员说出该小组有哪些部分是他们比较难忘的。 3.观看影片，社工用分享和探索来带领组员进行这段心灵之旅的总结。 4.社工做好本节主题的总结。 5.告知各位组员该小组活动的结束。 6.写好汇总报告。	工作纸、笔、照相机关于生命教育的宣传片——白春兰《为梦想而坚守》和结束小组活动的宣传短片《生命的礼物:蝴蝶破茧的启示》。	陈社工 陈助理

序号	预估困难	解决方法
1	招募人员数量不足	通过各种渠道招募
2	社工到敬老院路程较远	尽量安排住在附近的社工前往
3	敬老院的长者参与度不高	与敬老院负责人进行沟通，让其帮忙招募

经费预算总额：***元（其中宣传**元，物资***元；交通费**元）

二、小组集会记录（节选）

小组集会记录表(节选)			
小组名称	"生命教育,携手夕阳"——长者生命教育小组	小组编号	***-G01-20161128(***)C
本节小组日期	2017 年 1 月 5 日	本节小组地点	DG 市 GC 敬老院
组员报名人数	8	实际出席人数	17
小组总节数	共 4 节	本节小组节数	第 3 节
义工参与人数	0	义工参与总时数	0
本节小组记录			

一、筹备工作：
1. 社工在活动前一天联系敬老院,提前提醒长者们按时参加活动,并对活动场地进行确认。
2. 社工准备好活动需要的工作纸、笔、照相机和播放视频。
3. 活动当天提前到敬老院,帮忙准备好投影机和电脑。

二、目标达成及反思：
小组活动的第一节目标是：
1. 让小组的成员一起回顾上一节的内容。
2. 让长者们从看播放的记录短片里,找回自己年轻时代的那种自我价值。
3. 让长者们保持对小组的兴趣。

三、内容/形式：
这一节是小组活动的第三节,在上一节小组活动中,重点是让他们讲述自己人生中最苦、最难忘的事情,让他们进行了痛苦的历奇,从而让他们明白生命中的痛苦同样是有价值的。在该节活动中,播放了纪录片《永远年轻——焦裕禄》,从典型的人物事例,让组员们回忆在自己人生中最能做出奉献的时光,从而对生命的认识得到升华。
第三节活动也是以观看微电影的形式进行。

四、人手分工/工作人员表现：
人手分工方面,由敬老院的同工,帮忙召集敬老院的公公婆婆;还有社工们一起布置观看微电影的场地。

五、参加者表现：
社工在第二节活动时了解到,长者们都对自己年轻时的经历记忆深刻。因此,在第三节活动中,社工准备播放经典人物焦裕禄的纪录片《永远年轻》,用一个为革命事业奉献终生的典型事迹来让他们回忆自己的年轻时代,找回人生的自我价值。

观看电影是深受长者们喜欢的形式,也因此还吸引了其他长者过来共同参与小组活动。活动开始时,社工首先介绍了自己,和组员一起对以往小组过程进行了简单的回顾,然后让组员们共同分享一下自己的感受。之后社工开始播放纪录片,当屏幕上出现焦裕禄的时候,社工问到,"有没有人知道焦裕禄?"

组员森叔马上说道:"肯定知道啦!这是我们年轻那个时代经常用来做宣传和推广的经典人物。"

社工又问道,有谁知道焦裕禄是在哪里做出奉献的呢? 他最大的奉献是什么呢? 他的人生大家觉得如何呢?

当社工抛出几个问题后,大家议论纷纷。然后社工说,那就让我们大家看完这部纪录片后讨论一下吧。然后社工就开始播放影片。

考虑到组员们的年龄和作息时间,社工选择的纪录片是比较短的,只有十几分钟。在纪录片播放完后,社工开始让组员们讨论自己的感受。

组员森叔、容姨、萍姨、兰姨都纷纷表示,在那个时期,很多人的生活都是比较艰苦的,没有现在这么舒服的环境。在那个时候,每个人都很积极地工作、劳动,大家都是以一个勤快的姿态去度过自己的青春年代。对于自己年轻时候的艰苦岁月,大家都觉得非常有同感,而经过了那段时期后,迎来的是今天的幸福。虽然自己已经是到了暮年,但如果不经过那段艰苦时期,可能不会感受到今天的幸福。

最后,社工和各位组员进行了这次小组活动分享和总结。

六、社工自我表现：
在第三节小组活动里,社工以轻松的形式播放纪录片,让组员们去回顾自己生命中最能做出奉献和最有价值的年代。社工在活动中全程做好了引导者的角色,并对活动场地进行了合理的布置,让活动得以顺利进行。

七、其他特别事件:暂无

* 可包括筹备工作,目标,内容/形式,人手分工/工作人员表现,参加者表现或其他特别事件等。

服务反思	在第三节的活动中,出现不理想的情况有: 1. 在来到敬老院后才发现原来要播放的纪录片格式不对,不能正常播放。 2. 非本小组组员的其他长者看到有电影看,就也来到了现场,原来的组员虽然也来了,但人数多了,影响了原有组员进行分享的时间。 因此,在下一次活动时候,要做好如下改进和准备工作: 1. 事前准备好播放工具和对播放影片的格式进行确认,对无法播放的影片提前进行格式转换。 2. 做好原来组员的聚焦谈话。 3. 让新来的组员快速了解本小组活动的内容。
督导意见	(略)

小组集会记录表(节选)

小组名称	"生命教育,携手夕阳" ——长者生命教育小组	小组编号	***-G01-20161128(***)C
本节小组日期	2017年1月12日	本节小组地点	DG市GC敬老院
组员报名人数	8	实际出席人数	15
小组总节数	共4节	本节小组节数	第4节
义工参与人数	0	义工参与总时数	0

本节小组记录

一、筹备工作:
1. 社工在活动的前一天联系敬老院,提前提醒长者们按时参加活动,并对活动场地进行确认。
2. 社工准备好活动需要的工作纸、笔、照相机和视频。
3. 活动当天提前到敬老院,帮忙准备好投影机和电脑。

二、目标达成及反思:
小组活动的第四节的目标是:
1. 让小组的成员一起回顾上一次生命教育小组活动的内容。
2. 继续用经典人物的事例鼓励组员勇敢面对自己人生的挫折和幸福。
3. 最后用一个宣传短片《生命的礼物:蝴蝶破茧的启示》来结束整个小组活动。

三、内容/形式:
这一节是小组活动的最后一节,在这次活动里,除了回顾上节的活动内容外,也是用一个经典的人物事例——白春兰的《为梦想而坚守》来引导组员对生命价值进行探索,让组员明白,每个生命都有自我的价值存在。最后通过一个宣传短片——《生命的礼物:蝴蝶破茧的启示》,让组员们去了解生命的循环和生生不息。

四、人手分工/工作人员表现:
社工提前到敬老院布置场地,由敬老院的同工帮忙召集敬老院的公公婆婆,这次做好了影片格式转换的事前准备。

五、参加者表现:
第四节小组活动是本小组活动的最后一节活动,社工带领着组员回顾了小组各个阶段,对小组的满意度进行了评估,并让组员分享了一下对小组活动的总体感受,大部分组员都觉得本次小组活动很有意义,小组活动帮助自己回忆起人生中或是悲伤或是幸福的过往,让自己重拾生命的意义。

在活动中,首先社工做了简单的回顾,然后问道:人的生命里,最能绽放光芒的,就是能做出的贡献,而在做出贡献的背后,都是一些不为人知的辛酸,相信各位组员都更能比我体会到的,那么我们的生命是有一个循环的过程,我们把自己的力量奉献出来,孕育出了下一代,下一代人健健康康地成长,同时让我们自己感觉到一种存在的价值,这是一种最大的幸福。

然后,社工继续播放了经典人物故事——白春兰的《为梦想而坚守》。通过一个农村妇女为梦想而奋斗的过程,阐述出一个人生的道理:无论在逆境还是顺境,都要保持积极乐观的态度,坚持不懈,最后梦想始终会实现。梦想不会因为人的离开而终结,梦想也是可以让后人继续延续下去的。

社工分享了一个宣传短片《生命的礼物:蝴蝶破茧的启示》。片里阐述一只蝴蝶从蛹的出生到不断演变,到再次孕育下一代的过程。通过幻灯片和音乐的结合,告示人生循环,生生不息,死亡可能是另外一个生命的开始,从而回应整个小组活动生命教育的主题。

　　最后社工和各位组员进行了这次小组活动的分享和总结。小组成员虽然并不是每一个组员都能表达出对这次小组活动的感觉或者明白活动的全部意义,但是,社工和长者们的交流和分享已经让长者们把人生的起起落落、悲欢离合都经历了一次,让他们感觉到了生命的价值。

　　六、社工自我表现:

　　在第四节小组活动里,社工是以观看纪录片、宣传片、促成组员分享与交流的形式去结束这次活动的。在这次活动中,社工既积极主动又耐心体贴,引导长者们参与活动的同时,时刻注意长者们的身体情况,不让长者们出现疲劳情况。

　　七、其他特别事件:暂无

　　* 可包括筹备工作,目标,内容/形式,人手分工/工作人员表现,参加者表现或其他特别事件等。

服务反思	在第四节的活动中,出现不理想的情况有: 1.这节小组活动同样是吸引了很多原来组员以外的其他成员参加,导致分享方面的难度有所增加。 2.在最后一节活动里,有比较多的本地组员听不懂普通话,因此很多组员要求,下次播放粤语影片。 因此,在下一次活动时候,要做好如下改进和准备工作: 1.很多长者都是本地的公公婆婆,所以让他们观看的影片,最好找粤语的,让他们可以听明白。 2.社工应努力找更多的话题,并把话题放出来给组员讨论。 3.选择一些可以一起互动的游戏,活跃小组气氛。
督导意见	(略)

三、小组总结报告（节选）

小组总结报告(节选)			
小组名称	"生命教育,携手夕阳" ——长者生命教育小组	小组编号	*** - G01-20161128(***)C
小组实际开展日期	2016年12月7日	本节小组地点	DG市GC敬老院
实际组员人数	8	实际出席人数	17
小组总节数	共4节	本节小组节数	第4节
	内容		督导意见
总体情况	殡仪馆社工第一次向外开展生命教育推广工作,选择了敬老院做试点。这次工作得到了殡仪馆社工督导的大力支持,因此开展过程比较顺利。 　　这次活动主题是生命教育。主要是通过和长者们分享他们人生中的"甜酸苦辣",让他们通过回忆人生中最痛苦、最美好的事情而让他们探索自己的人生价值,让他们明白每个生命过程都有自己的存在意义。在小组活动中,社工除了用座谈形式开展活动外,还用了播放电影短片、宣传片等形式,让组员们通过观看与他们同辈的经典人物事例,回忆起自己生命里最能做出奉献的时光,增强他们自身的存在感。 　　在整个小组活动的过程中,社工作为一个主导者的角色,除了每节小组带出主题,引导大家讨论外,还作为一个协调者角色,协调小组内部的矛盾冲突,尽量让每一个组员都可以发言,分享自己的人生观和故事。 　　最后,小组活动虽然不能确保每一个组员都能充分感受到该活动的意义,但小组让他们明白,他们每个人的生命都是有意义、有价值的。而有了他们的努力,他们的子孙后代才能过得越来越幸福,他们的子孙就是他们生命的延续,而且会生生不息。		(略)

	内容	督导意见
筹备工作情况及反思	由于这次小组活动是在敬老院开展,而敬老院的物质材料相对完善,为小组活动带来了非常好的便利,但是在筹备的时候有一点是做得不好,就是在第三节活动时社工没有把需要播放的影片转换好格式,在到达敬老院后,才发现影片的格式不能直接在投影仪中兼容播放,而后匆匆忙忙地去寻找电脑和播放软件,导致活动延迟了 20 多分钟。因此,在以后开展该类活动时,必须认真细致地检查好每一项开展活动时需要的器材和用具,不然会拖延活动的时间,影响活动的正常开展。	(略)
目标达成情况及反思	这次小组活动的目标是让 80% 以上的参与者在该次小组活动中明白生命的价值和正面对死亡。还有通过该次小组活动,为以后殡仪馆的外展活动收集经验。目标基本达成,效果良好。 但该次活动中,本来要进行一项殡仪馆的殡葬宣传的,但考虑到长者对殡葬行业的忌讳,因此最后取消了这一环节。	(略)
内容/形式	小组活动通过座谈会、看电影、分享会等形式进行。	(略)
工作人员表现/人手分工	殡仪馆社工在敬老院社工的积极帮助下,在敬老院进行筹备、组织、召集组员、布置场地等工作,让每一节小组活动得以顺利进行。	(略)
参加者表现	各位参与者绝大部分都积极配合,在分享自己的人生故事、甜酸苦辣等方面都能积极发言,只有部分组员因为行动和听力问题没有积极发言。比较活跃的组员有森叔、兰姨、容姨、波叔等等,这些组员发言和分享都比较积极,在小组活动中担当着重要的分享者角色。	(略)
社工自身表现	社工全程扮演着导引者和协调者的角色,把握好每次活动的主题内容,让组员们积极分享和参与讨论。社工能根据活动的需要进行场地的布置工作。	(略)
其他	暂无	(略)
跟进工作	社工做好笔记和活动的经验总结,为下次开展同类型的活动做好准备。	(略)

(注:本案例由广东东莞殡仪馆提供)

小 结

小组工作是社会工作的三大方法之一,希望通过学习,学习者能够掌握殡葬小组工作的概念、类型与特点;掌握殡葬小组工作过程中的组员特点、工作者任务及角色,为殡葬社工结合服务对象的实际需要,设计小组服务并实施提供一定的指引。

思考与练习

一、单项选择题

1. 以下小组服务可能属于教育小组的是(　　)。
   A. 生命教育小组　　　　　　　　B. 正向自我探索小组
   C. 失独家庭互助小组　　　　　　D. 曾经直面死亡的幸存应激创伤者治疗小组

2. 以下哪个不是准备阶段社工应该做的工作(　　)。
   A. 组员的招募及遴选　　　　　　B. 制定工作计划
   C. 确定工作目标　　　　　　　　D. 消除组员之间的陌生感

3. 在小组的中期转折阶段,社工的主要任务有(　　)。
   A. 协助组员消除彼此的陌生感　　B. 建立小组规范与契约
   C. 积极处理冲突与抗拒　　　　　D. 协助小组组员保持小组经验

4. 在小组的后期成熟阶段,小组及组员通常呈现出(　　)特点。
   A. 组员充满试探行为　　　　　　B. 小组凝聚力增强,组员关系亲密

C. 组员出现离别情绪　　　　　　D. 组员较为沉默，缺乏安全感

5. 殡葬社工应协助组员保持已经改变了的行为，模拟现实的生活环境，让组员在小组中练习他们学到行为规范。这种方法叫做（　　）。

　　A. 模拟练习　　B. 树立信心　　C. 寻求支持　　D. 跟进服务

二、多项选择题

1. 殡葬小组工作的类型包括（　　）。

　　A. 教育小组　　B. 成长小组　　C. 支持小组　　D. 治疗小组

2. 殡葬小组工作的特点包括（　　）。

　　A. 小组组员问题或需求的相同性或相似性

　　B. 强调小组组员的平等意识与民主参与

　　C. 运用专业理论、理念、治疗方法等小组治疗性因素

　　D. 注重团体动力的培养与运用

3. 在小组开始阶段，社工的角色是（　　）。

　　A. 倾听　　B. 领导与引领　　C. 鼓励与支持　　D. 组织与协调

4. 在小组中期转折阶段，社工的角色是（　　）。

　　A. 协助与引导　　B. 认知方面的介入　　C. 危机介入　　D. 协调与支持

5. 在小组结束阶段，社工的任务包括（　　）。

　　A. 协助组员处理离别情绪　　　　B. 鼓励组员保持小组经验

　　C. 解除工作关系　　　　　　　　D. 做好小组评估工作

三、单项实训

请依据以下材料制定介入计划。

近日，社工小 C 多次接到生命热线的求助电话，某小学的学生们意外地目睹了本校某学生跳楼身亡的突发事件，该事件对学校学生造成了极大的震撼，也引起了校领导对学生生命教育的重视。请结合认识生命、敬畏生命、守护生命的主题，为在校 1~3 年级的小学生设计一个生命教育小组活动（共八节）。

PPT课件

模块 6
社区工作在殡葬领域的应用

学习目标

通过本模块内容的学习，应能够掌握社区工作在殡葬领域的应用，并能够将其应用于殡葬社区社会工作的实践中。

社区工作在殡葬领域的应用，一方面可以提升殡葬服务的质量和透明度；一方面可以推动殡葬改革的发展，降低居民对殡葬行业的误解，同时也可以增加殡葬政策的知晓度，缓和居民对殡葬行业的冲突。

在殡葬社会工作中，殡葬单位、社区等组织，殡葬从业人员、丧者家属、社区居民等群体，都是社区社会工作服务的对象。针对殡葬从业人员，社区社会工作的主要目的是提升殡葬从业者的职业归属感，缓解殡葬从业人员的心理压力等；针对丧者家属，社区社会工作主要为了缓解其焦虑和悲伤情绪，建立支持系统；针对社区居民，在殡葬社会工作领域的社区社会工作主要是在社区倡导殡葬改革，推广殡葬政策，改善殡葬行业在社区居民心中的"刻板印象"等。本模块将从殡葬社会工作的社区工作流程、工作技巧、工作模式三个方面进行阐述。

6.1 殡葬社会工作社区工作流程

社区工作是一个解决社区问题、满足社区需求的过程，包括一系列的工作流程：社区调研、社区分析、制定社区社会工作计划、社区社会工作准备、社区社会工作开展、社区社会工作评估和社区社会工作总结。

6.1.1 社区调研

在社区调研开展前，殡葬社会工作者可以进驻社区，与社区建立专业助人关系，从社区居民、社区机构、社区团体，以及有关的领导、代表人物等处了解社区的需求。

（1）制订社区调研方案

殡葬社会工作者在开展社区调研前，应制订社区调研方案书。社区调研方案的主要内容：①调研背景；②调研目标；③调研时间及安排；④调研人员配备及分工；⑤调研方法及工具；⑥调研对象及内容；⑦所需物资及资金；⑧其他。

【案例 6-1】

2017 年 11 月,重庆市 XX 区 XX 农转非社区,多次有居民投诉,其居住的小区内的消防通道,经常被"殡葬一条龙"占用,进行"搭棚治丧",吹拉弹唱严重影响居住在周边的居民休息,乱倒的污水和残羹污染社区环境,占用消防通道给小区造成了严重的安全隐患。希望殡葬社会工作者通过社区工作方式解决小区存在的问题。

针对案例 6-1,殡葬社会工作者需要根据初步了解的情况,制订社区调研方案。

第一,与社区沟通,了解社区的基本情况、存在问题的小区的地域情况、人口构成、社区希望解决的问题及达到的成效等。小区内多是农转非人口,相互之间对"搭棚治丧"的包容度较大,投诉者是后期自己买房入住小区的外来居民。社区希望能够提升社区居民合法治丧的意识,消除社区安全隐患和矛盾。

第二,殡葬社会工作者根据与社区沟通的结果,制订调研目标,了解社区居民对"搭棚治丧"行为的接受度,了解社区居民对社区消防安全隐患的知晓和意识。

第三,通过展开社区调研协调会议,确定调研周期为 1 周,殡葬社会工作者带领高校志愿者,进入社区进行问卷调查。以社区居民、社区工作人员为调研对象,调查社区居民对"搭棚治丧"行为的接受度和消防安全意识。

第四,开展调研前,准备调研所需的物资:笔、问卷、工作证件等,制订经费预算表等。

(2)开展社区调研

殡葬社会工作者根据社区调研方案书开展社区调研,收集社区资料,包括社区主要问题的详细资料、社区资源的详细资料、社区需求的具体资料、社区评估等。社区调研的对象可以是社区居民、殡葬从业人员、社区工作人员、相关组织等。调研方式可以采取问卷调查、走访调查、文献考察或者之前的经验总结等。

在案例 6-1 中,调研方案确定的调研对象为社区居民和社区工作人员,调研方式采用问卷调查和走访调查。

(3)社区调研报告

社区调研结束,殡葬社会工作者应整理调研的所有资料,出具社区调研报告。报告主要包括以下几个方面:

① 调研背景,包括社区调研对象、调研目的、调研区域和时间等;
② 调研过程,包括调研工具及调研内容等;
③ 调研结果,主要是呈现问题。

6.1.2 社区分析

殡葬社会工作者根据社区调研报告,对社区做全面的分析,诊断社区问题和社区需求,可以从以下方面进行分析。

(1)地域要素

地域要素,主要是指社区的地理位置和社区面积等。社区的地域可能会导致问题的产生,同时不同的社区地域位置和社区面积,同一类问题的解决方式也可能不同。例如,案例 6-1 中的社区,处于重庆市 XX 区的中心地带,附近无合法殡仪场所,小区面积大,但无物业管理。另一社区存在类似"搭棚治丧"扰民问题,但社区处于近郊,且离社区 3 公里范围内有合法治丧场所。针对两个社区不同的地域要素，社会工作者需设计不同的社区社会工作方案。

（2）人口要素

人口要素主要包括调研社区的人口数量、人口构成、人员分布情况等。社区人口数量的多少、人口的年龄构成、人口的主要文化程度、人口的素养以及人员的分布等要素，都会影响社区社会工作计划开展的方式和内容。例如一个老旧厂区，社区居民均为某厂的职工，90%的小区居民年龄在60岁以上，且文化程度不高，相互之间都很熟悉。殡葬社会工作者在开展社区工作时，宣传资料的字就不能太小和太多，活动过程不能设计很多需要写字的环节。

（3）文化和心理要素

文化和心理要素主要包含社区的殡葬风俗和习惯，对社区的归属感和认同感等。年代较久的小区，普遍会形成社区的殡葬风俗和习惯，一些社区的居民都会参与某一家的葬礼，殡葬从业人员是否接纳和认同自己从事的职业，都为社区社会工作提供基础依据。例如因为社区歧视，一些殡葬从业人员不会告知朋友自己从事的行业；一些殡葬从业人员因为自身的洁癖，有强迫洗手很多遍的行为。

（4）社区冲突

社区冲突主要指社区居民、社区工作人员、社区组织在殡葬或者相关事宜方面的诉求和冲突。例如案例6-1中，因在消防通道"搭棚治丧"，引发了社区居民之间、社区工作人员与社区居民之间围绕噪音扰民、环境污染和消防安全等方面的冲突。

（5）社区资源

社区资源包括殡葬方面的人口资源、自然资源、人文资源、政策倾斜、政府规划等方面的情况，社区是否有专门的管理殡葬事宜的工作人员，社区附近是否有合法的治丧场所，是否有殡葬政策方面的补贴等。例如，重庆市××区出台了《惠民殡葬政策》，全区居民均可以受惠，殡葬社会工作者可以了解政策的具体内容，分析政策的具体执行。

6.1.3 制订社区社会工作计划书

殡葬社会工作者应会同社区有关组织、工作人员、社区成员及服务对象共同参与目标的制订以及对行动策略的选择。结合社区分析，制订社区社会工作计划书（表6-1）。可以包含以下内容：①活动基本信息，如活动名称、时间、地点、目标对象、人数等；②活动背景；③活动目标；④活动宣传；⑤参加者、志愿者招募邀请；⑥日程安排；⑦活动流程；⑧所需物资；⑨经费预算；⑩预计困难及应对措施；⑪活动评估；⑫其他。

表6-1 社区社会工作计划

一、活动基本信息	活动名称：		
	开展时间：		
	开展地点：		
	服务对象：		人数：
	负责社工：		督导：
二、活动背景	社区背景、需求分析		
三、活动目标	总目标、具体目标		

续表

四、活动宣传	宣传品制作、宣传方法				
五、志愿者招募	招募方式、招募条件				
六、日程安排	序号	工作内容	完成时间	负责人	备注
	1				
	2				
七、活动流程	序号	时间	环节	内容	负责社工
	1				
	2				
八、所需物资	序号	名称	数量	负责人	备注
	1				
	2				
九、经费预算	序号	名称	单价(元)	数量	小计(元)
	1				
	2				
	合计：		（大写：　　　）		
十、预计困难及应对措施					
十一、活动评估					
十二、其他（如游戏规则、座位安排等）					

（注：本表由重庆市冬青社会工作服务中心提供）

　　殡葬社会工作者在组织社区社会工作时，活动的内容和形式要考虑服务对象的特点、能力和生活方式等，选择服务对象感兴趣、有能力参与的活动形式和活动内容。社区社会工作计划的制订应明确、具体，具有指导性和可行性。

6.1.4 社区社会工作准备

　　殡葬社会工作者在社区社会工作开展前，需要根据社区社会工作计划方案做好社区社会工作的准备工作。主要包括以下几方面。

(1) 物资准备

　　物资准备需按照社区社会工作方案书，分阶段进行。首先应根据计划拟定活动所需物资清单，按清单采购、制作、租借所需各种物资，并按照清单清点物资，确保物资准备到位。

(2) 场地准备

　　社会工作者应提前确定活动场地和活动时间，做好与管理场地人员的协调工作。

(3) 宣传准备

　　社会工作者可以提前通过打电话、走访、张贴海报等方式，在社区开展宣传和招募工作，也可以在社区的官方微信公众号、微博、网站等平台推送活动预告。

(4) 人力准备

　　社会工作者根据活动规模，协调工作人员负责活动安全及活动秩序，做好安全防范工作。根据活动需要招募志愿者，明确职责和分工。

(5) 经费保障

　　根据社区社会工作计划做好经费预算，根据预算和活动实际需求申请和使用经费。

6.1.5 社区社会工作开展

社会工作者根据计划开展社区社会工作。首先，可以介绍社会工作者的身份、本次活动目的、活动内容及注意事项等；依据社区社会工作实际情形，引导服务对象填写社区社会工作签到表；带领服务对象参与活动，引导服务对象互动。社会工作者要具有一定的灵活处理与现场应变能力，根据活动实际情况对活动稍做调整；同时应充分运用社区社会工作方法，提升服务对象的参与积极性，培养社区参与能力、协作能力、社区凝聚力及社区解决问题的能力，达成社区社会工作目标；最后社会工作者要总结活动开展的过程和效果，并反馈给服务对象，给予他们支持和鼓励。殡葬社会工作社区工作流程图见图6-1。

6.1.6 社区社会工作评估

在社区社会工作结束后，应通过多种方式评估社区社会工作的开展成效。社区社会工作评估一般在参与的所有工作人员、服务对象共同讨论的基础上进行。评估内容包含：服务成效评估，评估社区社会工作目标达成情况；对社区成员影响的评估，评估社区成员服务满意度、自我评价等；社会工作者自我评估；督导和其他社会工作者评估，对社区社会工作计划、社区社会工作过程进行评估；社区社会工作相关人力、物力和其他资源的投入、安排评估。评估方式可以有访谈方式、记录方式、问卷调查方式等。在评估过程中，应认真听取意见及建议，总结社区社会工作的有益经验及不足之处，填写社区社会工作总结报告。

 6.1.7 社区社会工作总结

殡葬社会工作社区工作结束后，殡葬社会工作者应组织相关工作人员清理活动场地和活动物资，整理服务记录，做好相关的存档工作，也可以整理活动照片、通讯稿，进行相关的报道和推送等宣传。同时社会工作者应安排时间对活动服务对象、相关组织、参与工作人员等进行回访，了解其参与社区社会工作的感受，对社区工作进行总结和反思。

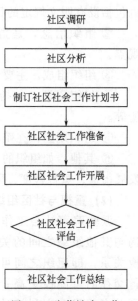

图 6-1 殡葬社会工作社区工作流程图

6.2 殡葬社会工作社区工作技巧

殡葬社会工作者在服务中经常需要与所在服务单位、殡葬单位、辖区政府部门、社区等各种组织协调资金、场地、人力等方面的支持和协助。殡葬社会工作者掌握了社区社会工作的技巧，有利于社区社会工作的开展，提升服务的成效性。殡葬社会工作社区工作技巧主要有四个方面：建立社区关系技巧、社区教育技巧、动员服务对象技巧以及运用传播媒介技巧等。

6.2.1 建立社区关系技巧

社区是殡葬社会工作者开展社区社会工作的基础,无论是居民社区还是殡葬单位组织社区,认识社区、与社区建立专业关系是社区工作的基础,也是社区工作的一个重要步骤和必经过程。社会工作者要与社区建立良好的专业关系,必须具备以下能力。

(1) 了解社区组织的运作和资源

社会工作者要与社区建立专业关系,需要充分了解组织的基本情况、组织的架构及运作和资源掌握情况。一般情况,组织的行为受到组织的性质、目标、工作范围、组织结构、组织规模和组织文化等因素的影响。殡葬社会工作通常接触较多的组织有殡葬事业管理部门、民政局、殡仪馆、陵园、合法治丧场所、街道、社区等。殡葬社会工作者在执行社区工作之前,需要了解各个组织以下内容:

① 组织目标,既包括组织明文规定的目标,如对外宣传的目标、章程中注明的目标等,也包括没有明文规定的目标。明确组织在殡葬领域的目标和职能。

② 组织信念,是指组织背后的取向和制定思想,例如政治上的取向或者对社会的观点。

③ 组织组成,主要包括哪些人或部门、背景、阶层、能力、职能等。

④ 组织资源,包括组织拥有的直接或者间接权力、影响力、资金、人手、信息、场所等。

⑤ 组织期望:在殡葬和治丧相关问题上期望达到的结果和益处等。

⑥ 其他:如组织的核心人物或组织领袖人物的基本情况、组织在殡葬相关事宜方面的发展街道、重视程度、风格等。

(2) 重视与社区组织之间的关系

派驻殡葬社会工作者的社工机构能否与其他组织良好交往,在一定程度上取决于机构与其他组织之间的关系性质。不同的组织之间的关系可以分为三种类型:第一,交换关系,即组织之间可以通过相互交往各自受益,且受益程度均等,那么组织之间进行交往的可能性更高;第二,权利依赖关系,组织之间交往时各方利益不均等,一方利益高于另一方利益时,受益较多的一方需要提高利益或制造压力来增加自己对利益较低一方的影响,使获益较低一方在某些方面产生依赖;第三是授权关系,是指根据政策法规等规定必须进行交往的组织之间的关系,例如,提供资助的组织与受资助的服务机构之间。

殡葬社会工作者如何与组织进行交往?常用的技巧有以下几点。

① 与社区组织交往:尽早与社区组织建立友好关系,为以后的合作奠定基础,通常友好的关系有利于殡葬社会工作者开展社区社会工作。

② 注重利益共享:社工组织在与其他社区组织进行交往时,要积极和其他组织沟通,尽可能让各组织从合作中获得应有的利益,这样才能保证长远的合作。

③ 强化和规范合作关系:社工组织与其他组织建立良好的沟通与配合,必要时形成定期或不定期的双方沟通会议,促进合作的良性循环。

④ 维系组织间的交往关系:组织与组织之间的交往,其实也是人与人之间的交往,主动维系组织间的交往关系,建立长远、良好的交往关系有助于社区工作的开展。

【案例6-2】
重庆市××区民政局，通过项目购买的方式向重庆市××社会工作服务中心采购殡葬社会工作服务项目，在该区内宣传文明治丧。项目签订后，殡葬社会工作者第一时间拜访了项目执行区域的社区组织，沟通社区存在的治丧问题，了解社区在治丧方面的职责，达成合作共识。且与社区组织形成了每月展开联席会议的正式合作形式，使合作能够形成良好、长久的循环。

（3）初始进入社区的自我介绍

社区工作的服务对象是整个社区或者单位，殡葬社会工作者进入社区或者殡葬单位时，需要让社区居民或单位员工认识社会工作者，了解社会工作者的角色和职能，接受社会工作者进入社区，与社区或者单位建立良好的专业关系。社会工作者可以运用以下方式介绍自己。

① 主动参与社区重要活动：社会工作者参与社区或者单位的重要会议、活动，尽量在活动中介绍自己，让社区居民逐渐了解和认识社会工作者。

② 开展社区活动：社会工作者可以组织开展一些社区活动，邀请居民、其他社区群团组织或者殡葬从业人员参加，与服务对象互动，宣传自己。

③ 经常出现在社区居民或单位员工之中：社会工作者经常在社区、服务单位走动，主动与居民、殡葬从业人员打招呼、聊天，拉近与服务对象的距离。

④ 报道社区活动：社会工作者可以通过定期、不定期的发行工作简报、宣传报纸、刊物、微信、微博等，报道在开展的社区工作，提升服务对象对社会工作的了解。

【案例6-3】
重庆市××社会工作服务中心，进驻重庆市×××殡仪馆提供殡仪社会工作服务。殡仪馆工作人员不知道社会工作是什么？更不知道社会工作能够做什么？殡葬社会工作者入驻殡仪馆后，在殡仪馆内开展以"社工来了！"为主题的社区宣传活动，向殡仪馆工作人员、丧者家属解释什么是社工？社工可以做什么？同时，每天在殡仪馆治丧厅堂内走访，并与工作人员沟通每户丧者家属情况。每月在殡仪馆内向工作人员和丧者家属发放宣传月报和宣传折页，宣传殡葬社会工作者的服务。

6.2.2 动员服务对象技巧

殡葬社会工作的社区工作核心服务对象通常包括社区居民和殡葬从业人员，社区工作需要服务对象的参与，动员服务对象参与社区活动，是社区工作成功的关键，是对社会工作者能力和技巧的考验。同时动员社区居民或者单位员工参与活动，可以提升他们对社区或者单位事务的关心，提升社区居民和殡葬从业人员的认同感和归属感。动员服务对象的主要方式如下。

（1）动员海报

社会工作者可以通过在社区或者单位公共区域张贴栏、社区QQ群、社区微信群内推送宣传海报，告知社区居民社区活动的相关信息，如活动的目标、活动的主要内容、活动地点和活动时间等。这个方法可以让更多的服务对象知晓活动信息，但也存在一定的限制，社区老年人和受教育程度较低的人较多的话，这种方法就可能不适用。

（2）入户家访

入户家访是现在的社会工作者比较常用的动员服务对象的方法之一，而且效果也是最好的。通过入户家访，社会工作者一对一地和服务对象交流殡葬社会工作，一方面可以增强社会工作者与服务对象的联系，增进双方的感情；一方面社会工作者也可以更加直观地判断服务对象对社区殡葬事务持有的观点。

(3) 电话联系

电话联系相较于入户家访，更加省时省力、节省人手，如果需要短时间内动员较多的服务对象，而社会工作者人手不足的情况下，电话联系比较适合。电话联系需告知服务对象活动主题、活动时间、活动地点、主要参与人等。在活动开始之前一天，也适合用电话联系服务对象，提醒服务对象准时参加。

(4) 街头宣传

街头宣传通常设立在人员比较集中或者经常经过的地方，例如社区的休闲广场、小区中庭、小区门口、社区超市门口等。可以在这些地方设立街头宣传站，摆放展架、宣传单，设置招募活动等；也可以邀请社区领袖在街头做简短的演讲和介绍，如果社会工作者与社区居民比较熟悉，可以自己演讲和介绍。街头宣传要注意留下社区居民联系方式，以便后期联系。

(5) 其他活动参与

除了上述几种动员服务对象的技巧外，还有很多方法。例如，"扫楼式"的逐户拜访、户外喊话，召开居民大会，利用大众传媒、广告，以及现在经常被使用的"易企秀""MAKA"等动态的宣传广告，将活动信息传递给服务对象。这些方法覆盖面大，但对于参与动机不强的服务对象，难以达到动员的成效。

殡葬社会工作者需要根据社区工作的目标、内容、时间、地点、参与对象的特点等，选择合适的动员方式，同一活动可以选择多种动员方式，以达到最大的动员效果。例如，×××殡仪馆预计在4月25日举办开放日活动，殡葬社会工作者为了让参加开放日的群众更加多样性，通过在报纸上刊登招募信息，走进社区和高校进行街头宣传，制作"易企秀"动态招募信息，最终前来参与活动的对象包含教师、社区工作人员、高校学生、社区居民、媒体从业人员等等，动员达到预期效果。

6.2.3 社区活动技巧

殡葬社会工作社区工作根据服务目标和服务内容来选择合适的社区工作方式。殡葬社会工作重要的服务内容之一是宣传倡导文明殡葬、拉近殡葬行业与社会大众的距离。殡葬是大家在未面临此类问题时普遍不会去了解，甚至抵触的东西，在宣传过程中更需要社会工作者能够运用宣传工作技巧，提高社区工作成效。

(1) 吸引服务对象参与

宣传工作的第一步在于吸引社区居民的注意力，常用的方法有文艺表演、横幅、展架、宣传车、宣传品等。需要注意的是无论选择什么宣传方法，都需要与宣传目标和内容紧密结合，不能喧宾夺主，使社区居民对文艺表演的关注超过对宣传内容的关注，所以文艺表演的节目编排应结合宣传内容进行。例如，清明节期间，殡葬社会工作者需要进入社区，向社区居民宣传文明祭扫，社会工作者通过"我与文明合影"的方式进行宣传，方式新颖、吸引力强且贴合宣传内容。

(2) 目标清晰、内容明确

宣传的目标清晰、内容明确，更易于被社区居民理解和接受。宣传目标应该具体化，例如，让社区居民知道惠民殡葬政策的具体内容，殡葬社会工作者通过现场发放宣传单、现场宣讲、互动问答、奖励等方式，对惠民殡葬政策内容进行宣传，宣传目标清晰、内容明确，宣传手法围绕目标和内容有步骤地进行，有效地让社区居民记住惠民殡葬政策的内容。

(3) 重复宣传重点

对于宣传的重要或者主要内容要不断地重复进行宣传，以提高社区居民对宣传信息的接受程度。在殡葬社会工作社区工作中，社会工作者通常利用重复的标语、横幅、展架、互动活动等方式，将宣传信息在社区内反复传播，提升宣传的成效。例如，在宣传殡葬官方服务热线及其功能的宣传活动中，殡葬社会工作者使用现场互动问答的方式，向现场 200 余名社区居民重复殡葬官方服务热线电话和功能 50 余次，实现了现场 95% 以上的居民都熟记的效果。

(4) 正面和负面宣传结合

在宣传工作中，除了要宣传正面的信息外，也可以结合负面的影响进行。正面宣传的目的是鼓励大家建立美好的环境，负面宣传的目的则是警告和威慑，希望通过宣传可能的负面影响，阻止和改变不良行为。例如，在案例 6-1 中的社区，既要宣传合法的治丧途径，也要宣传"搭棚治丧"给社区环境带来的危害和占用消防通道可能引发的严重后果。

(5) 运用传播媒介

合理运用传播媒介，可以扩大宣传的影响力。在新媒体到来的时代，社会工作者要适应媒体的发展，日常主动收集可以使用的传媒媒介途径，建立自己的"媒体库"。常用的媒体有传统纸媒、省级市级区级公众号、华龙网、腾讯网、微博直播等。需要注意的是，在邀请媒体参加前，需要提前沟通好活动的参与单位、单位简介、活动名称、活动地点、活动时间、活动目标和主要内容等，或者提前撰写新闻通讯稿。

(6) 建立社区支持网络

社区支持网络是指社会网络中对个人具有正向支持功能的特质，即社会网络中可以提供实质的协助者。社区支持网络为服务对象提供对话与沟通的渠道，提供分享信息和学习的机会，可以增进服务对象的情感支持与关怀等。在殡葬社会工作社区工作中，社区支持网络常常用在丧者家属的互助自助之中。例如，重庆市 XX 社会工作服务中心的殡葬社会工作者通过开展社区志愿服务、趣味登山活动等社区工作，建立了丧者家属互助团队，发展了丧者家属的社会支持网络。

6.3 殡葬社会工作社区工作模式及案例分析

美国学者罗斯曼（J. Romthman）提出了社区工作的三大模式：地区发展模式、社区计划模式和社区行动模式。罗斯曼的社区工作模式得到了大家的认可，后期莫若用"社区发展模式"的概念替代了"地区发展模式"。

6.3.1 社区发展模式

社区发展模式是在社区之内，鼓励社区居民以自助互助的方式，参与社区事务，解决社区问题，推动社区发展。社区工作者在社区发展模式中扮演着使能者、教育者、中介者、协调者的角色。社区发展模式主要包括以下几个方面的步骤。

(1) 确定发展目标

社区发展模式在制定发展目标时注重过程目标，在自助、团结、合作的基础上解决社区问题，使用民主的方式进行社区决策，提高社区的保障能力和发展水平。社区发展模式更多地关注社区共同性的问题，即绝大部分社区居民的问题。

(2) 明确存在的问题

社区发展中的问题很多，社会工作者的任务是找准主要问题和重要问题，为社区发展制定符合现实的策略。例如，殡葬服务单位面临的如何提升服务质量问题，社区面临的如何推动殡葬改革，缓解社区的治丧矛盾问题等。

(3) 找出解决问题的方法

社区发展模式解决问题的方法主要是引导社区内所有的居民、组织、团体参与社区的发展，让绝大部分的社区成员都来关心和讨论社区面临的问题，决定社区的发展并提出解决问题的行动方案。

(4) 服务对象的范围与角色

社区发展模式中，服务对象通常是在一定区域内的实体，例如街道、社区、殡葬单位、协会团体等。在殡葬社会工作服务中，社区发展模式中的服务对象主要有殡葬从业人员和社区居民，他们既是社区发展的主体，也是社区发展的动力。

> **【案例 6-4】**
>
> ×××社区××小区，因临街人行道路宽阔，长期被陈道士占用于搭棚治丧，据社区统计最多的一个月可以达到 26 起，几乎每天人行道都被占用。居住在周边的社区居民苦不堪言，经常打电话进行投诉。有时社区工作人员半夜都得到现场进行协调。社区也曾计划通过修葺花台，缩小人行道面积，让陈道士没有可用的场地，但被一些年长的居民破坏。
>
> 社会工作者了解社区情况后，依据社区发展模式，在该社区开展社区社会工作。主要从下面几步开展。
>
> 第一、确定发展目标：解决社区存在的违法占用人行道搭棚治丧问题，解决社区居民之间因搭棚治丧问题引发的矛盾。社会工作者主要扮演协调者的角色，通过居民会议、社区骨干会议等方式对现有问题进行社区决策。
>
> 第二、明确存在的问题：该社区存在的主要问题是因搭棚治丧引发的社区居民之间的矛盾，大部分社区居住的居民愿意选择在社区内搭棚治丧完成去世家人的身后事。调查发现主要有两个原因，一是方便前来悼念的亲人，二是在社区内搭棚治丧费用比合法治丧场所便宜近一半多。
>
> 第三、找出解决问题的方法：社会工作者通过调查发现问题后，采用的社区工作方法主要有召集社区居民召开居民会议、社区骨干召开骨干会议，并邀请区民政局、街道和社区相关领导参与，共同讨论和商议问题，引导大家积极提出解决问题的方案。最终讨论出在社区内找一块空地，搭建简易治丧场所，社区内"一条龙"商户协商场地使用，有效解决了社区面临的问题。
>
> 第四、确定服务对象的范围和角色：在服务过程中，涉及的服务对象主要有社区居民、"一条龙"商户、街道、社区等。社区居民为主要服务对象，在服务过程中是社会工作者的主要工作对象。

案例 6-4，殡葬社会工作者运用社区发展模式，依据社区发展模式的步骤，集中社区居民意见，引导和鼓励社区居民积极参与社区问题的解决，不仅有效地解决了社区现在面临的问题，而且通过此次的社区问题解决经验，搭建了社区居民之间、社区居民和社区居委会之间的有效沟通平台。

 6.3.2 社区计划模式

社区计划模式是假定每个社区都有一系列的主要问题，这些问题必须——进行解决，社区社会工作的目标就是解决社区内的主要问题。社区计划模式假设社区问题需要社会工作者做专业的计划和策略，用有效的方式服务于有需要的人，并制订符合社区实际的规划模式，因此在社区计划模式中社会工作者担任的角色是技术专家和计划实施者。

(1) 确定目标

社区计划模式重视任务目标，以解决社区的实际问题为主要工作方向，目标的选定会紧密地结合社区发展的实际情况，围绕社区发展的主题制订计划。过程目标更多则是收集和分析资料以及系统分配时间和动员资源。

(2) 确定计划内容

社区计划模式涉及的是社区内存在的各种具体的殡葬问题，如社区存在的乱搭棚治丧问题、社区内焚烧祭祀问题和治丧扰民问题等；殡葬单位存在的"一条龙"扰乱服务规范问题、职工难以开口向他人介绍自己职业问题等。

(3) 服务对象的范围与角色

在社区计划模式中，服务对象被视为服务的接收者，也可以称为服务的消费者，服务对象不参与服务方案和目标的决策过程。正如前面所说的那样，社会工作者扮演着专家的角色，社区问题的解决是一种自上而下的改变方式。

【案例6-5】

××殡葬单位，大部分殡葬职工从事殡葬行业仅仅是为了工作，内心对殡葬行业并没有认同感和归属感，导致殡仪服务质量难以提升。根据社区计划模式，殡葬社会工作者确定的发展目标是提升职工对殡葬行业的认同感和归属感。围绕目标制订了以殡葬职工团队建设、殡葬职工人物传记、培训讲座、志愿服务活动等形式，以认识职业、认识同事、个人心理成长等主要内容的社区社会工作服务内容。社区社会工作服务方案的制订，职工完全没有参与，由殡葬社会工作者根据调研进行设计。

案例6-5中，殡葬社会工作者扮演着专家和服务实施者的角色，殡葬职工作为服务对象，完全没有参与方案和目标的制订过程，仅仅作为服务内容的接收者。社会工作者就殡仪馆即社区存在的问题，提出了解决应对方式。

 6.3.3 社区行动模式

社区行动模式是假定社区存在一群弱势群体，需要被组织起来，与他人联合，并根据社区民主的理念，对整个社区提出适当的要求，如增加资源和平等的对待。社区行动在于结合社区力量，以寻求权利和资源的再分配，推动社区发展。

(1) 确定社区行动的目标

社区行动模式的目标是要改变社区权利及资源分配，使处于弱势的群体能够改变自己的处境。

(2) 明确社区问题

社区行动模式认为在社区中充满特权，社区有压迫者和被压迫者两个阵营。压迫者通常是企业家、商家、政府等，拥有强大的权利或者权势，能够影响一般群众的生活。受压迫者通常是无权无势的弱小市民，受到压迫者的剥削和不公正对待。社区行动模式关心的是弱势群体面临的问题。

(3) 服务对象的范围与角色

社区行动模式的服务对象通常是特别需要社会工作者协助和救助的各种困难群体，他们通常是"不完善的制度和系统下的牺牲者或者受害者。"在殡葬社会工作领域，丧者家属也是社区行动模式的服务对象，需要社会工作者给予帮助和服务。

【案例 6-6】

丧者家属面临亲人去世，在此时也可以说是一群弱势群体。社会工作者通过链接拥有类似丧亲经历的丧者家属，制订社区行动目标为建立丧者家属自助互助联盟，拓展丧者家属的资源，改变丧者家属面临的困境。社会工作者通过组织丧者家属的活动，建立丧者家属互助会，实现相互的帮助。

案例 6-6 中，殡葬社会工作者运用社区行动模式，建立了丧者家属的自助联盟，应对丧者家属当下面临的困境。

综合案例　社区工作在殡葬领域的应用

"清明时节话哀思，文明祭扫树新风"清明节宣传活动

一、活动基本信息	活动名称："清明时节话哀思，文明祭扫树新风"清明节宣传活动	
	开展时间：2018 年 4 月 3 日	
	开展地点：重庆市××区××街道××社区××广场	
	服务对象：社区居民	人数：500
	负责社工：×××	督导：×××
二、活动背景	该小区经常因为"搭棚治丧"扰民问题、小区内焚香祭扫被投诉。通过调研发现，该小区是农转非小区，社区居民之间相互熟悉、了解，包容性强。小区距离合法殡仪服务场所较远，社区无物业公司管理。社区居民对不文明行为无意识。 清明节是我国的传统节日，人们会在清明缅怀逝者，祭祀祖先，而清明扫墓所带来的一系列问题也日益凸显。按照中国传统习俗，人们会在清明节或祭祀的节日前后为亲人上坟祭扫，并通过放鞭炮、烧纸钱等旧习俗表达怀念之情，但这一方式具有噪声扰民、污染环境、树木减少的弊病，还带来火灾隐患、纸灰清理麻烦等不利因素，与越来越讲求环保、越来越讲求文明的时代精神不合拍。	
三、活动目标	总目标：提升社区的文明殡葬意识，改善社区的不文明殡葬行为。 具体目标：（一）社区居民知道文明祭扫的方式； （二）社区居民知道官方的殡葬服务热线和殡葬惠民、便民政策。	
四、活动宣传	（一）宣传品制作：寄语卡、清明祭祀主题展板、文明祭祀方法展板。 （二）宣传方法：微信、微博宣传、媒体宣传。	
五、志愿者	（一）通过志愿者服务群、招募海报等从高校、社区招募志愿者协助活动。 （二）招募条件：身体健康、年龄在 65 岁以下。	

	序号	工作内容	完成时间	负责人	备注
六、日程安排	1	与相关方沟通,撰写活动策划方案	2018.3.8	×××	
	2	活动准备:场地、物资、人员	2018.3.23	×××	
	3	开展清明节宣传活动	2018.4.3	×××	
	4	总结活动开展情况,整理活动档案	2018.4.2	×××	

	序号	时间	环节	内容	负责社工
七、活动流程	1	4月2日 14:00—17:00	场地布置	1. 主题喷绘、宣传展板、文明祭祀展板等场地的布置。 2. 对活动开展所需物品进行核对,确保活动当日所用物品完整。与街道社区衔接确定好的地点可以使用,进行活动场地的布置。 3. 确定活动物资准备齐全。 4. 悬挂活动横幅、标语,摆放桌椅、宣传资料等。	×××
	2	4月3日 8:00—9:30	现场准备	音响调试,区域划分	×××
	3	4月3日 9:30—10:30	文艺表演	1. 舞蹈　《汉服祭祀》 2. 现场互动　《知识竞答》 3. 朗诵　《家风颂》 4. 现场互动　《知识竞答》 ……	×××
	4	4月3日 10:30—12:00	领取入场券	社区居民在工作人员处领取入场券	×××
	5		互动环节	1. 96000 转转转 2. 圈住文明 3. 与文明合影	×××
	6		场地整理	整理活动场地	×××

	序号	名称	数量	负责人	备注
八、所需物资	1	宣传折页	3000 份	×××	
	2	宣传展架	10 份	×××	
	3	文明治丧宣传标语	5 条	×××	
	4	入场券	300 张	×××	
	5	转盘	1 个	×××	
	6	座牌	6 个	×××	
	7	千纸鹤	1000 张	×××	
	8	诗词祭祀	1 个喷绘	×××	
	9	桌子	20 张	×××	

	序号	名称	单价(元)	数量	小计(元)
九、经费预算	1	喷绘舞台	300	1	300
	2	宣传标语	100	5	500
	3	展板	200	12	2400
	4	活动小礼品	20	500	1000
	5	签字笔	10	2	20
	6	寄语卡	1	100	100
	7	展板	200	2	400
	8	马克笔	5	10	50
	9	矿泉水	1	100	100
	合计：4870元				(大写：肆仟捌佰柒拾元整)

十、困难措施	活动现场秩序混乱；提前做好人员分工，确保活动秩序，指派专人负责活动秩序。如遇下雨天，可提前支好帐篷，活动继续进行。
十一、活动评估	活动当天的参与人数。 社区居民在参与活动后对文明殡葬有所了解。 通过后续社区的走访回馈了解。
十二、其他：无	

"清明时节话哀思，文明祭祀树新风"清明节宣传活动总结报告

(一)活动评估

序号	活动时长（小时）	总参与人数	总参与人次	有无突发事件、投诉
1	2小时	500人	1500人次	无
	环节		过程回顾	
2	活动过程	文艺汇演	本次宣传活动的文艺汇演环节，共10个节目，前4个节目，台下观众的参与性较高，第5个节目，书法表演开始，节目时间过长，观赏性不高，台下观众开始不集中。因活动在室外开展，10:30左右广场上被阳光照射，气温升高，遂文艺汇演未结束，游园活动同时开始。 此环节，社工进行了分工，一人负责音响控制，一人负责节目备台，一人负责照相。同时分配社工到礼品发放处、签领处、各互动游戏场地，熟悉游戏规则，看守活动物资。	
		互动活动	引导居民有序参与互动游戏，邀请居民首先到游园券发放处领取游园券，后排队参加96000掷骰子、套圈、拍照、签名活动4个互动游戏，每参加一个游戏，负责游戏的社工在游园券上给参与活动的居民盖章，集齐4个印章后，到签领处，社工收回游园券，发放相应礼品。	
	目标		达成情况	
3	活动结果	社区居民知道文明祭扫的方式	社区居民通过参与互动，都知道2~3种文明祭扫方式。	
		社区居民知道官方的殡葬服务热线和殡葬惠民、便民政策	通过现场问答和互动，社区居民知道了殡葬服务热线和殡葬惠民政策。	

(二)服务对象评估		
4	成员评估	活动结束后,社工征求了相关方对活动的意见和建议,××区民政局和街道对宣传活动的形式表示认同。
5	成员建议	街道提出在今后的活动中可加强对殡葬惠民便民政策的宣传。
(三)社工自评		
6	实务操作	此次宣传活动规模较大,从前期的筹备到开展,因多方参与,在沟通过程中对活动进行了多次调整,最终确定活动方案时间短。协调各方资源,齐心协力在短时间内筹备了这次大型宣传活动。活动设计从文艺汇演+互动活动,一方面吸引居民参与活动;一方面通过互动活动增强居民对宣传内容的记忆。宣传活动整体较为流畅,社工现场控制能力较强,但对参与单位的领导缺乏关注。
7	专业能力	活动参与单位多,各单位在活动现场的沟通协调稍显不足。 在活动过程中社工分工明确,但对活动现场预估不足,参与居民人数多、集中,社工人手明显不足。 在以后的活动中,需提前展开活动准备会议,对活动现场可能出现的情况进行预估,可多安排2~3名机动人员,就活动现场进行支援。
活动总结		
(一)有益经验总结 　1.注重多方联动,资源共享:此次宣传活动从筹备到开展,活动方案经多次磋商,在活动开展前不足一周才最后确定,活动准备时间短。但此次活动是多项目组资源的汇集,节目主持人、文艺演出团队,是多个社区资源的共享。 　2.协同合作,活动组织力较好:此次活动由哀伤辅导项目组牵头,多项目组参与配合,不同项目组人员集中一起完成宣传活动,既有配合,也有合作,活动中取长补短,相互学习。		
(二)困难、不足反思及改进建议 　1.活动工作人员不足,多为临时调配人员,对殡葬社工服务不了解,未进行事先开会沟通,对活动目标不清楚,在游园活动中对居民文明祭扫、96000殡葬服务热线环节引导不足。建议:以后此类活动需事先确定参与人员,展开筹备会议,以保障活动目标的实现。 　2.活动开展地点远,物资多,过程中对社工提出众多挑战,容易减弱社工的意志。建议:活动前可组织社工动员会,针对此类活动建立一定的鼓励机制,营造积极向上的团队工作氛围。 　3.活动现场居民参与积极性高,多是看重礼品,在礼品发放环节与居民有或多或少的摩擦。建议:制订柔性的活动规则,遵循规则组织活动。 　4.文艺演出时间过长,天气热,居民后期容易离场。建议:根据气候安排节目,文艺节目尽量与活动主题相呼应。		
(三)活动跟进 　收集各参与单位的意见,改进活动形式。街道对活动的形式表示认同,也提出希望社工多对政策进行宣传。		
(注:本案例由重庆市冬青社会工作服务中心提供)		

小　结

本模块通过对社区社会工作流程、工作技巧、工作模式的介绍,为殡葬社会工作者提供了社区社会工作的流程、技巧和模式,为殡葬社会工作在社区社会工作服务过程中提供引导。

思考与练习

一、单项选择题

1. 下面社区工作的流程顺序正确的选项是(　　)。
A. 社区调研—社区分析—制订社区工作计划书—社区社会工作准备—社区社会工作开展—社区社会工作评估—社区社会工作总结
B. 制订社区工作计划书—社区调研—社区分析—社区社会工作准备—社区社会工作开展—社区社会工

作评估—社区社会工作总结

C. 社区社会工作评估—社区调研—社区分析—制订社区工作计划书—社区社会工作准备—社区社会工作开展—社区社会工作总结

D. 社区调研—社区分析—制订社区工作计划书—社区社会工作准备—社区社会工作开展—社区社会工作总结—社区社会工作评估

2. 人口数量、人口构成、人员分布情况属于社区调研的（　　）要素。

  A. 地域 B. 人口 C. 文化和心理 D. 社区冲突

3. 在社区吸引社区居民的注意力，下面不属于常用方法的是（　　）。

  A. 文艺汇演 B. 街头叫卖 C. 宣传横幅 D. 宣传车

4. 社区发展模式是以（　　）目标为导向的。

  A. 任务目标 B. 过程目标 C. 结果目标 D. 步骤目标

5. 社区计划模式中社会工作者扮演的角色是（　　）。

  A. 专家 B. 倡导者 C. 协调者 D. 参与者

二、多项选择题

1. 以下选项中哪些不是社区调研方案的主要内容（　　）。

  A. 调研背景 B. 调研方法 C. 调研报告 D. 社区分析

2. 社区社会工作准备主要包括（　　）等准备。

  A. 物资 B. 场地 C. 人力 D. 经费保障

3. 社区社会工作评估可以从下面（　　）方面进行。

  A. 服务目标达成 B. 服务对象满意度 C. 社会工作者自评 D. 社区工作人员安排

4. 社会工作者应该了解社区组织的内容有（　　）。

  A. 组织目标 B. 组织资源 C. 组织期望 D. 组织信念

5. 动员服务对象参加社区工作的方法有（　　）。

  A. 入户探访 B. 电话联系 C. 街头宣传 D. 宣传车

三、单项实训

×××城乡结合部某小区一小广场，常年被非法占用进行"搭棚治丧"，居住在周边的居民不堪其扰，经常向区信访办投诉。

1. 根据已经掌握的社区基本信息，设计社区调研方案。

2. 根据案例中的陈述，尝试分析社区可能存在的问题并设计社区工作方案。

PPT课件

模块 7 其他社会工作方法在殡葬领域的应用

学习目标

本模块通过对社会工作行政、社会工作调查研究、社会工作评估三种工作方法的基本阐释，说明社会工作专业的间接工作方法也可以广泛地应用在殡葬工作领域，在此基础上活学活用，将其应用在殡葬社会工作的实践中。

7.1 社会工作行政在殡葬领域的应用

社会工作是在一定的政策框架下进行的，多数是以组织机构的形式开展的。因此，对于社会工作者来说，认识自己所在机构的行政架构，了解其运行机制是十分重要的。

7.1.1 社会工作行政概述

(1) 社会工作行政的含义

社会工作行政是社会工作间接的实务方法，是将社会政策转化为社会服务的过程。具体来说，社会工作行政是社会服务机构的行政人员，在专业价值观和专业理论的指导下，有效整合利用社会资源，通过社会服务机构内部实施的计划、组织、执行与管理、评估等，实现机构高效运转、输出社会服务的过程。

(2) 社会工作行政的功能

社会工作行政是将社会政策变为有效的社会服务的过程，在增进社会福利方面发挥着重要功能。这主要表现在以下几个方面。

① 将社会政策变为社会服务行动。社会政策是国家或机构依据其占支配地位的价值观念解决社会问题、增进成员福利的基本原则。这些原则要变为实际的福利活动，并让有需要的成员真正受惠，就需要一种转换机制，这就是社会工作行政。社会工作行政在将社会政策转变为具体服务的过程中要将宏观政策具体化，因而具有解释政策的功能。此外，社会工作行政要为社会政策的执行和落实制定行动方案，方案包括确定具体执行该社会政策的责任者、他们所拥有的权力和资源、落实政策的社会动员系统和方法、确定政策落实情况和评估标准等。通过一系列的操作，社会政策变为提供服务者的具体行动，其中社会工作行政发挥着重要的"规划"功能。

② 合理运用资源，促进有效服务。社会工作行政不但在宏观层面上策划社会服务，而且在具体服务的层面上对其进行统筹和管理，即具体地配置各种资源，形成社会服务的能力；建构良好的环境来支持社会服务的提供；是具体的、监督社会服务的进程，并

对其进行评估来提高服务效率。社会工作行政虽然不是直接的社会服务，但作为对直接社会服务的统筹、组织、协调和监督活动，它的优劣直接影响着社会服务活动的开展和效果。

③ 总结社会政策的执行经验，提出修订建议。社会工作行政人员不仅要高效率地执行社会政策，而且要执行好社会政策。一个良好的社会政策至少要同时满足两个基本要求：第一，符合社会福利的价值，有助于社会公平和社会进步；第二，能够被贯彻落实。社会政策的这种合理性和可行性可以在理论上进行评价，但更主要的是要通过实践来检验。由于社会工作行政是社会政策的贯彻过程，并且执行政策者对由此转化而成的社会服务有深入的了解，因此，社会工作行政人员就具备了评价社会政策的合理性和可行性的能力，他们总结经验后可以向高层决策者提供意见，修订和完善社会政策，使之更具有现实合理性。一般来说，社会政策难免与实际情况有偏离，这种偏离既有政策制定方面的原因，也可能与政策执行过程、社会服务的实施和接受过程有关。因此，根据实际情况修订和完善社会政策是必要的，社会工作行政人员在这方面扮演着不可替代的角色。实际上，任何社会政策的合理调整都是在社会工作行政的基础上进行的。

(3) 社会工作行政的一般程序

社会工作行政是由诸多策略和步骤合成的综合系统。从过程视角看，社会工作行政的程序大致涉及组织分析、方案策划、人力组织、效能发挥与资金运作以及评估总结。

① 组织分析。从机构发展的角度看，组织分析是社会工作行政不可忽略的基础工作。组织分析包含组织外部环境分析和内部机制分析。组织外部环境分析包括：一是识别和评估组织和服务对象的关系；二是识别与评估组织和其他组织的关系；三是识别并评估组织与收入来源的关系。组织内部机制分析包括：一是识别法人权限和使命；二是了解组织结构和管理风格；三是评估工作和服务；四是评估人事政策、实施办法和实施情况；五是评估技术资源和系统的效用等。

② 方案策划。从服务实施的角度看，方案策划是针对组织或机构中的具体服务项目和活动，为实现一系列预先设定的目的与目标，事先安排好若干可能的工作计划，并提出恰当的活动安排。它是有效回应经费资助来源对责任的要求，并使服务对象的服务需求切实得到满足的重要手段。

③ 人力组织。人力组织是由人事部署、工作分工和制度制定组成的系统，是落实工作方案、实现工作成效的体制准备。人事的部署就是约聘、任用、训练、奖励不同层面的工作人员；工作分工就是形成职权分配体系来支持分工合作和分层负责，针对目标多元和多变情境，形成多任务并存、灵活的团队组织，并根据具体需要进行调配；制度制定就是围绕服务目标形成内部管理制度和对外服务守则，它是规范服务行为，将工作人员的个人能力转化为整体效能的必要环节。

④ 效能发挥与资金运作。效能发挥就是指借助领导艺术，在内部进行沟通协调、督导和激励，并与外部的政府、机构、媒体等进行良好联络。其目标在于实现高效服务，保障服务对象的福利。资金运作涉及经费募集、预算、会计和审计等方面。资金募集是社会工作行政的重要任务。社会服务机构的经费通常由政府申请和社会捐助等多元渠道筹得。募捐成为社会服务机构常态化的工作内容之一。预算、会计和审计是政府部门和社会服务机构的共同工作。

⑤ 评估总结。评估总结是梳理过去经验、改善工作质量、提升机构和部门能量的关键步骤，有利于加强政府、机构与民众之间的沟通，促进福利体制的完善。

7.1.2 社会服务机构的类型与运作

(1) 社会服务机构的性质

① 社会服务机构通常是指由政府、社会团体或个人兴办的,通过社会福利从业人员,包括专业社会工作者、半专业的服务人员、辅助工作人员等,为特定的服务对象提供服务的非营利组织。社会保障或社会服务主要通过两类机构开展:政府部门和民办机构,它们都是在"以人为本"的理念下,为有需要的群体提供服务,这些机构有特定的理念、目标、形态、结构和运作方式。

② 社会服务机构的性质

a. 社会服务机构是非营利机构,经费来源主要是政府财政拨款、社会捐助或国际援助,宗旨是为服务对象谋取幸福和促进社会进步。因此,机构的成就不是以获取利润的多少来衡量,是强调施与而不在意回报。

b. 社会服务机构一般都具有明确和清晰的使命、宗旨、目标、服务重点和服务承诺、服务策略,作为自我评估和社会评价的依据,强调社会使命和社会责任。

c. 社会服务机构的主要功能是提供福利服务,从业人员以社会工作者为主,也包括其他专业人员,如临床心理学家、医护人员物理治疗师、职业治疗师等,强调运用专业知识、技术提供优质服务。

(2) 我国社会服务机构的类型

① 政府。我国的社会保障(福利)业务分别由几个行政部门主管,其中主要是民政部、人力资源和社会保障部等。

② 群众团体组织。主要是指共青团、妇女联合会、工会、老龄工作委员会、残疾人联合会和红十字会。这6个群众团体组织,除红十字会外,都以各类人群为服务对象。

③ 社会公益类事业单位。我国的事业单位分为行政支持类、社会公益类、经营开发服务类。其中社会公益类事业单位又可分为以下几种:公益类事业单位,主要承担政府规定的社会公益性服务任务,面向社会无偿提供公益服务,不能通过市场配置资源,如儿童福利院、社会救助管理站。这类单位业务活动的宗旨、目标和内容以及分配的方式和标准等由国家确定,不得开展经营活动,其经费由国家财政拨付,履行职责依法取得的收入全额纳入财政管理,不得自主支配,属于传统意义上的全额拨款单位。公益二类事业单位,主要面向社会提供公益服务,如普通高等教育院校、非营利性医疗机构、街道层面的社区服务中心等。这类单位根据国家确定的公益目标,自主开展相关业务活动,并依法取得服务收入。服务和经营收入全额纳入财政管理,主要用于公益事业发展,所需经费由财政根据不同情况予以相应补助,属于传统意义上的差额拨款单位。公益三类事业单位,主要是指从事的业务活动具有一定公益属性,但社会化程度较高,与市场接轨能力较强,可基本实现由市场配置资源的事业单位。

④ 社会服务类民间组织。这类组织又分为三种。一是由政府支持的民间组织,由政府推动成立,并享有政府的行政动员力量的持续支持,而其民间性表现为没有国家公共财政的固定拨款支持,如中华慈善总会、中国青少年发展基金会、中国社会工作协会。二是纯民间组织,是完全依靠社会捐助和收费服务支持的社会服务机构,例如服务智障人士的"北京慧灵",服务自闭症儿童的"北京星星雨教育中心",服务妇女的"红枫妇女热线"等。三是契约型社会工作服务组织,是在政府购买服务改革趋势下成立的组织,如上海的自强服务总社、深圳的鹏星社会工作服务社、广州市在各街道设立的家庭综合服务中心等,由政府提供

服务场地和社会工作者的工资,甚至拨付部分服务经费,其服务的内容包括政府资助要求的"公共服务",以及根据服务对象需要自主提供的"专业服务"等。

(3) 我国社会服务机构的发展

近年来,我国社会服务机构发展势头迅猛,社会服务机构在数量、从业人员、服务范围、服务领域等方面都取得了长足发展,社会服务机构在满足人民群众多元化的物质和精神需要、在经济社会发展中发挥着越来越积极的作用。这其中,民办社会工作服务机构的发展十分值得关注。

民办社会工作服务机构是以社会工作者为主体,坚持"助人自助"宗旨,遵循社会工作专业伦理规范,综合运用社会工作专业知识、方法和技能,开展困难救助、矛盾调解、权益维护、心理疏导、行为矫治、关系调适等服务工作的民办非企业单位。民办社工机构是吸纳社会工作人才的重要载体,是有效整合社会工作服务资源的重要渠道,是开展社会工作专业服务的重要阵地。促进民办社工机构发展,对于进一步推进社会工作及其人才队伍建设,预防和解决当前社会发展中存在的各种矛盾和问题,推动政府转变职能,创新社会管理和公共服务方式,加强以改善民生为重点的社会建设,促进社会和谐,具有重要意义。

(4) 社会服务机构的运作

从广义上看,社会服务机构的运作主要是指组织为了实现目标而进行的系列的活动,包括计划、组织、领导、人力资源管理和控制等环节。这里所谈的社会服务机构的运作,主要是指机构内部的动态机制,即通过授权、协调沟通、控制等过程,推动机构内部各部门、各岗位的运作。

① 授权。授权是指上级主管部门适当地将职权移交给下级的过程。授权的主要目的是让社会服务机构发挥最大效率,授权也有助于提高下属或员工的满意度、工作动机。

② 协调。协调是将社会服务机构中各部门的活动化为一致性行动的过程,通过发挥团队精神,顺利执行各部门的活动,达到共同目标。协调的主要目的是促进各部门的密切配合、分工合作,以便如期达到工作目标。

③ 沟通。沟通是指通过各种渠道传播消息、事实、观念、感觉和态度,来达到共同了解的活动。沟通在各项管理功能中都占有重要的地位。社会服务机构的管理者在沟通方面扮演着非常重要的角色,包括上情下达、下情上传、与同事协调、向公众交代等。

④ 控制。控制是指社会行政组织在动态变化的环境中,为确保实现既定目标而进行的检查、监督、纠偏等管理活动。控制工作的目的就是保证机构服务活动的有序与高效。具体的控制行为:一是确保行政实施计划的实施方向,使行政实施的工作状态与行政计划的工作状态尽量相符合,确保行政实施的结果和人们的预期目标一致;二是实行授权管理,对员工的工作进程和绩效加以考核;三是发现错误,纠正错误,减少冲突。

7.2 社会工作研究在殡葬领域的应用

提供有效的服务并不是自然而然就可以实现的,社会工作不是按图索骥的教条,服务对象所遇困难的复杂性、社会环境的复杂与变动、社会工作过程的动态特征,都使社会工作者提供有效服务充满变数。在这种情况下,社会工作者就要科学地分析工作过程及其相关环境因素,这就要进行研究。所以,社会工作不但是从事服务实践的过程,也是充满研究的过程。

7.2.1 社会工作研究

(1) 基本内涵

社会工作研究即在社会工作学科意义上进行的一种社会研究。它实际上是通过运作社会研究的一般方法于社会工作领域而进行的。可以认为，社会工作研究是运用社会研究的一般方法研究社会工作对象需求的种类与满足的途径，它涵盖了社会福利、社会政策、社会服务方案的制定与实施、社会工作的效果与发展等各种社会工作课题的活动或过程。

(2) 基本范式

定性研究和定量研究（质性研究）是社会工作研究的两个范式，这两个范式依托不同的方法论，包含多种研究方法，体现出各自的特性。

① 定量研究基于实证主义方法论，在严格设计的基础上，采用定量测量工具，收集量化资料，并对此进行统计分析。定量研究的主要目的在于揭示和描述社会现象的相互关系。问卷调查、实验研究都是定量研究的常用方法。

② 定性研究注重具体独特的现象，收集和分析非数字化资料，描述回答者所经历现实的含义、特征、隐喻、象征等，探索社会关系，从而对个体进行理解、阐释和深度描述。观察、访问、个案研究都是其常用方法。

(3) 社会工作研究的必要性和重要性

社会工作研究的最终目标是发展出一套科学而有效的助人服务理论，以实现"助人自助"，关注社会问题和弱势群体，为弱小的声音发出呐喊，实现其所秉持的平等、公正、正义的社会理念。

开展社会工作研究是及时了解和掌握服务对象需求以提供适宜的服务的需要，是科学地探寻社会问题成因并加以合理解决的需要，是不断改进社会工作服务质量、提高服务效益的需要，是不断完善社会政策、推动社会发展的需要，是验证和发展社会工作理论的需要，是专业发展与地位提升的内在需要。

(4) 社会工作研究的伦理

作为社会工作与社会研究的交叉领域，社会工作研究既要遵循社会工作伦理，又要恪守社会研究的伦理。

① 研究选题的伦理。社会工作研究者应该信守研究选题的伦理。具体而言：要注意研究的正当性，只有有必要研究的问题才是有意义的和被认可的；要注意实务的应用性，对某问题的研究应该有利于发展社会工作和实现社会工作目标；要清楚经费来源，弄清其是否合理合法，以及这些资助是否会影响研究的客观性和科学性。

② 社会研究的伦理。社会工作研究者应该遵守社会研究的伦理。具体而言：不采用欺骗手段获取资料；收集资料时应该在对方愿意的情况下进行；保持价值中立，不凭个人意志筛选及运用信息；保证被研究者表达意见的权利和机会；不给被研究者带来危险和伤害；对被研究者私人资料予以保密，不随意泄露；研究成果要客观全面地进行公开。

③ 社会工作的伦理。社会工作研究者应该恪守社会工作的伦理。具体而言：要尊重服务对象的自决权，提升其参与权，以整体视角看待服务对象，弄清和开发服务对象的优势；要注重社会公正，包括直面负面歧视、重新认识差异、公平分配资源、挑战不公正的政策和实务、工作团结等方面；要注重专业行为，体现为开发和保持工作技术和能力、不将技术用

于非人道目的、依托整体视角行动以同理和照顾等与他人发生联系,不损人利己,确保有能力提供合适服务、保密等。

7.2.2 社会工作研究的基本程序

社会工作研究一般需要完成拟定研究主题,界定研究问题,进行文献回顾,完成研究设计,收集、整理和分析资料,撰写研究报告,应用研究成果等工作内容。

(1) 拟定研究主题

确定研究主题是社会工作研究的灵魂。研究主题是研究所及的现象领域或问题领域,研究主题可以有多个来源。社会现象、社会行为、社会问题、社会事件是客观存在的;个人在社会生活中有自身的经历、体验、观察、感受;学术著作、教科书、报纸杂志、学习笔记、专家演讲中也充满思想火花。对这些方面多从"是什么""为什么"和"怎么办"思考,就可以发现不少值得探究的主题。

确定研究主题应该遵循几个原则:一是必要性,指该研究或者在理论上具有探索的必要,或者在实践中比较紧迫;二是创造性,指有新意,该研究要在既有研究的基础上有所创新;三是可行性,就是在资源、研究能力、伦理、时间等方面没有障碍。

(2) 界定研究问题

在拟定研究主题后,研究者就要完成描述研究背景、细化研究问题、设定研究目标和指出研究意义等任务。描述研究背景就是依托量化资料和质性资料,说明研究主题有关实际场景的严重性和紧迫性,指出关于该主题有理论和经验研究的薄弱和不足之处。细化研究问题,就是说明研究问题"是什么"和"为什么",并根据研究主题的维度进行适当细化。设定研究目标,就是说明本研究最终希望完成的成果,一般体现为回答研究问题和提出对策建议两方面。指出研究意义,就是说明本研究在理论、实践和方法等方面的价值所在。

(3) 进行文献回顾

文献回顾是决定研究是否高质量完成的关键。研究者只有对前人在此主题上的既有研究有所了解,才可能真正在此基础上有所发展。研究者应该对此前的代表性人物、代表性机构和代表性成果进行梳理。这些人物或机构最好分布在不同地区和时间,其代表性成果可以是文章、著作及其他产品。前后有序、左右得度、成果有力是文献回顾应该注意的三个原则。

文献回顾内容一般涉及4个方面:一是研究主题有关的概念;二是引入可以解释所研究现象的相关理论;三是梳理与研究问题有关的既有经验研究,并发现前述理论在特定场景中应用的具体情况,为后续研究提供维度和细节参考;四是提炼研究架构。在完成前述工作后,凝练出可以说明研究主题和研究问题"是什么"和"为什么"的关系机制,即研究框架,从而为后续各项工作提供指引。

(4) 完成研究设计

研究设计在整个研究中承上启下,是社会工作研究由理论阶段转入观察阶段的中间步骤。研究者应该说明以下几类。

① 采用某种或某几种研究方法的原因。

② 这些研究方法的具体细节。在定量研究中,涉及研究总体和调查总体、样本选择方法及样本特征、测量工具及其信度和效度、资料收集过程、审核整理和变量形成及统计分析

的技术等。在定性研究中，涉及对象来源、选择方法及研究对象特征、访问或观察指引及其动态修订办法、资料的动态整理和分析等。

③ 如果是采用几种研究方法，还必须说明来自几种方法的资料如何进行整合分析。

④ 说明研究局限。

(5) 收集资料、整理和分析资料

在完成前述准备工作后，研究者需要组织团队，按照研究设计中既定方案收集资料。为了保证资料收集的质量，研究团队应该专设岗位随时了解过程信息，及时给予恰当指引，必要时对有关细节进行恰当修订。然后根据所得资料的性质进行相应的整理和分析。如果是定量资料，则按照统计分析的思路进行跟进；如果是定性研究，则依据质性资料分析的要求进行。

(6) 撰写研究报告和应用研究成果

撰写研究报告是实现研究目标的最终环节，应该说明研究发现和进行讨论建议。研究发现部分应该与研究架构、文献回顾的结构呼应，体现资料的时间和逻辑，并体现研究范式的应有展示模式。讨论板块旨在对已有研究或研究假设不一致、某些新发现及其背后原因，提出尝试性的解释和说明。建议板块则基于前述的结论和讨论，对相关主体和相关事项提出若干可操作的工作思路。讨论建议部分是研究的亮点和创新所在，研究者应该予以足够重视。应用研究成果是社会工作研究的重要特色。社会工作伦理和社会研究伦理都倡导研究成果的公开和分享。社会工作研究作为社会工作的组成部分，也旨在协助服务对象改变和推动环境美好。对于社会工作研究中的建议，研究者应该分而处之，提供给相应主体，跟进其后续应用，必要时予以指导，从而切实发挥社会工作研究应有的积极功能。

7.2.3 定量研究方法——问卷调查

问卷调查是定量研究的重要方法，可以用来收集开展宏观社会工作所需的基本资料。随着社会科学中系统观察、抽样、资料分析技术的发展，问卷调查在社会工作中得到了日益广泛的应用。

(1) 含义

问卷调查就是依托问卷，针对取自某种社会群体的样本，收集资料，并通过统计分析来认识社会现象的调查方法。其形式是精心设计的问题表格，其用途是用来测量人们的行为、态度和状态特征。

(2) 问卷类型

根据填答方式，问卷分为自填问卷和访问问卷两种。

① 自填问卷在收集资料时由被调查者填写答案。其问题和答案应用词精准和通俗，题型不过于复杂，题量适度，版面设计利于激发被调查者的兴趣。如研究者要了解社区教育项目的效果时，就可以发出问卷，由参与者自行填答。

② 访问问卷在收集资料时由访问员向被调查者提问并记录其回答，适合于被调查者文化水平不高、调查问题较复杂的情况，但不太合适了解敏感性问题。

(3) 问卷结构

问卷包括标题、封面信、指导语、问题和答案、编码等部分。

① 标题。标题就是问卷名称，位于问卷首行居中位置。如"上海市青少年社会工作服务需求调查问卷"。简明清晰的标题有利于被调查者快速准确地理解调查的内容和目的。

②封面信。封面信是研究者致被调查者的短信,旨在说明研究者身份、研究目的和内容、对象选择方法、保密原则,并署名研究机构。封面信位于标题之后,要素明确,语言精练。如:

> 尊敬的先生/女士:
> 　　我是××大学社会工作专业的学生,现正进行一项调查研究,以了解社区青少年的有关经历,目的是通过分析社区青少年群体的资料,了解大家的需要,提出工作对策及建议。
> 　　通过对社区青少年的随机抽样,您被抽中参加本研究。本调查采用不记名方式,您的资料与其他几百人的资料一样,绝不公开,仅供研究,敬请放心。
> 　　希望您花一些时间回答问题。为表示对您的谢意,访问完成后,我们会给您一份礼品作留念
> 　　感谢您的支持!
>
> ××社工师事务所(章)
2018年9月

③指导语。指导语在说明问题细节及回答要求时有不同形式。如"请在合适号码上画圈""中止访问""若无特殊说明,每题只能选择一个答案""本题填答(B)请直接跳答18题"等。实际设计时,研究者应该根据研究目标、问卷特性等进行综合考虑。

④问题和答案。问题和答案是问卷的核心。问题有态度、行为和状态三种。前者说明对问题的看法,如"你对社会工作者服务的满意度如何?"中者代表实际行为状况,如"你过去一个月有几次求职经历?"后者涉及人口社会特征、个人经历及其他信息。根据答案特征,问卷又可采用开放式问题和封闭式问题:前者要求被调查者依据本人意愿自行填答,如"你觉得社会工作者最应该为小区居民提供的服务有哪三项?"后者在设计问题时设计供选答案并由被调查者选择,如"你是否因情绪问题求助过社会工作者?A是　B否"。开放式问题通常采用填空式,封闭式问题则采用单项选择、多项选择、多选排序、表格等多种形式。

⑤编码。编码就是给问题及答案用某个字母或数字作为代码。如用数字"1"代表"男性","2"代表"女性"。编码可以在设计阶段完成(前编码),也可以在分析阶段进行(后编码)。编码可以体现在答案中,也可以设在问卷最右边,研究者要根据变量取值范围确定编码位数。如"年龄"多在100岁以下,故设计为两位编码;本址居住人数一般在10人以下,只设计为一位编码。

⑥其他。问卷还可以包括问卷编号、被访人联系电话、访问员签名、访问时间、结束感谢语等。如"访问结束,谢谢您的合作"。

(4) 问卷设计

问卷调查以问卷设计为基础,问卷设计有其原则、步骤和要求。只有把握其实质才可能形成高质量的调查问卷。

①原则。问卷设计不仅涉及具体问题,而且涉及问卷的物理布局。设计问卷一般应考虑以下原则:

a.问卷要有信度与效度。问卷要有较高的信度,其测量不受时间、地点和对象变化的影响,较稳定地反映被调查者的情况;问卷也应有良好的效度,每个问题都较好地揭示所测变量的实际情况。

b.考虑研究目的或研究类型,描述性研究的问卷应多围绕基本问题展开,解释性研究的问卷要围绕研究假设展开。如研究假设是"青少年每周参加团体活动的次数与其自尊呈正相关",设计问卷时至少包括每周参加团体活动的次数、自尊等关键变量。设计自填问卷时,封面信、指导语、问题表达尽量做到清晰明确;设计电话访问问卷时,应严格控制问卷的长度,注意提问及答案选项的简洁;设计当面访问问卷时,问题可以适当多些和复杂些。

c.以回答者视角为主。关注其教育程度及语言习惯,避免过长和过于复杂,保持卷面简洁明了,让回答者认可、容易理解和方便回答。当然,也应该考虑问卷调查的可能障碍因素,如被调查者是否愿意、是否有能力回答等。

d.保证操作可行性。综合考虑研究目的、调查内容、样本特征和资料分析等多项因素,保证问卷内容在资料收集、统计分析阶段的操作质量。

② 步骤。研究者必须经过4个步骤才能完成问卷设计工作。

a.进行探索性工作,即通过文献回顾、实地考察、访问专家等认识本研究所设计的问题。

b.设计问卷初稿,即先将问题列出再排序,形成问卷结构。卡片法和框图法是其两种方法。卡片法就是将所想到的每个问题分别写在一张卡片上,然后,根据问题内容对卡片进行分类,把相同主题或相关问题卡片放在一起,合并或删除同类的问题,再根据逻辑结构对各类问题进行排序,使所有问题连成整体。框图法则反之,先设计问卷结构及各部顺序,再设计具体问题,最后检查调整所有问题,构成问卷初稿。

c.试用和修改,即把问卷初稿交给专家进行主观评价,或进行小样本试调查进行客观评价,并根据专家意见、回收情况、填答表现等进行修订,形成正式问卷。

d.定稿和印制,即对问卷进行排版,其中要注意版面、字体、行间距、外观等,使问卷整齐、宽松、醒目,以利于被调查者答题。

③ 问题和答案。问题和答案是问卷设计的核心,其设计应该注意如下技术要领:

第一,关注问题特性。开放式问题应注意空间大小,封闭式问题应关注答案的穷尽性和互斥性,前者指答案包含所有可能(如男女就包含了所有性别类型),后者指不同答案并不交叉(如年龄段划分就不应交叉)。

第二,注意语言表达。问题语言应简明,避免多重含义与含混不清,提问不带倾向性,对敏感问题注意提问方式。如"你父母支持你读社会工作专业吗?"就属于多重含义的问题,因为包含了父亲是否支持和母亲是否支持两个问题;"社会工作者服务有益于个人提升自己权能,你愿意接受社会工作者服务吗?"这个问题就属于倾向性问题。

第三,问题数量和填答时间适当。问题多少和回答时间长短会影响回答质量。一般而言,问题数量能回答项目的研究问题即可,同时被调查者回答所花时间越短越好,一般以20～30分钟为宜。

第四,问题按序排列。个人背景一般居首,客观题在前、主观题在后;熟悉简单、对方感兴趣、封闭式问题置于前面,行为、态度、敏感的问题放在后面,有利于被调查者较快进入状态,提高问卷回答的完整度。

(5) 问卷资料收集

在进行问卷访问前,必须确定调查对象并完成访问员选拔培训、工具准备等相关工作。

① 对象选取。问卷调查常采用随机抽样和非随机抽样确定研究对象。随机抽样有简单随机抽样、系统抽样、分层抽样、整群抽样等类型,非随机抽样主要依据主观意愿、判断和

是否方便等抽样对象。一般而言，大规模问卷调查通常采用随机抽样选取调查对象，样本容量则根据研究目的、总体大小、允许误差大小等因素共同决定。

② 访问员选拔和培训。访问员的综合素质直接决定了问卷调查质量。一般而言，访问员应该掌握一定的文化科学知识，诚实、谦虚、勤奋、友善、健谈，有一定社会经验和较好应变能力。访问队伍应该既有男性又有女性，以中青年为主，还要考虑知识结构、能力结构等因素。研究者要对访问员进行培训，介绍研究背景、说明问卷内容、明确工作态度、演练访问技巧、现场提问互动是访问员培训的主要内容。

③ 物质准备。研究者要根据被访问对象规模、访问员培训、资料分析等因素印制问卷，并做好答题笔、礼品、录音设备、相机等方面的准备工作。

④ 质量控制。问卷研究的质量一般通过几个环节予以控制。

a. 调查过程的督导。在调查员收集资料的过程中，研究者派督导进行同步指导，随时接受调查员的咨询，以保证资料收集的即时质量。调查员首日完成的调查问卷必须立即递交，督导必须在其递交时当场检查，发现可能的问题，并予以直接指导。

b. 资料回收后的检查。调查员递交问卷后，督导或质量检查员要选择每个调查员的一定比例问卷进行检查和回访，以判断问卷质量。对于质量较差的问卷予以相应处理。

问卷资料分析前，研究者还应该利用专门软件对所输入的原始资料进行技术检查，以保证准备分析的资料具有可靠性。

(6) 评价

与其他研究方法一样，问卷调查也有相应的优缺点。

① 优点。问卷调查采用匿名访问，有利于获得真实信息；收集了较多人士资料，有利于中和个别人士的极端回答；收集数据的内容、时间、格式基本统一，从而资料处理相对容易并便于比较分析；在同一时段访问众多对象，节省不少资源。

② 缺点。问卷调查要求调查员有较好的素质，这在大规模研究中较难达到；问卷调查要求被研究者有一定文化，对地域、职业等有一定要求；某些类型的问卷调查中，调查员无法当面指导和记录，填答质量可能难以保证。

7.2.4 定性研究方法——访谈法

定性研究是与定量研究并存互补的社会工作研究方法，观察、访问和个案研究是其中的常用研究方法。在实地研究中，访谈是与观察同样重要的资料收集方法，也可以划分为多重类型。

(1) 概念与类型

访谈法是指研究者通过问答探访被研究者并获取有关资料的方法。根据不同维度，访谈法可以划分为相应的类型：一是依据双方的接触程度，访谈有直接访谈和间接访谈；二是依据被访者人数，访谈有个别访谈和集体访谈；三是依据是否有访谈指引，访谈可以分为结构式访谈和无结构式访谈。结构式访谈就是按既定访谈指引向对象提问，从而获取相关资料，其对象选择、问题、提问方式、顺序、记录等都比较统一。无结构式访谈是只给访谈者一个题目，由访谈者和被访谈者就这个题目自由交谈，交流议题在双方互动过程中逐步形成。

(2) 常用形式

非正式会话式访谈、引导式访谈和标准化开放式访谈是定性研究的 3 种常用访谈形式。

非正式会话式访谈没有预定的主题或文字资料，问题在自然进行中临时想起，研究者以不同问题从不同受访者处收集资讯，资料分析缺乏系统性或综合性。引导式访谈事先预备访谈纲要，在实际访谈时依情境决定问题次序及字句，有助于系统性整理，但一些重要且突出的议题可能被排除。标准化开放式访谈，事前规划问题内容、字组与顺序，受访者按标准化字句与顺序回答，资料容易比较，但弹性极小。在定性研究的访谈中，受访者的经验与行为、意见与价值、感受性资料、知识性问题、感觉等都是值得了解的领域。

（3）深度访谈

深度访谈是访谈的常用手段之一。深度访谈就是研究者与研究对象间反复地面对面交往，借研究对象视角把握其用自己语言表达的生活、经历和状况。深度访谈通过研究者在访谈过程中与被访者的互动，由浅入深，把握研究对象面临问题的状况及后果、原因机制、核心原因、可变原因和可控原因，可较深入地搜寻对象的特定经历和动机的主观资料，体现个别化原则。深度访谈可以在个案社会工作中运用，有利于社会工作者把握服务对象的经历及其背后原因；也可以在小组社会工作中，深入剖析组员的"人在环境中"状况，协助大家舒缓和解决问题。

（4）焦点小组

焦点小组是将许多对象放在一起同时进行的集体访谈。焦点小组的访谈过程不仅是访问者和被访问者的互动过程，而且是被访问者之间的互动过程。焦点小组的规模不宜太大（10人左右），事先应告知主题、要求、时间、地点等，主持人采用语言技巧，发挥抛砖引玉、穿针引线等作用，激励成员自由发言，积极表达意见，"不批评"是其重要原则。焦点小组可以发挥团体动力，通过多层次互动，启发、补充、修正与主题相关的资料，但是由于存在群体压力，对敏感问题采用此法并不适宜。

（5）访谈过程

访问过程有特定的工作技术。研究者要根据目的选择方法，确定对象后了解其特性，并拟定访谈程序（如阅读文献、文件与人事安排、被访者联络、过程控制等），并准备好必要的访谈工具。在进行正式或非正式联络后，就可以"进入访问"。如果能取得当地机关、领导或其他权威人士的支持，访谈就有了成功的基础。良好的过程控制是研究者获取资料的关键，表现为语言、表情和动作三种控制技术。语言控制即以中立态度和灵活语气对对方原话进行转述、追问和插话；表情控制即用面部神态向被访者传达认可、疑问、鼓励等信息；动作控制即用行为和身体语言表达个人感受。其中，语言陈述、转移形式、直接宣告、探问和追踪、增强与回馈都是可用的过程技术。耐心、细致、理智、平等、中立、不讨论是过程控制的重要守则。在访谈中，研究者应在对方同意后记录其语言、居住条件、邻居状况、观点、行动、有意义词语等信息，并同步进行评价性思考。

（6）访问员素质

访问员素质是访问成败之关键，其选拔和培训极其重要。社会工作研究特别关注伦理问题，访问员选拔首先以诚实、礼貌、公正、认真、负责、耐心为标准，在具体情况下根据要求考虑性别、年龄、教育等因素。访问员选拔之后要进行必要的训练，介绍背景、讲解要求、模拟访问、讨论可能疑难和安排督导。访问效果完全取决于访问员的个人能力。

（7）评价

访问法适用于实地研究，尤其个案研究。其优点是适应面广、弹性大，由于可以当面互动，从而利于发挥双方主动性和创造性，对变化也可及时回应，因此可获得较深入的资料。其缺点在于主观作用强、规模小，不便涉及敏感性问题。

7.3 社会工作评估在殡葬领域的应用

7.3.1 社会工作评估概述

社会工作评估也称社会服务评估,是评估活动的一种,是针对社会工作或社会服务而进行的评估,是用科学的研究方法对社会服务项目的设计、策划、实施和效果等方面进行的测度、诊断和评价的活动。社会工作评估的具体对象是社会服务的计划实施过程及结果。这里的社会服务可以是个人性的,也可以是群体性的或社区性的;其服务内容可能是救助和解困,也可能是预防和发展。不管是以个案形式进行的服务,由机构开展的服务,还是大规模的社区发展服务,当这些服务需要设计和策划,服务方案和服务过程需要再考量,服务效果需要测度和评价时,社会服务评估就开始了。

社会工作评估既包括社会工作中的评估,也包括社会工作结束后的评估。前者是社会工作者为了有效开展服务而进行的评估,包括对服务对象需求的评估,对服务方案的评估及选择,以及对社会工作过程的评估;后者是对已开展的社会服务进行的评估,是对社会服务结果、效果和影响的评价。

(1) 社会工作评估的类型

① 主要类型。一般人们倾向于根据评估内容对社会工作评估进行分类。社会工作过程包括对社会服务任务的考察(了解服务对象的需求)、服务方案的确定、服务的展开和服务的结束,与此相一致就有一系列的评估活动。人们把社会工作评估分为服务前评估(包括需求评估和方案评估)、服务中评估(过程评估)和服务后评估(结果评估)。需求评估是社会工作者或社会服务机构对潜在的或实际的服务对象的需求进行的评判。方案评估是方案开发的重要基础,是根据科学性、可行性、有效性等原则,对众多方案进行评价并从中选择最适用方案的过程。过程评估是在服务提供过程中进行的、针对服务过程中若干细项的评估。结果评估是服务项目结束之后对服务结果的评估,可以分为效果(效益)评估和效率评估等。这一系列过程综合起来被称为社会工作的项目评估,在下一节中将整体进行详细介绍。

② 其他类型。在社会工作领域还有其他一些评估,如成本-效益评估和影响评估。

成本-效益评估是从经济学角度对社会服务进行的评估。社会服务要投入一定的经费、人力和物资设备,以达到人们期望的效果。在社会服务结束之后,社会服务机构或相关方面有必要对投入(成本)、效果(效益)及其关系进行调查分析,并力图用金钱来标价,这就是成本-效益评估。任何社会服务都希望比较节省地利用社会资源而有效地实现目标,这也有利于社会服务的社会交代。由于以量化分析为特点的成本-效益评估能更"清楚地"展现服务的效率,所以成本-效益评估被普遍运用。在社会工作领域使用成本-效益评估有时也有一些困难,即某些投入的资源和产生的效果难以量化,更难以用金钱来标价。不过,由于要进行必要的比较,所以成本-效益评估仍然是社会工作领域重要的评估类型。

影响评估是对某项社会服务所产生的进一步影响的评估。社会服务会产生直接效果,它基本上是社会服务的目标。同时,一项社会服务也可能产生更远的进一步的效果,这是达成服务目标后产生的影响。对这些影响进行的评估即是影响评估。实际上,社会服务产生的影响也是其结果的一部分，对于社会工作来说这种影响不应该被忽略。其原因在于，一方面，社会工作强调以人为本，其服务效果并不止于外显目标的实现；另一方面，社会工作是在一定社会系统中开展服务的，社会工作在达成直接服务目标的同时也对其周围的社会环境、社会系统产生影响，这也是社会工作效果的组成部分。所以完整的社会工作评估也应该包括影响评估。

（2）评估目标

社会工作评估有两个主要目标：促进社会服务和发展社会工作专业。通过评估促进服务是明显的和直接的目标，发展社会工作专业则暗含于上一目标之中，这也是社会工作中自觉、自律、自我谋求发展意识的反映。发展社会工作专业的目标也包括两个方面：一是发展社会工作知识；二是促进专业知识和方法有效运用于社会服务实践。

7.3.2 社会工作评估的基本架构

作为社会工作实务的专业活动，社会工作评估一般以特定的实务理论作为其参考框架，主体、对象、目标和方法是该基本架构的重要要素。

（1）评估主体

社会工作评估是人们对社会工作相关活动的了解、测量和评价活动，从事社会工作评估的人或机构是社会工作评估的主体。在社会工作领域中，评估研究的主体主要有社会工作者（社会服务机构）自己和他人，即社会工作的相关上级或第三方。

① 社会工作者或社会服务机构。社会工作者或服务机构是社会服务的提供者，会在以下情况成为评估主体。

第一，社会工作者或服务机构开展的关于潜在的或现实的服务对象的需求评估。社会工作者或服务机构要提供有效服务，就必须评估服务对象的需求。总的来说，这种评估发生于服务之前，但是在服务进行过程中，根据服务对象情况的变化开展评估也属此列。

第二，服务方案评估。在初步提出可供选择的服务方案之后，要对它们进行比较和评价，以选出适宜者。

第三，服务过程评估。社会工作者特别是社会服务机构要明了和把握服务的进度，发现问题及时处理。

第四，结果评估。社会工作者或服务机构对服务结果进行评估和总结，或用于结束工作和总结经验，或用于进行社会交代。

② 相关上级和第三方评估。由非本服务机构提供的评估分为两种：相关上级的评估和第三方评估。

相关上级评估主要指由对某社会服务有管理权、检查权的政府部门对社会服务机构进行的评估。政府是公共利益的代表者，也常常是社会服务的资助者和支持者，代表社会的公共利益和服务对象的利益，政府有关部门要对社会服务机构的运行及服务状况进行检查、监督和管理，这其中就包括评估。

第三方评估是由与社会服务机构及其资助者无关的机构对社会服务机构进行的评估。所谓第三方指评估执行者与上述两者没有利益相关关系，是相对独立的一方。这种评估一般由专门评估机构或专门组成的专家组实施，具有相对独立、科学和客观的特点。专门评估机构是指在该行业中有资质的比较专业的调查、研究和评估机构。特别组成的专家组则受某些方面委托开展评估，有时评估组相对独立而成为第三方评估，有时被委托的代表色彩明显。

在说明社会工作评估主体时有一点必须要申明：社会服务对象在某种程度上也可能成为社会评估的主体，即他们也会参与对社会工作的评估。这一方面是因为在现代评估中比较注重服务对象在整个服务中的地位，而且社会工作特别强调以服务对象为本，因此社会服务评估常常采用参与式评估的形式；另一方面是因为在某些社会服务（如在行动型、发展型项目）中，服务对象确实处于主体地位，从而评估必须有他们参加。

(2) 评估对象。

社会工作的评估对象大体上有三个层次：社会服务机构、服务项目和社会工作者。

社会服务机构是社会服务的承担者，因此社会服务机构必须接受评估。社会服务机构接受评估主要包括几个方面：机构素质、能力评估和服务评估。所谓机构素质、能力评估基本上是对社会服务机构的基本条件特别是服务条件的评估，这对新开办的服务机构或接受新服务项目的机构是十分必要的，评估重点是该机构是否符合社会服务机构的要求，是否有条件开展社会服务或某种有特殊要求的社会服务。服务评估则是对社会服务机构开展的服务状况和效果的评估。

服务项目是评估的最主要对象。现代社会服务常常是以项目形式出现的，对项目的评估包括服务对象的需求评估、方案实施过程评估和效果评估，也包括对项目服务团队的评估。在服务项目中，具体项目可能是以个案工作、小组工作、社区工作等方式开展的，内容则涉及老人服务、儿童服务、反贫困、社区发展等。

社会工作者也可能是独立的评估对象。社会服务是由社会工作者直接提供或通过其组织而提供的。对社会工作者的评估包括资质和服务两个方面。对社会工作者资质的评估主要是对作为社会工作者的基本条件或某一等级的评估，包括社会工作者的受教育及专业训练背景、以往服务经验及拥有的专业资格等。社会工作者的服务评估是对其服务方法、过程及效果的评估。

7.3.3 社会工作的项目评估

系统化的项目评估方法发端于 20 世纪初。近年来由于管理主义的兴起，项目评估在社会工作中日益重要。

(1) 基本概念

项目评估是利用具体研究方法，对社会服务项目的业务（结果和过程）和事务（行政）等方面进行评价。项目评估与多方面因素有关。委托者希望了解项目是否达到目标，其社会影响如何；公众希望了解服务项目的覆盖情况及服务对象评价；服务机构希望把握项目质量及其原因。政治、信仰和价值观也影响项目评估的方法论和解释结果是否被利用、如何被利用等方面。

(2) 基本要素

社会工作的项目评估既然归入社会工作系统，当然可以从主体、对象、目标、伦理和方法等要素进行解构。

① **主体**　根据评估者与项目的关系，评估主体可以有项目委托者、项目执行者和独立第三方。项目委托者可以是执行机构本系统的上级部门或组织（如政府委托方），也可以是系统外委托方（于社会组织而言的基金会或企业社会责任部门）。项目执行者，可以是社会工作者，也可以是服务机构。独立第三方是与委托方和执行方无直接利益关联的其他机构。

无论评估主体是谁,均应同时具备三个条件:了解所评项目领域的业务、事务和财务,熟悉社会工作研究方法,具有良好的职业操守和研究伦理。三者中无论缺少哪个条件,均难以实现高质量的评估。

② 对象　项目评估的对象有多种审视方法。以方法划分,评估对象可以有个案社会工作项目、小组社会工作项目、社区社会工作项目等;以人群划分,评估对象可以有老人服务项目、儿童服务项目等;以领域划分,评估对象可以有反贫困项目、社区适应项目等。鉴于这些项目都分为若干阶段,也为了呼应后文的评估类型,项目评估的对象可以分为服务前期(需求和方案)、服务中期(过程)和服务后期(结果和影响)三种。

③ 目标　基础目标在于实现对评估对象的表现评价;中间目标是在前述过程中协助社会工作者及其机构获得综合提升,即"以评促建";其最终目标是在兼达前述两个目标的同时协助服务对象成长。

④ 伦理　项目评估是社会工作研究的组成部分,后者又是社会工作和社会研究的交叉领域,因此,研究者必须遵守社会工作和社会研究的双重伦理,同时注意如下几项伦理:避免剥削研究助手,感谢工作者、协助者和研究对象,关注研究人员受伤害的情况并在必要时进行适度的事后干预。

⑤ 方法　项目评估理论上可以采用本章前述所有单个方法及其组合,在实际评估时则要根据项目特性、对象特质、资源状况等选用合适的方法和技术。

(3) 主要类型

根据社会工作实务的一般过程,项目评估可以划分为服务前期评估、服务中期评估和服务后期评估三大类。

① 服务前期评估　服务前期评估有需求评估和方案评估两种。需求评估指社会工作者诊断问题的范围和领域、目标人口的特征、表达性需要等。当社会工作者发现某些人遭遇困难或这些人向社会服务机构求助时,社会工作者就要对他们的处境和困难进行调查了解,搞清其需求以提供服务,这就是需求评估。对于社会工作和社会服务机构来说,了解潜在的或实际的服务对象的需求是必需的,因为这是有效开展社会服务的前提。通过需求评估,可以了解人们所遇困难的性质和程度,进而可以确定社会工作者及服务机构是否应该和可以提供这些服务,使那些有需求者成为实际服务对象。方案评估是在若干计划中选取一个合适方案:一是在完成需求评估后,应该根据某些指标排列这些需求的优先次序,并确定核心需求和目标;二是把握满足这些需求的可能工作模式,预测各自效果,并形成几个候选方案;三是研究者整合各方利益、行政、财务、时间、工作者特性、职业操守等各类因素,选择某个方案,并形成可操作性工作内容。针对性、整体性、可行性、机动性是良好方案的重要标准。

② 服务中期评估　服务中期评估就是评价项目执行中相关活动的状况。评估者应该接触服务对象,动态了解其接受服务时的感受、认识、想法等。评估者应该随时检查各种信息,以了解方案实行产生的变化。评估者应该收集社会工作者的工作记录,了解其特征和背景,与服务对象的接触次数、地点、资源、阶段性目标、新问题等。社会工作者在服务时最好同时成为评估者,从而有利于了解参与者的回应、其他组织的态度、各类资源的变动、执行效果、目标与方法的接受程度等情况,及时修订工作技术,保证服务方案的总体顺利进行。

③ 服务后期评估　服务后期评估有结果评估(本体评价)和影响评估(影响评价)两种。结果评估是比较服务前后服务对象在某些方面的变化,判断项目目标是否实现。结果评

估还包括对结果质量的判断,主要是进行效率分析,将结果与服务投入比较,这是向资助者和公众交代的要求。效率评估需要首先估算服务投入(如人力、物力、时间、信息、经费等)和实务活动。与结果评估(本体评价)并存,服务后期评估还应进行影响评价:其一,了解项目是否获得了社会效益,如得到其他机构、政府部门、大众媒体的关注,知晓度和美誉度上升;其二,了解项目是否拓展了相关实务,如促成了新实务项目,刺激了新机构成立,推进了社会工作专业化和职业化;其三,了解项目是否推进了场景改变,如吸引社会资源参与,激发社会政策出台等。由于服务后期评估包括项目本体评价和项目影响评价,所以社会工作者要以提升本体结果为核心,也要关注扩大项目影响。本质上,两者都是促进民众福利提升的重要途径。

项目评估是社会工作实务的特色。社会工作服务最好在不同阶段进行相应评估,理想的社会工作实务项目应该是自始至终的评估过程。

(4) 基本步骤

不同项目的评估过程不尽相同,一般而言,项目评估大致分为开始准备、实施、总结应用三个阶段。

① 开始准备阶段 本阶段要明确谁来评估、为何评估、评估什么、如何评估等问题。接受委托是项目评估的起点。委托者一般会通过邀请、指定、协议、招标等方式寻找评估者。接受评估时,评估者应明确评估目的和评估焦点,提出评估问题、制订评估计划、签订评估协议。

② 实施阶段 成功进入现场,是评估者在实施阶段的第一项工作,并决定评估研究的成败。为此,必须通过一定的方式与项目各方建立信任关系。进入现场后,评估者要进一步了解信息和进行文献回顾,必要时对原有方案进行修改,并及时与委托方和项目有关方沟通。完成上述工作后,评估者应该依照最新方案,选取资料收集对象,细化收集方法和分析方法,并完成资料收集和分析任务。

③ 总结应用阶段 本阶段需形成书面评估报告,并提交给委托方或项目有关方,有时还以适当形式公开。好的评估报告除了内容完整、表述流畅外,还有以下标准:目的和问题是否陈述清楚,设计是否与评估目的和评估问题相匹配,过程是否已做描述,资料是否充足,分析是否准确,发现是否基于所收集和分析的资料,结论是否基于发现,对策建议是否基于评估,是否合理并具针对性和操作性,是否参考了必要文献并将文献列出。评估者或委托方有时会对评估报告进行评审,采用同伴咨询和成员检查两种形式。其中,同伴咨询是将评估报告交给同行专家评阅,成员检查是将报告所及资料交给项目各方确认。

评估结果必须予以应用。其一,评估者与委托方或项目方共同讨论评估结论和对策建议,在达成共识的基础上改善服务或项目。当然,评估者也可以在评估过程中与委托方或项目有关方动态互动,边评边改。其二,在第三方评估中,评估者还可以发布报告,进行呼吁,形成舆论,推动政策变革,优化宏观环境。

小 结

社会工作行政是现代社会工作组织化开展的关键环节,社会工作研究和社会工作评估对社会工作的发展具有重要的推进作用。熟悉这三方面的内容有助于更好地挖掘社会工作专业与殡葬专业的交叉点,从而更有效地推进间接社会工作方法在殡葬领域中的运用。

思考与练习

一、单项选择题

1. 共青团、妇女联合会、工会、老龄工作委员会、残疾人联合会和红十字会属于（　　）。
   A. 政府　　　　　　　　　　　　B. 群众团体组织
   C. 社会公益事业单位　　　　　　D. 社会组织

2. 要尊重服务对象的自决权、提升其参与权、以整体视角看待服务对象、弄清和开发服务对象的优势属于社会工作研究的（　　）。
   A. 社会研究的伦理　　　　　　　B. 社会工作的伦理
   C. 研究选题的伦理　　　　　　　D. 调查设计的伦理

3. 需求评估和方案评估属于（　　）。
   A. 服务前评估　　B. 服务中评估　　C. 服务后评估　　D. 结果评估

4. 在收集资料时由访问员向被调查者提问并记录其回答，适合于被调查者文化水平不高、调查问题较复杂的情况，但不太合适了解敏感性问题的问卷类型是（　　）。
   A. 自填问卷　　　　　　　　　　B. 访问问卷
   C. 随机问卷　　　　　　　　　　D. 开放性问卷

二、多项选择题

1. 社会工作研究的两个范式（　　）。
   A. 定性研究　　　　　　　　　　B. 问卷调查
   C. 定量研究　　　　　　　　　　D. 问题评估

2. 想要实现高质量的评估，评估主体必须符合以下哪些条件（　　）。
   A. 了解所评项目领域中的业务、事务和财务
   B. 熟悉社会工作研究方法
   C. 具有良好的职业操守和伦理
   D. 良好的人际沟通能力

3. 不同项目的评估过程不尽相同，一般而言，项目评估大致分为（　　）。
   A. 开始准备阶段　　B. 评估阶段　　C. 实施阶段
   D. 总结应用阶段　　E. 反思阶段

4. 社会工作行政是将社会政策变为有效的社会服务的过程，在增进社会福利方面发挥着重要功能，这主要表现在（　　）。
   A. 将社会政策变为社会服务行动　　B. 合理运用资源，促进有效服务
   C. 解释政策的功能　　　　　　　　D. 总结社会政策的执行经验
   E. 修订和完善社会政策

5. 这里所谈的社会服务机构的运作，主要是指机构内部的动态机制，即通过（　　）实现。
   A. 授权　　　B. 计划　　　C. 协调
   D. 沟通　　　E. 控制

6. 第三方评估一般由专门评估机构或专门组成的专家组实施，具有相对（　　）性。
   A. 独立　　　B. 公正　　　C. 科学
   D. 平等　　　E. 客观

三、单项实训题

殡葬社会工作承载着社会工作价值观和工作方法，可以在殡仪馆、墓地、医院太平间等机构中，为丧亲者及殡葬行业工作人员提供有针对性的心理辅导、答疑解惑，从而使其拥有良好的心理状态去面对逝者及其家属，提高其服务质量。

H 市殡仪馆成立于 1958 年，隶属 H 市民政局，目前共有工作人员 119 人，其中在编的工作人员为 29 人，外聘工作人员为 90 人，殡仪馆面积有 100 余亩，其担负的主要工作任务为：贯彻落实国家对于

殡葬改革的政策方针与政策规定，弘扬社会主义精神文明，负责全市死亡人员遗体的接运、冷藏、寄存、火化、骨灰存放。殡仪馆开展多项殡仪服务，有遗体告别、布置会场、礼炮、乐队、摄像及祭奠、守灵等。研究以 H 市殡仪馆为例，社会工作者力图采用访谈法获得第一手资料，在梳理并综合学术界已有研究成果的基础上，尝试对殡葬从业人员在工作期间面临的心理状况进行个案描述，对其遭遇到的心理进行总结并分析出现心理困境的原因，最终试图构建社会工作介入的系统心理调适机制与干预策略。请同学们结合所学，以殡葬社会工作介入殡葬从业人员心理调适研究为主题，列出一份至少有 15 个问题的访谈提纲。

PPT课件

模块 8
殡葬社会工作的实务模式

学习目标

通过本模块内容的学习，应掌握殡葬社会工作的心理危机干预模式、生命教育模式、公共管理模式、悲伤抚慰模式、心理调适模式的基本理论，并能够将几种模式应用于殡葬社会工作实践中。

模式是指从实践经验中提升的相对稳定并且具有普适性的工作方式。社会工作实务模式则是在社会工作实务开展过程中逐渐形成的普遍性工作方法。社会工作实务模式推动了社会工作专业的不断发展。

殡葬社会工作的实务模式，是指适用于殡葬社会工作领域，具有普适性和专业性的社会工作实务模式。本模块将分别介绍在殡葬社会工作领域常应用的几个模式，即危机干预模式、生命教育模式、理性情绪治疗模式、悲伤抚慰模式、心理社会治疗模式。

8.1 危机干预模式

近年来，自然灾害频频出现，灾难性事故和危机事件也时有发生，不仅给国家和人民的生命财产造成了巨大的损失，对经历危机事件后的人们的心理也造成了严重影响。殡葬工作是距离危机事件、危机事件经历者非常近的一个行业，危机干预模式是殡葬社会工作领域非常重要的模式之一。

8.1.1 危机事件

学者们将危机事件的发生划分为两种：一是自然灾害，例如地震、洪水、干旱等；二是社会危机事件，例如社会动乱、战争、暴力事件等。而危机事件界定有很多种不同的说法，例如西格尔（Seeger）把危机事件定义为难以预测且需要快速应对的不确定性的事件。福斯特（Forster）认为危机事件具有急需迅速做出决定、严重缺乏必要的训练有素的人员、相关物资资料短缺、处理时间非常有限四个明显的特征。在殡葬社会工作领域的危机事件，通常指逝者的去世没有可预见性，具有明显的突发性和灾难性的特征，逝者去世后对家属的影响具有明显的复杂性和冲击性，破坏性严重，通常用悲伤抚慰模式难于抚慰家属的情绪。

【案例 8-1】
2017 年 12 月 23 日晚上，一名小偷溜进服务对象郑女士家中，行窃时，被醒来的丈夫陈先生发现，小偷将陈先生残忍杀害后逃逸。郑女士听到声响后，跑到丈夫房中，发现惨死在小偷刀下的陈先生，顿时晕厥。

案例中，丈夫陈先生的死亡是没有任何预见性的，具有明显的突发性和灾难性特点，服务对象郑女士目睹了丈夫去世的惨烈现场，心理遭受了严重的冲击。殡葬社会工作者后期了解到，郑女士与陈先生夫妻恩爱，且陈先生是家庭的主要精神和经济支柱，丈夫的突然去世不管对郑女士还是对家庭都是非常严重的打击，需要殡葬社会工作者及时的危机干预介入。

 8.1.2 危机事件给人造成的心理危害

危机事件的发生会给个人、家庭、社会带来巨大的危害，例如对生命和健康的损害、对经济的损害、对社会稳定的危害、社会心理危害等。这里主要介绍危机事件给人的心理造成的危害。

有研究表明，每一个危机事件的发生，都会给人们带来社会心理反应，危机事件的影响不仅仅局限于事件发生的当下，它具有很强的继发效应和远期效应。危机事件发生后，常见的应激反应有适应障碍、急性应激障碍、创伤后应激障碍。

（1）适应障碍

美国的《精神障碍诊断与统计手册》DSM-5 中表明：适应障碍，主要在危机事件出现的 3 个月内，对与创伤事件相关的应激源出现情绪的反应或行为的变化，个体的痛苦程度与应激源的严重程度或者强度不成正比，社交、职业或者其他重要功能明显受损。

遭受危机事件的人们，心理和行为反应多种多样，主要的表现有：

① 抑郁心境　主要表现为心境低落、流泪或者对未来没有希望；

② 焦虑　主要表现为紧张、担心、神经过敏或分离焦虑；

③ 行为紊乱　主要表现为逃学、旷工、粗暴等紊乱行为；

④ 综合型　许多经历创伤后的表现有抑郁、焦虑、易怒、暴力行为等，有突出症状则按突出症状分型，无突出症状则为混合型。

（2）急性应激障碍

出现急性应激障碍的人，一般是直接经历、目击，或者碰到了真正的死亡，或者面临了死亡的威胁，或者暴力事件。经历过危机事件的丧者家属，在危机事件发生后，至少持续 3 天到 1 个月内出现以下一种或者多种的症状：

① 抑郁　感到麻木、呆滞或者其他情绪上的无反应，感受到了强烈的恐惧、害怕和无助；

② 警觉性降低　对周围情况的警觉性较低，处于茫然状态；

③ 现实解体　觉得所处的现实世界不真实，或者感到与现实世界分离，不再是现实世界的一部分，对熟悉的环境感到陌生；

④ 人格解体　对躯体、身份和自我认识感到迷失，觉得身体同时处于两个地方，不记得发生过的事件的重要细节；

⑤ 回避　执意回避产生创伤回忆的事件；

⑥ 焦虑　有明显的焦虑和高度唤醒症状，例如失眠、烦躁、注意力低下、过度惊吓、身体疲乏等；

⑦ 退缩　在社会交往、工作、生活中出现显著的不愿意参与的退缩行为。

(3) 创伤后应激障碍

在危机事件发生后，创伤后应激障碍通常会持续至少 6 个月的时间，甚至更长。出现创伤后应激障碍的人，一般也是直接经历、目击，或者碰到了真正的死亡，或者面临了死亡的威胁，或者暴力事件等，而感受到了强烈的恐惧、害怕和无助。创伤后应激障碍的丧者家属也会出现急性应激障碍中的症状，但持续时间更长，同时还可能伴有以下一种或者多种的症状：

① 反复回忆　以回忆、梦境、错觉、幻象、真实闪回等方式，对危机事件的影像、想法的回忆反复出现；

② 兴趣减弱　对参与活动的兴趣和积极性大为减弱；

③ 无希望　对未来没有规划和希望。

> 案例 8-1 中，服务对象郑女士在遭遇了丈夫被杀害的事件后，住到了出租屋内，3 个月的时间从未走出家门一步，在家中也是一直躺在沙发上，甚少走动，情绪低落，很少与家人交流，表现出抑郁和退缩行为，不愿意回想和处理与丈夫相关的问题。因为丈夫去世，家庭经济负担加重，郑女士的退休金基本上用以归还银行的房屋贷款，以前居住的房屋如何处理也引发了郑女士的焦虑。所以郑女士表现出了创伤后应激障碍的症状。

8.1.3　危机理论及危机干预模式

目前危机理论没有任何理论学说是能够全面阐述人类危机的所有观点和模式，本书主要介绍殡葬社会工作者在实务过程中更多应用的经典危机理论和模式。

(1) 经典危机理论

林德曼（Lindemann）的危机理论对因为亲人去世所导致的危机做出了贡献。林德曼认为悲伤的行为是正常、短暂的，是可以运用短暂危机干预进行治疗的。林德曼认为的"正常"悲伤行为反应有：第一，总是想起死去的人；第二，认同于死去的人；第三，内疚并有敌意；第四，日常生活中常出现某种紊乱；第五，存在躯体不适。

林德曼的主要观点是痛苦工作理论，痛苦工作包括对丧亲的哀痛，体验哀痛，接受丧亲的现实和失去亲人的情境下调整生活。林德曼强调在强烈的悲痛面前，要让自己感受和经历痛苦，发泄情感（哭泣或哀号），而不能沉湎于内心的痛苦，否则容易产生不良后果。每个人都会不断努力保持内心的一种稳定状态，保持自身与周围环境的协调和平衡，当发生重大事件或变化时，正常的生活受到干扰，失去平衡，出现危机状态。平衡状态的维持与个人对事件的认知水平、社会支持和应对方式有关。卡普兰（Caplan）提出，任何所需品的丧失（如痛失亲人）都会使人陷入危机的情境。

(2) 经典危机干预模式

危机干预模式，是指为处于危机事件中的人提供有效的帮助和心理支持，通过危机干预激发个体的潜能，重新建立心理平衡状态，预防心理创伤的发生。危机干预以解决问题为目的，是短期服务过程，为处于危机事件中的人提供关怀和心理支持，恢复心理平衡，重新适应生活。危机干预的目的：一是避免遭遇危机事件的人自伤或伤及他人；二是帮助其恢复心理平衡和动力；三是减少危机事件的直接严重后果。贝尔金（Belkin）提出的经典危机干预模式，包含平衡模式、认知模式和心理社会转变模式三种，它们为许多不同的危机干预策略和方法提供了基础。

① 平衡模式　在危机理论中提到，遭遇危机事件的人，常常会处于一种心理或者情绪失衡状态，平衡模式较适合早期干预。突然遭遇危机事件的人，遭受了重大打击，失去控制，不知道问题解决的方向，不能做出适当的选择，平衡模式可以帮助丧者家属重新获得危机前的状态。平衡模式中社会工作者主要的目标是稳定服务对象的心理和情绪状态，主要应用于危机的起始期。

② 认知模式　认知模式认为危机导致心理伤害主要是因为经历者对危机事件和围绕事件的相关情况进行了错误的思维模式，而不在于危机事件本身。殡葬社会工作者在使用认知模式时，主要是帮助服务对象认识认知中的非理性和自我否定，重新建立思维中的理性和自我肯定，使丧者家属能够实现对危机的控制。认知模式适用于心理状态基本稳定的丧者家属。

③ 心理社会转变模式　心理社会转变模式认为心理创伤不是一种单一的心理状态，而是与心理、社会环境等密切相关，例如服务对象的家庭、职业、宗教信仰、朋友、社区等。危机干预的目的在于与服务对象合作，评估与危机相关的心理和社会困难，帮助服务对象建立适当的应对方式、社会支持和环境资源等。与认知模式一样，心理社会转变模式也适用于心理或者情绪状态相对稳定的服务对象。

8.1.4　危机干预的步骤

社会工作者在面对服务对象进行危机干预时，主要包括以下6个步骤。

(1) 确定服务对象的问题

经历危机事件的人通常会出现悲伤、害怕、焦虑、愤怒等强烈的情绪体验。危机事件发生，一定的应激反应是正常现象。一般情况下，危机事件经历者会逐渐从悲伤中恢复，接受现实，回归正常的生活状态。但是如果紧张、焦虑状态逐步加剧或者持续时间过长，影响了睡眠、饮食、工作和生活等，可能考虑创伤后应激障碍。社会工作者从服务对象的角度，评估和确定服务对象的问题。如果社会工作者所认识的危机状况并非服务对象所认同的，那么社会工作者所应用的方法可能不能得到服务对象的认同，对服务对象就没有很大的帮助。在整个危机干预过程中，社会工作者可以围绕服务对象的问题使用相关的技术，例如共情、同理、真诚、接纳和尊重等。

(2) 保证服务对象的安全

危机干预过程中，社会工作者的第一目标是保证服务对象的安全，将服务对象对自己和他人的生理和心理危害降到最低。危机事件发生后，建立保障服务对象安全的措施，确保服务对象的安全，重建服务对象的安全感，在整个危机干预过程中这是首要目标。

(3) 给予服务对象支持

危机干预的第三步是与服务对象沟通和交流，让服务对象知道社会工作者能够给予其关心和帮助。经历危机事件的服务对象，如果没有足够的支持，会增加其创伤后应激障碍发生的概率，相反，服务对象得到足够的社会支持，创伤后应激障碍发生的概率就越小。社会工作者需要取得服务对象的信任，建立关系，鼓励服务对象表达情感，无条件地积极关注和接纳服务对象，让服务对象相信社会工作者在关心他。

(4) 与服务对象确定应对方式

危机干预的第四步，社会工作者要帮助服务对象认识到，面对危机事件，服务对象有许多可以选择的应对方式。通常，突发危机事件的经历者的思维处于不灵活的状态，难以做出判断什么是最好的选择，有些人甚至觉得处于绝境，无路可走。社会工作者需要帮助服务对象认识到什么是最佳的选择，服务对象可以从不同的途径选择变通的方式。例如，帮助服务对象认识哪些人在关心自己，并可以为自己提供资源。

(5) 商定服务计划

服务计划的制订需要服务对象参与合作，让服务对象感到这是自己的服务计划。制订计划的关键在于让服务对象感受到他们的权利、自尊和独立性没有被剥夺。一些服务对象可能会依赖社会工作者帮助其做出决定，但这样的服务对象通常比较关注危机而忽视自己的能力。因此在制订服务计划过程中，社会工作者要重视服务对象的参与性和自主性，让服务对象有自主参与的能力，而不依赖于社会工作者。

(6) 鼓励和支持服务对象行动

经历危机事件的服务对象，在实施行动时，对自己更加缺乏自信，社会工作者需要给予服务对象更多的支持和鼓励，有时甚至需要社会工作者带领服务对象一起行动。如果在商定服务计划环节完成得比较好，则服务对象的行动要相对容易一些。社会工作者在此步骤需要根据服务对象的具体情况，多鼓励和支持其实施服务计划，参与行动。

8.2　生命教育模式

殡葬是离死亡最近的一个行业，在当下这个高速发展的社会，以殡葬文化为基础开展生命教育适应中国传统文化。殡葬社会工作者探索以宣传、倡导、体验为主的生命教育模式，引领人们正确地认识生命、尊重生命、珍爱生命、敬畏生命，学会关注环境、关心他人、关爱生命，在此基础上，树立正确的世界观、人生观和价值观。

8.2.1　生命教育模式的定义

殡葬社会工作领域的生命教育模式是指以殡葬文化为基础，以殡仪馆为平台，以青少年为主要服务对象。殡葬社会工作者通过在殡仪馆、社区、学校等场所，开展以倡导和体验为主的认识生命、尊重生命、珍爱生命为主题的生命教育活动。

8.2.2　生命教育理论

(1) 向死而生的生死互渗原理

"生死互渗"原理强调：一个人仅仅关注"生"，未必能很好地"生"；只有透悟了"死"，并能立于"死"的视角观察"生"，才能更好地"生"。这就叫立于生命的"终点"来看人生的"中点"，自"死"而得"生"。这样，人们便可以在短暂的一生中创造出更大更多的意义与价值，让人生更辉煌，并获得面对死神将至时的坦然与心安。而丧、殡、葬、祭正是每一个活着的人都将面对的一个重要场景，关键在殡葬业必须经过蕴含有生死哲学理论指导下的规划与建设，成为世人面对"死"而更积极"生"的地方，这样，殡葬业才可能由社会与公众的异质状态转化为社会与公众的正向力量。

(2) 生活教育理论的基本原理

生活教育理论由中国著名教育家陶行知先生创立，其三大基本命题是"生活即教育""社会即学校""教学做合一"。其实质就是使教育与生活，教育与社会实际紧密联系，昭示人们应该格外重视对人和人类未来的关切、关注和关心。这是一种对人生最高意义的关怀，是充满人文精神的活生生的教育。

(3) 人本主义理论的心理学原理

人本主义教育思想的核心是人性化，主张发展人性和追求自我实现，主张人类具有自我实现的性向、潜能和倾向性，认为人是主动的、成长的、追求有价值目标的、有其积极生命和生存态度的；人本主义强调教师要相信学生的自我发展，尊重学生的人格，充分肯定学生的尊严和价值，重视先天潜能的开发；人本主义教学尤其重视情感陶冶，认为教学就是情感活动的过程，情感活动左右着人的精神世界。

(4) 终极关怀教育的基本原理

虽说对终极关怀教育尚存有不同的理解，但就其对人和人类未来的关切、关注和关心这一核心思想而言是共同的。这是一种对人生最高意义的关怀，是充满人文精神的活生生的教育。它要求确立以人的发展为本位的主体性教育目的观；要求确立尊重民主平等的学生观，要求在文化教育、科学教育、教育技术中体现人文关怀；要求打破整齐划一的"机器人"教育观，树立具有生态意义的"生命"教育观。

(5) 个性发展理论的基本原理

人的个性发展具有两种可能性：一种是积极的从善的可能，另一种是消极的从恶的可能。我们努力的目标是抑制学生个性消极因素的滋长，引导学生通过自身的"悟"，做出何去何从的正确判断，成为真正自由独立的、潜能得到充分发挥的、不断获得价值和尊严的、能创造性地适应不断创新和变化的世界的活生生的个人。

8.2.3 生命教育的开展

生命教育的开展，在全国各地如火如荼地进行，在殡葬社会工作领域，常见的开展方式有以下几种。

(1) 殡仪馆开放日

在现有的几家开展殡葬社会工作服务的殡仪馆中，每年在清明节期间都以殡仪馆开放日活动的形式开展生命教育活动，通过邀请服务对象参观殡仪馆、撰写遗书、"死亡"体验等内容，提高人们对生命的认识和理解，能够更加地尊重生命。殡仪馆开放日的开展需要注意：明确开放日的目标和主题，根据主题和目标进行服务对象的招募，向服务对象澄清活动的目标和主要内容，并对招募对象进行评估和甄选，保障招募对象的生理和心理安全。

(2) 生命教育小组

生命教育小组也是生命教育模式中常用的方式之一。殡葬社会工作者通过开展丧者家属生命教育小组活动，帮助丧者家属认识生命历程，不仅可以缓解丧者家属因为亲人去世带来的伤痛，也可以让丧者家属对死亡有合理的认识，降低死亡焦虑。开展儿童、青少年生命教育小组，让他们认识生命的珍贵，懂得尊重生命和珍惜生命。开展高校生命教育小组，提高高校学生对生命的认知，让高校学生更加懂得珍惜当下、珍爱家人。

(3) 生命教育进社区

生命教育模式以小组活动、社区活动、社区教育、社区讨论会等方式进社区、下基层，积极地进行宣传和倡导。生命教育进社区的开展形式是多种多样的。例如，重庆市×××殡仪馆与社区居委会合作，每年定期在社区针对社区儿童开展"暑期生命教育课堂"，以社区集中教育的方式进社区；×××殡仪馆则利用绘本，进入社区开展生命教育绘本讲读，让社区儿童了解生命的来源，懂得感恩生命。

生命教育不仅仅是殡葬社会工作领域的专属，学校也是生命教育开展的主要阵地。社会工作者可以与学校合作，定期进学校开展生命教育集中活动。

【案例 8-2】

2016 年 4 月，重庆市石桥铺殡仪馆殡葬社会工作者一方面为降低社会大众对殡仪馆的认知偏差，增强殡葬人和殡葬行业在社会大众眼中的透明度；另一方面，通过邀请社会大众体验参与生命教育活动，增强对生命的正能量宣传。3 年来，社会工作者综合馆内各科室资源，组织开展了"我与生命有个约会——殡仪馆开放日体验活动"，打造殡仪馆每年对外开放的品牌服务。

开放日体验活动主体分为 3 大部分。

① 前期活动的筹备与招募　开放日体验活动涉及馆内多个科室参与，在活动筹备过程中，社工调动了各科室职工参与积极性，同时因需对外展示专业服务，在准备过程中也提升了职工的专业服务能力。社工利用多个渠道招募参与开放日体验活动的市民，通过报纸、微博、微信公众号进行线上宣传招募，通过走访社区、学校、企业等进行线下宣传招募，同时也对活动进行了预热宣传。

② 中期活动的开展　活动开展由市民签到、参观、体验、现场问答几个环节组成，每一个环节都由社工和殡葬职工共同参与服务，充分向市民展示殡葬职工和殡葬行业的风采，同时殡葬职工在与市民互动过程中，增加了对自身的认同。活动中最受欢迎的"纸棺体验"环节，邀请市民躺进纸棺中，社工组织冥想，体验生命的重要性，向市民的生活输送正能量。

③ 后期活动的宣传　活动邀请媒体进行后期报道，扩大活动影响力。同时，馆内也积极推送后期报道，在全国殡葬职工日之际，从社会大众、殡葬职工、殡葬行业多角度进行推广。社工收集参与体验者感受，不断提升活动品质。

案例中的殡仪馆开放日活动，取得了良好的活动效果，以活动为载体，增强殡仪馆内的动力，激发殡葬职工团队协作能力，增强殡葬职工归属感和认同感，同时通过活动提高了参与市民对生命和死亡的认知。

8.3 "全程陪伴"模式

以殡仪馆为主要服务场所的殡葬社会工作，通常的服务模式是"全程陪伴"模式。"生老病死乃人生之常态"，但大多数丧者家属因对死亡忌讳，日常闭口不提。当丧者家属面对亲人去世时，缺乏对殡葬服务的了解，既要面对失去亲人的悲恸，又要处理逝去亲人的"身后事"，悲伤、焦虑和迷茫等情绪一直伴随在丧者家属的治丧全过程中。此时，既熟悉殡葬服务流程，又能够关注丧者家属情绪的社会工作"全程陪伴"丧者家属治丧服务尤为必要。

8.3.1 "全程陪伴"模式的定义

"全程陪伴"模式是指殡葬社会工作者陪伴丧者家属治丧全程的社会工作服务模式，以到殡仪馆办理守灵、火化等治丧事宜的丧者家属为服务对象，围绕丧者家属在治丧过程中的治丧、情绪、心理等方面的需求，为丧者家属提供以治丧引导、情绪支持、心理陪伴等为主的服务内容。殡葬社会工作者从治丧的不同环节介入社会工作服务，陪伴丧者家属治丧，缓解丧者家属悲伤情绪和治丧焦虑。理想状态下"全程陪伴"丧者家属走过哀悼过程，能让丧者家属从五官获得感觉，并从观察与感受过程中体验到被理解、被尊重、被关心、不孤单、安全感等正向的爱与关怀经验，而获得身心的正向改变。

8.3.2 "全程陪伴"的理论

"全程陪伴"的理论基础是罗杰斯提出的人本主义理论。罗杰斯认为同理、真诚和无条件的积极关注，不仅对建立良好的助人关系有着重要作用，而且对于实现助人目标过程中的重要作用给予了特殊的强调。特别是同理而又能被服务对象知觉到，将极有助于助人关系的建立，而且同理本身具有治愈作用。在有的书中其实直接就把同理又标注为准确地理解。所以，可以从理解同理的角度去理解"理解"。

同理不仅可以建立社会工作者和服务对象的专业关系，同时为服务对象提供了一个倾诉问题的平台。社会工作者同理服务对象所感知的情绪，传递社会工作者帮助服务对象的意愿和兴趣，创造有利于服务对象行为改变的氛围，通过同理了解服务对象的主观经验世界，理解服务对象的感受和处境，给予服务对象情绪指出，会使服务对象觉得不需要在社会工作者面前检讨自己的行为和处境，更愿意去倾诉面临的问题和困境。

"全程陪伴"模式中，更多地应用人本主义理论的同理、真诚和无条件的积极关注，不需要其他过多的技巧。

8.3.3 "全程陪伴"的开展

现以"全程陪伴"模式开展殡葬社会工作服务的殡仪馆，多以结合殡仪馆的知识流程进行服务，现以重庆市×××殡仪馆为例，介绍"全程陪伴"殡葬社会工作服务的开展过程。

(1) 陪伴丧者家属办理殡仪馆相关手续

丧者家属到达殡仪馆后，首先需要办理相关入厅手续，此时亲人刚刚去世，丧者家属的情绪处于震惊、不真实的阶段，又要处理亲人的"身后事"，很需要一个人陪伴在身边，殡葬社会工作者陪伴丧者家属办理殡仪馆相关手续，聆听丧者家属就可以建立专业关系。殡葬社会工作者的重点是陪伴，不是开导。

(2) 陪伴丧者家属送遗体入厅入殓

殡葬社会工作者引导丧者家属进入相应治丧厅堂，陪伴丧者家属等待遗体入厅，完成入殓仪式，丧者家属可能会控制自己的感受，表现得极为冷静或者自责，是丧者家属启动了个人的情绪防御机制。社会工作者不要刻意去判断这些表现是否正常，只要丧者家属没有行为失常，允许丧者家属表达伤痛。社会工作者可以通过沟通，了解丧者家属的治丧需求、治丧习俗、情绪和心理状态，制定初步的服务计划。

(3) 每日随访

丧者家属在殡仪馆治丧的2~3天时间里，殡葬社会工作者可以每日进行随访，协助丧者家属处理治丧事宜，观察丧者家属在此期间的情绪和行为表现。丧者家属如果能够正常接待其他前来悼念的家人，如果在接待过程中丧者家属在不断重复叙述亲人去世的过程，那是其在建立亲人去世的心理现实，有助于情绪的宣泄。此阶段殡葬社会工作者需重点关注丧者家属的情绪和心理状态，同时提供协助治丧、情绪支持和心理陪伴服务。

（4）陪伴丧者家属策划告别仪式

殡葬社会工作者在告别仪式前一天，与丧者家属落实告别仪式的时间和方式。根据丧者家属需求，与殡仪馆相关工作人员商定告别仪式的形式，社会工作者要全程参与告别仪式，关注丧者家属情绪，引导丧者家属与逝者告别。社会工作者不要帮助丧者家属做决定，因为丧者家属参与告别仪式，有助于其建立亲人去世的心理现实。

（5）陪伴丧者家属送遗体火化入炉

社会工作者陪伴丧者家属到火化车间送别逝者入炉，通常遗体入炉时是丧者家属情绪波动最大的时候，社会工作者陪伴在丧者家属身边，给予其情绪上的支持和心理上的陪伴。丧者家属在等候厅或者社工站等候时，社会工作者可以引导丧者家属进行逝者的生命回顾和缅怀。

（6）丧礼后期

治丧事宜结束后，丧者家属会觉得事情已完结，但其实忙乱过后，丧者家属才会有更多时间面对内心感受，家中每件事物都时刻在提醒他们已失去亲人，会有很多具体的生活不适应。社会工作者要留意丧者家属细节上的需要，比如多和他们进行户外活动，减少睹物思人的影响，尽量协助丧者家属适应丧亲后的生活。

【案例 8-3】

2018 年，重庆市石桥铺殡仪馆（以下简称：殡仪馆）在馆内建立了殡葬社会工作者（以下简称：社工）全程陪伴丧者家属治丧的服务内容，服务对象的一名朋友知晓殡仪馆的全程陪伴服务，向其进行了推荐。服务对象的丈夫身患胰腺癌近两年的时间，刚从上海某医院求医回到重庆，医生已经给服务对象下达了"病危通知单"，告知服务对象可以为丈夫的"身后事"做好准备。服务对象是一名"全职太太"，以前家里的大事小事都是丈夫决定，服务对象面临丈夫即将去世，对即将面对的治丧事宜不知所措，非常茫然。

服务对象与丈夫感情深厚，有一个儿子，8 岁，一直以来小家庭关系和睦、相亲相爱。但因处理丈夫遗产问题，与丈夫的父母关系紧张，丈夫的父母曾到医院大吵大闹。在初次见面时，服务对象多次与社工主动进行身体接触，主动握社工的手，寻求支持。服务对象情绪较为稳定，已经与丈夫进行了良好的沟通，服务对象与丈夫都对死亡的到来做了一定的心理准备。服务对象的眼中虽然有泪光，但面容带有微笑。服务对象的父母和弟弟时常到医院探望，帮助其照顾丈夫，丈夫的同学、同事、朋友也经常给予服务对象支持，丈夫去世时，有丈夫的 3 名同学一直协助服务对象处理治丧事宜，有较强的支持网络。

殡葬社会工作者接案后，对服务对象的情况进行了分析，服务对象面临丈夫即将去世的现实，可能面临以下问题。

情绪问题：服务对象面临丈夫去世，虽然做了一些心理准备，但其与丈夫感情深厚，丈夫去世服务对象仍会有悲伤情绪。

治丧问题：服务对象在为丈夫办理治丧事宜时，很多事情需要自己决定。因为对治丧问题一无所知，会迷茫、焦虑。

家庭矛盾问题：服务对象与公婆关于丈夫遗产的分配问题，在丈夫去世后，更大的家庭矛盾可能激发。

生活压力问题：服务对象多年未工作，对丈夫有较强的依赖性，丈夫去世后独自面对生活，有较强的压力感。

服务对象也具有她的优势，例如服务对象拥有较多的社会支持力量：丈夫的同学、同事、朋友较多，且能够在经济、精神和具体事务的处理上给予服务对象一定的支持。服务对象拥有较强的主动求助意识：服务对象能够主动寻求帮助，与社工见面时也具备主动获取支持的能力。但是服务对象多年未工作，对丈夫依赖性强，丈夫去世后，独自面对生活和工作，需要更长的适应时间。

社会工作者依据服务对象的具体情况，制订了服务计划。

当下服务的首要目标是引导服务对象宣泄悲伤情绪；协助服务对象治丧，缓解服务对象在治丧过程中的焦虑。

服务策略是社会工作者通过"全程陪伴"服务对象办理治丧事宜，在过程中引导服务对象宣泄悲伤情绪，缓解治丧焦虑。

服务计划实施过程如下。

第一阶段

服务内容：与服务对象建立信任关系，觉察服务对象情绪，引导宣泄悲伤情绪。

服务过程：刚开始服务对象对社会工作者不了解，不知道社会工作者可以怎样帮助到自己，社会工作者向服务对象进行了自我介绍，并澄清服务内容，获得服务对象信任，引导服务对象讲述自己面临的问题，不压抑情绪。

第二阶段

服务内容："全程陪伴"服务对象办理治丧事宜，详细讲解治丧流程，缓解焦虑。

服务过程：社会工作者全程陪伴服务对象办理治丧手续，完成入厅入殓，每日探访关注服务对象治丧需求和情绪，与服务对象商讨告别仪式形式，陪伴服务对象送别逝者遗体等，全程陪伴在服务对象身旁，协助其与殡仪馆进行沟通，关注服务对象情绪，让服务对象感受到支持，缓解服务对象因不了解治丧而带来的焦虑。

在"全程陪伴"服务过程中，社会工作者缓解了服务对象的治丧焦虑，引导服务对象缅怀丈夫，引导服务对象的儿子合理表达对父亲的感情；让服务对象在殡仪馆治丧期间感受温暖，教给服务对象如何求助，面对未知事件时能够沉着应对。

社会工作者在"全程陪伴"服务过程中，坚守尊重、接纳、同理服务对象的伦理，对建立专业的信任关系非常重要，而关系的建立是后期一切服务的基础。社会工作者与殡仪馆殓运科、服务科建立了互动，从不同专业、不同方向，共同协助服务对象应对其面临的问题，成为服务对象强有力的支撑。

8.4 悲伤抚慰模式

悲伤是指一个人应对失落的种种反应。失落是非自愿性地失去了具体的或者抽象的东西，例如，失去了具体的人、动物、器官、财务，或者抽象的头衔、需求、期待、名望、希望等，都可能给人带来失落感，由此而产生悲伤。这里讨论的悲伤特指面对死亡的失落，即丧者家属面临亲人去世的失落。

 8.4.1 悲伤抚慰模式的定义

悲伤抚慰模式是殡葬社会工作者协助丧者家属调适亲人去世带来的失落，催化丧者家属完成哀悼的任务，并能够接受没有逝者的生活。悲伤抚慰模式的目标是：第一，增加失落的现实感；第二，协助丧者家属处理情绪和行为问题；第三，协助丧者家属克服亲人去世后再适应过程面临的问题；第四，协助丧者家属找到与逝者连接的方式，同时坦然地重新生活。

殡葬社会工作者如果在逝者去世前就与丧者家属建立了良好的信任关系，悲伤抚慰可以那时就开始。如果没有，社会工作者最好在葬礼结束一周左右开始。因为丧者家属在殡仪馆办理丧事期间，比较繁忙，社会工作者更适合采用"全程陪伴"模式开展服务。葬礼结束后第一天太快，通常此时的丧者家属还处于麻木或者震惊状态中，尚未准备好。社会工作者不要死死抓住这个时间，要考虑逝者的死亡情景，观察丧者家属的情况，综合判断。

悲伤抚慰并不一定要在个案辅导室进行，在不同的地点，例如公园、咖啡厅、茶楼等场所，都可以进行悲伤抚慰。殡葬社会工作者开展悲伤抚慰最多的场所是服务对象家中，同时发现，家庭是提供悲伤抚慰服务的最佳场所。

8.4.2 悲伤抚慰模式的原则

为了使悲伤抚慰达到成效，使用悲伤抚慰模式需遵循一些原则和程序。下面的原则和程序可以帮助殡葬社会工作者提升服务成效。

① 协助丧者家属承认失落　丧者家属失去身边的重要他人，即使已经预知了死亡，在面对死亡时仍然会有种种不真实的感受，因此，第一个悲伤任务就是承认死亡，承认失落实际已经发生。丧者家属只有接受死亡的事实，才能处理失落所引起的情绪冲动。

② 帮助丧者家属认识并体验情感　丧者家属面临亲人去世，会有许多令人不安的悲伤感受，这些感受往往给丧者家属带来的是痛苦和不愉快，所以通常丧者家属不会去面对和体验自己的感受，因此不能有效地解决悲伤。丧者家属常常伴有愤怒、内疚、焦虑、无助和孤独等感受，帮助丧者家属认识并体验情感也非常重要。

③ 帮助丧者家属在失去逝者的情况下活下去　增强丧者家属在没有逝者陪伴下的生活能力、独立能力，协助丧者家属适应失落。社会工作者需要了解丧者家属面临的问题有哪些，以及如何解决。逝者生前通常在丧者家属的生命中扮演着不同的角色，因而丧者家属适应失落的能力部分是由逝者生前扮演的角色决定的。通常逝者生前在丧者家属生命中扮演的角色越重要，丧者家属适应失落的过程越长。

④ 寻找失落的意义　悲伤抚慰的目标之一是协助丧者家属在逝者死亡中寻找意义。社会工作者可以协助促进目标的实现。一些丧者家属找不到逝者死亡的答案，会投入与逝者死亡事件相关的行动，例如失独家庭。

⑤ 给予充分的时间去悲伤　悲伤是需要时间的，是一个丧亲后的适应过程，而且这个过程是渐进的。每个丧者家属面对亲人去世，悲伤的历程和时间是不一样的。对于丧者家属而言，家人、朋友急切地想要丧者家属克服失落，从悲伤和痛苦中回归正常生活，会给丧者家属造成一定的阻碍。例如，家人常常会有这样的想法："我都从失落中走出来了，这么久了，你怎么还这么悲伤"。社会工作者要对家人说明，每个人的悲伤时间是不一样的，要给予家人充分的时间去悲伤。

⑥ 说明正常的悲伤行为　社会工作者要让丧者家属及其家人了解正常的悲伤行为。一些人在经历丧失之后，会有种快发疯的感觉，是因为丧失引起的混乱不同于日常生活的经验。社会工作者应当向丧者家属说明正常的悲伤行为。

⑦ 允许个别差异　面对亲人去世，丧者家属的悲伤反应是非常复杂、非常广泛的，每个丧者家属各有不同的悲伤反应。逝者去世的原因、逝者生前与家人的关系、逝者生前预期死亡的时间等等因素，都会对丧者家属的悲伤强度、悲伤程度以及悲伤情绪的时间长短等产生影响。社会工作者要认识到即使是一对夫妻面对子女去世的悲伤反应都是具有个别差异的，每个人的悲伤反应都有其独特性。

8.4.3　悲伤抚慰模式的程序

悲伤抚慰模式具有一定的程序，社会工作者在使用这些程序时，要根据丧者家属和社会工作者自己的理论架构及专业能力合理应用。

① 排除生理上的疾病　丧者家属面对亲人去世，身体上会呈现出一些生理症状，社会工作者首先应该排除丧者家属的生理症状是否与身体疾病有关。有时有些症状看似等同于悲伤反应，但并非所有的症状都是。如果悲伤抚慰模式服务开始关注的是丧者家属的身体症状，需要先确定并排除丧者家属身体上的疾病才能开展服务。在悲伤抚慰模式中，对丧者家属关于身体症状的描述要给予重视，不可以掉以轻心。

② 建立服务关系　社会工作者开展悲伤抚慰服务，至关重要的一步是与服务对象建立专业的信任关系。丧者家属要同意接受社会工作者的服务，而且在服务过程中会有一些对服务对象失落的探索。社会工作者要强化服务对象的信念，让服务对象认识到这种探索是值得的、有益的。对有些服务对象，社会工作者需要提供更多的关于悲伤以及悲伤抚慰工作的教育。在悲伤抚慰过程中，社会工作者如果发现服务对象与逝者过去的关系对现在有直接影响，可以探索过去的关系。

③ 重述对逝者的记忆　社会工作者引导丧者家属谈论逝者，逝者生前是个怎样的人、丧者家属对逝者的回忆、丧者家属与逝者在一起享受过的美好时光等等。在回忆过程中，社会工作者需要注意引导丧者家属以一些正向的回忆为主。例如，社会工作者可以引导丧者家属回忆：最怀念逝者的是什么？记忆最深刻的事情是什么？最不怀念逝者的什么？等等。

④ 处理丧者家属的情绪问题　丧者家属在谈及逝者时，往往会伴随很多的情绪，通常伴随丧者家属的情绪有愤怒、内疚、自责等，社会工作者要理解丧者家属的情绪，只有引导丧者家属面对情绪，才能协助其接触内心。丧者家属对逝者的愤怒，并不代表其对逝者没有好感，反而可能预示着逝者在丧者家属心中十分重要。案例 8-4 中，老两口对去世的儿子有愤怒情绪，儿子生前与老两口关系也有较大冲突，但他们对儿子的去世仍然十分悲伤。

⑤ 协助丧者家属适应逝者不在的新生活　丧者家属面对亲人的去世，多多少少会对生活造成一定的影响。社会工作者如何协助丧者家属适应逝者已经不在的新生活，对丧者家属的改变十分重要。社会工作者可以引导丧者家属去想象，一旦悲伤反应没有了，他们会发生什么变化，会想为自己做些什么，说出没有逝者也可以完成的新生活的目标。例如，一位年轻的全职太太，夫妻俩关系亲密。丈夫因为疾病去世，对于她的悲伤，社会工作者通过半年的服务，协助她适应做个单亲妈妈，并重新回归工作岗位，看到新生活的希望和方向。

⑥ 评估并协助丧者家属改善社会关系　社会工作者还需要协助丧者家属改善社会关系。许多丧者家属在经历丧亲后，尤其是经历丧偶的丧者家属，会远离亲友，因为他们常常感到不被理解，被亲友催促尽快地走出悲伤。亲友也会对丧者家属的悲伤感到不安，他们因为不知道如何应对而会逐渐地疏远或者不再和丧者家属联系。例如，一些丧夫的妻子，丈夫在世时是家庭的核心，家庭关系和社会关系的维系都依赖丈夫，丈夫去世后，妻子无法独自出席

家庭或者朋友聚会。社会工作者需要去探索丧者家属对社会关系的认识,并通过角色扮演、行为练习等方式,慢慢地鼓励丧者家属重新开始和亲友接触,改善社会关系。

8.4.4 悲伤抚慰模式的常用技巧

悲伤抚慰模式在应用过程中,社会工作者常常会使用的技巧有书写、绘画、角色扮演、生命纪念册、引导想象等等。

① 书写　书写是在悲伤抚慰模式中最常用的技巧之一。邀请丧者家属写信给逝者,表达对逝者的想法和感受,由此表达丧者家属需要告诉逝者的话,帮助丧者家属处理未尽之事。殡葬社会工作者在服务过程中,常常会鼓励丧者家属尽量写信,包括写一些与逝者道别的信。把失落事件的经历转换成语言,整合丧者家属的想法和感受,有时能够让丧者家属减少和失落事件相关的负面感受。书写的方式不局限于写信,写自己的悲伤经历、给逝者写卡片、写诗等都可以表达悲伤。

② 绘画　和书写一样,绘画也可以反映丧者家属对逝者的感受和经验,对丧者家属也很有帮助,尤其是对面临丧亲的孩子。与谈话相比较,绘画不容易引发丧者家属的防御机制。Irwin(1991)曾指出,使用艺术做悲伤抚慰的四个优势:第一是有助于催化丧者家属的感受;第二是可以帮助社会工作者看出丧者家属没有觉察到的冲突;第三是可以帮助丧者家属强化对失落的觉察;第四可以协助社会工作者确认丧者家属处于悲伤的哪个阶段。社会工作者可以在个案服务或者小组活动中,引导丧者家属用绘画描述对丧者的思念、现在的状态、逝者不在的生活规划等。

③ 角色扮演　针对各种让丧者家属害怕或者不知所措的情境,社会工作者协助丧者家属做角色扮演,也是建立适应技巧的一种方式。这种方式对前面提到的协助丧者家属适应逝者不存在的新生活非常有用。社会工作者可以进入角色扮演,或者充当促进者、观察者,或者为丧者家属示范可行的新行为。正如前面提到的丧夫的妻子在适应单亲妈妈的过程中,与儿子建立互动和沟通出现了很多问题,与儿子经常发生冲突,社会工作者通过角色扮演,在某一事件中,让妈妈与儿子的角色互换,体验当下的感受,激发双方的换位思考。

④ 生命纪念册　生命纪念册主要是回顾逝者的生平。可以个人或者家庭一起做一个有关于逝者的回忆记录。这个记录包括关于家庭事件的故事、照片和其他重要的人或事物的重要纪实,也可以包括前面提到的所有家人写给死者的信、卡片、绘画等。生命回顾可以协助家人追忆、哀悼逝者更加真实的形象。除此之外,孩子在日后还能够回头重新阅览这本记录,将失落再一次整合进他们不断成长改变的生命中。例如,重庆市石桥铺殡仪馆就以给需要的丧者家属制作逝者的《刻录生命》纪念册为悲伤抚慰服务的切入点,引导丧者家属回顾逝者的生命故事、相片、给逝者写信,为丧者家属提供悲伤抚慰服务。

⑤ 引导想象　协助丧者家属闭上眼睛想象逝者或者张开眼睛想象逝者坐在空椅子上或者在身旁,然后鼓励丧者家属与逝者说想说的话,这是一种很有力量的技巧。它的力量并非来自想象,而是来自丧者家属当下的存在感。那一刻,丧者家属与逝者对话,不同于单方面谈论逝者。引导想象,既可以引导丧者家属对逝者的去世表达悲伤,也可以协助丧者家属处理与逝者未完成的事情。例如,模块四的[综合案例]中,社会工作者通过引导刘玲想象与母亲对话,化解了与母亲之间未了的恩怨。

悲伤抚慰模式的技巧除这里阐述的 5 种外,强调、使用象征、认知重建、绘本等等技巧都是可以在社会工作者对丧者家属进行悲伤抚慰的过程中使用的。

【案例 8-4】（文中均为化名）

2017年6月，服务对象杨承夫妇的儿子因病去世，夫妇俩在殡仪馆为儿子办理了火化，社会工作者在其丧礼结束后一周进行跟进，提供悲伤抚慰服务。

社会工作者了解到：老两口独自居住，身体状态不太好，丈夫患有高血压，妻子患有高血压和糖尿病，两人因身体原因，很少外出，日常仅仅在周边散散步。妻子因患糖尿病引发眼疾，眼睛不太好。两人均是某电机厂退休，主要经济来源为退休工资，每月两人的主要开销为看病吃药，家庭收支基本持平。两人生育了两个儿子，去世的是小儿子，大儿子住在其他地方，平时较少来看父母。去世的小儿子早年离异，与前妻生育了一个女儿，现在其前妻与孙女在北京生活，节日和生日会给老两口发来祝福。

老两口因儿子的去世近期经常有情绪低落、沮丧，偶尔有失眠和头晕现象，精神恍惚，讲话时有气无力，眼里有血丝；经常哭泣，有内疚情绪，情绪比较低落，偶尔会幻想儿子仍然在世，有轻微的睡眠障碍。

在儿子生病前，老两口与儿子关系比较紧张，虽然这样，儿子生病后老两口还是悉心照顾，但与儿子的关系一直未化解，直至儿子去世。又伴随老年丧子之痛，在情绪方面的问题较为突出。

接案后，社会工作者应用悲伤抚慰模式，从以下方面提供服务。

社会工作者通过自我介绍、项目介绍、出示工作证等向老两口澄清了身份，前期通过积极的倾听、关注，与服务对象建立专业关系。

重述对儿子的回忆。社会工作者以生命纪念册为工具，与服务对象共同回顾逝者生前的故事，翻看儿子生前照片。妻子的情绪比较悲伤，一直在流泪，陈述："想给他（去世的二儿子）做一本纪念册放在这里，以后孙女回来可以看看。"社会工作者及时回应："嗯，孙女可以通过纪念册了解亲生父亲的故事，让女儿可以了解父亲。"案主微笑着说："嗯嗯嗯，对，离婚后，孙兰（前儿媳妇）带孙女去了北京，就很少见面了。"

在服务过程中，社会工作者进一步了解到了夫妇对儿子愤怒和不满的原由，倾听案主陈述儿子生前故事的同时，同理案主情绪，给予案主陪伴。最终夫妇俩与儿子完成道别。

在服务结束后，社会工作者通过电话回访和家访，对老两口的情况进行了进一步的跟进，服务对象合理接受了儿子去世的事实，与儿子的关系进行了和解。现在偶尔会翻看儿子的生命纪念册，情绪较稳定，看到儿子年轻时照片，老两口脸上充满笑容。天气好的时候，也会到小区里去走走。

案例中，社会工作者以家访的方式，向服务对象提供悲伤抚慰服务，与服务对象建立了良好的专业信任关系，通过悲伤抚慰，协助服务对象完成与逝者的和解和告别，使服务对象获得了较大改变。

8.5 心理社会治疗模式

心理社会治疗模式在社会工作服务各个领域被经常运用。在殡葬社会工作领域，心理社会治理模式也是常用的模式之一，下面将从心理社会治理模式的理论基础和主要方法进行介绍。

8.5.1 心理社会治疗模式的由来

心理社会治疗模式最早是在 1928 年被美国的精神病理社会工作者玛丽杰·雷特提出个案社会工作将进入到心理学导向。1930 年,美国史密斯学院的富兰克·汉金斯首先提出了心理社会。1937 年,美国哥伦比亚大学的戈登·汉密尔顿在《个案社会工作的基本概念》中首次采用"心理社会治疗模式"一词,并系统说明了心理社会治疗模式的主要理论,心理社会治疗模式正式形成。心理社会顾名思义是指人是由生理、心理及社会各部分组成,其中的互动作用促进各部分之间不断地彼此影响。丧者家属除了需要面对因为亲人去世而带来的悲伤、内疚、焦虑等心理情绪外,同时亲人去世前和去世后一系列社会因素也会对丧者家属的当前状态产生重大影响。

 8.5.2 心理社会治疗的理论

心理社会治疗模式受到了众多理论学派,诸如心理分析理论、自我心理学、社会学的角色理论、人类学的家庭理论、学习理论、系统理论等的影响,集大成于一家,从而成就了自身丰富的理论。心理社会治疗模式主要的理论基础包括以下几个。

(1) 心理分析理论

心理社会治疗模式受到了弗洛伊德心理分析理论人格三结构、心理防御机制和早年生活经验几个思想的影响。

人格结构理论是心理分析理论的基本构成。弗洛伊德认为,人格划分为本我、自我和超我三个部分。本我代表着原始的本能,是与生俱来的,本我的目标是满足性欲和攻击性冲动以及消除饥饿等本能。本我遵循"快乐原则"。自我处于本我和超我之间,随着人的成长,自我慢慢被唤醒。自我类似于弗洛伊德早期所说的"意识"。自我遵循"现实原则",努力追求本我的冲动和超我理想的折中。超我由良心和自我理想两部分组成,超我代表的是社会道德和生活的理想,是自我努力的方向。超我遵循"至善原则"。三个人格分别遵循不同的原则,执行不同的任务,共同构成完整的人格。

为解决三个人格之间的冲突,弗洛伊德进一步提出了自我防御机制。自我防御机制是面对挫折和焦虑时人的自我保护机制。因为心理防御机制的存在,人们才能够直接或者间接地消除内心的矛盾和冲突。弗洛伊德提出了投射、补偿、转移、否认、合理化等多种防御机制。

同时,弗洛伊德还提出,人的成长要经历口唇期、肛门期、性器期、潜伏期、生殖器期五个阶段,每个阶段都分别对应特定的发展任务,一个阶段顺利发展后下一阶段才能顺利发展。如果某一个阶段的发展任务没有完成,被压抑下来,对今后的某个阶段会产生不利影响。所以弗洛伊德得出结论,童年的生活经验对成年生活会产生重大影响。这个结论在社会工作中影响非常广泛。

(2) 人在情境中理论

心理社会治理模式关于人的假设是建立在系统论的基础之上的,按照心理社会治疗模式的观点,理解一个人仅仅从生理因素出发是不够的,还必须充分考虑到其心理和社会因素。心理社会治理理论认为,人的行为是生理、心理和社会三个重要因素综合作用的结果。正因为如此,对一个人的行为进行分析时,就应该充分考虑这三个因素。不要把人看作是孤立的个人,而应该把人放在特定的情境中来理解。

8.5.3 心理社会治疗理论的价值取向

综合上述心理社会治疗的理论基础,殡葬社会工作者在服务过程中,只有了解了该模式的理论基础和价值取向,才能更好地运用该模式。心理社会治疗理论重要的价值取向有以下几个方面。

(1) 关于人的基本假设
① 人的行为受到生理、心理、社会多种因素的共同影响。
② 人的行为是可以认知的,也是可以改变的。
③ 人的早年生活经验会对现在或者未来产生重要影响。
④ 人的行为是可以被预测的。

(2) 行为分析的具体原则
① 人的当前行为往往受到早年生活经验的潜在影响。
② 当前社会环境的不适会引发案主的行为问题。
③ 人的行为出现问题是因为人格结构出现了内在问题。

(3) 关于治疗的价值取向
① 要尊重服务对象,接纳服务对象。
② 应该承认服务对象的需要,并以服务对象为中心。
③ 应该承认服务对象自决的权利,引导服务对象自我成长。
④ 应该鼓励、协助服务对象通过改变环境来改变自我。
⑤ 应该尊重服务对象的差异性,强调个别化治疗。

8.5.4 心理社会治疗模式的步骤

殡葬社会工作者运用心理社会治疗模式的服务过程可以分为初步接触、心理社会研究、问题诊断、确定目标、实施治疗五个步骤。

(1) 初步接触
殡葬社会工作者在初次接触服务对象时,要向服务对象详细介绍社会工作者,提供服务的性质、内容和方式,以及帮助服务对象走出悲痛或者解决困难的可能性,尊重服务对象的决定,让服务对象自己决定是否接受社会工作者的服务。

在初步接触阶段,殡葬社会工作者能够取得服务对象的信任,建立专业关系,十分重要。在建立关系阶段,社会工作者的态度尤其重要,对服务对象表现出真诚、关心和无条件地接纳,有助于信任关系的建立。

(2) 心理社会研究
心理社会治疗采用研究—诊断—治疗的架构,心理社会研究是观察并系统整合所有观察资料的过程。社会工作者必须对服务对象的人-情景有所了解,了解服务对象如何看待面临的问题,例如丧者家属如何看待亲人去世这件事情。社会工作者要全面、深入了解丧者家属的情况,可能需要追溯丧者家属的童年经验、家庭关系、死亡观念等,同时也要注意观察服务对象的情绪和身体状况,例如是否失眠、做噩梦,是否有焦虑、内疚、自责等情绪。

(3) 问题诊断
心理社会治疗模式的问题诊断分成三个种类:心理动态诊断、根由诊断、分类式诊断。

心理动态诊断是诊断服务对象性格中的超我、自我、本我之间的互动。弗洛伊德认为超我的强弱程度和自我的调节功能影响人的心理平衡。另外，家庭成员之间的互动也是重要的问题诊断的依据。根由诊断是指把服务对象过去的经验和现在的行为之间进行分析。分类式诊断是把服务对象的各方面的功能进行分析评估，例如服务对象的身体健康状况、情绪状况、社会功能等。

（4）确定目标

心理社会治疗模式的目标一般为缓解服务对象的情绪，例如降低丧者家属的焦虑和不安；降低因亲人去世而带来的人-情境系统的功能失调；增强服务对象的自我适应能力和系统功能；改善服务对象所处的环境帮助其解决问题。

（5）实施治疗

心理社会治疗模式根据针对的具体对象不同，分为直接治疗和间接治疗。直接治疗是服务对象和社会工作者直接进行研究、诊断和治疗的过程；间接治疗则是社会工作者和与服务对象有关的人、组织进行沟通的过程。直接治疗和间接治疗有很多相应的技巧，例如支持、直接影响、宣泄、讨论等。

【案例8-5】

服务对象陈晨的母亲，于2018年6月18日因肺部感染引发并发症去世。母亲生前是教师。退休后身体一直不太好，不能行走。服务对象与父亲共同居住，但与父亲的关系并不十分密切，服务对象现在正在办理退休手续，要提前退休。服务对象的悲伤情绪、孤独感较严重，支持系统较为薄弱。社会工作者拟运用心理社会治理模式。社会工作者初次接触陈晨，向她介绍了服务项目、社会工作者及服务内容，与服务对象建立了信任关系。服务对象向社会工作者述说了她的悲痛和困难，社会工作者一直保持着对服务对象的积极关注和接纳。服务对象对母亲的去世一直还无法接受，因为服务对象从小就与母亲建立了亲密的连接，母亲是教师，每年寒暑假都会带服务对象出去游玩。服务对象一直未婚，与母亲的亲密关系一直未打破，母亲去世后，服务对象表现出十分悲痛、孤独、不适应，甚至在办理退休手续。服务对象与母亲生前的关系"裹"在了一起，生活、社会交往的中心全部是以母亲为中心进行，母亲去世，让服务对象出现了社会功能的受损，心理亲密关系破裂。社会工作者确定的目标是降低服务对象因为母亲去世而带来的人-情境系统功能的失调；增强服务对象在没有母亲情况下的适应能力；帮助服务对象提高社会交往能力。社会工作者通过各种支持技巧与服务对象建立了信任性的关系，以便服务对象能够积极地参与服务过程。通过引导服务对象与其他家人、朋友沟通，增强家人之间的相互支持，建立家人之间的支持系统；提供正面的方法让服务对象主动去建立新的社交圈，增强服务对象的社会交往能力。

综合案例

再见青春

——殡葬社工介入失独家庭的悲伤抚慰模式案例

一、背景介绍

（一）基本资料

服务对象1：程明敏（化名），男，50岁

服务对象2：白虹（化名），女，45岁

服务对象关系：夫妻
逝者姓名：程程（化名）
逝者性别：男
逝者年龄：16岁
与服务对象关系：父（母）子

（二）背景资料

1. 接案来源

重庆市殡葬事业管理中心在2018年推出悲伤抚慰服务项目，殡葬社工驻点重庆市石桥铺殡仪馆，为丧者家属提供悲伤抚慰服务，4月6日，殡仪馆职工告知社工服务对象可能需要社工服务，社工进入守灵厅堂，主动接触服务对象。

2. 基本情况

服务对象夫妇年仅16岁的独子就读于重庆市某重点中学高中二年级实验班，在参加年级体能测试时晕倒，后送医院急救无果死亡。夫妇俩完全无法接受儿子的去世，到达殡仪馆治丧前，曾与就医医院和就读学校发生摩擦，儿子遗体是2天前强制送到殡仪馆，现处理完与学校和医院事宜，夫妇俩到殡仪馆，希望给儿子短暂的人生一个完整的告别。

3. 家庭关系

服务对象夫妇仅有程程一个儿子，一家三口关系紧密、和谐，去世的儿子程程从小到大非常懂事，学习很努力，初中时从年级200多名提升至20几名。母亲11年来一直全职照顾儿子，从重庆的北部到沙区租住房屋，陪伴儿子读书。程明敏每周末也到沙区陪伴儿子，说"与儿子关系像朋友一样"。

4. 行为表现

服务对象程明敏在治丧守灵期间，负责治丧事宜的沟通处理，语速较快，有时说话稍显零乱，与人沟通经常仰头，不让自己流泪。服务对象白虹披着小被子坐在沙发上，目光呆滞，不与人交流。

5. 情绪状况

程明敏情绪压抑，眼眶泛红，眼中有泪光，但努力让自己不流泪。白虹脸色泛白，两眼无神、空洞，整个人表现得很麻木。

6. 支持网络

在殡仪馆治丧期间，因逝者程程年龄小，家中其他亲人因相信地方习俗（不参加年龄小、辈分低的逝者葬礼），不愿意到殡仪馆，所以在整个治丧过程中主要是服务对象夫妇在殡仪馆守灵和处理治丧事宜，仅有白虹的姐姐偶尔陪伴左右。在殡仪馆治丧期间，服务对象的支持网络较为薄弱。

二、分析预估

服务对象夫妇面临儿子的突然离世，家庭结构发生重大改变，社工初步分析，服务对象可能面临以下问题。

① 情绪问题：痛失爱子，服务对象陷入极度的悲伤、绝望和痛苦之中。

② 信任问题：服务对象认为儿子的去世系医疗事故，出事后，院方和学校未能给予服务对象合理和及时的解释，漠视服务对象的情绪，致使服务对象出现了"医闹""校闹"等行为，让服务对象失去了对公立单位的信任，打破了自己几十年的认识和价值观，觉得这个世界是"冰冷的"。

③ 地方风俗问题：重庆地方丧葬风俗是晚辈去世，长辈不为其守灵和送葬。服务对象坚持为儿子守灵，送别儿子最后一程，与家中其他长辈发生了一些冲突。

服务对象的优势：服务对象的职业是教师，具有较高的文化素养，有较强的沟通理解能力和情绪控制能力。在到达殡仪馆前，他们与医院和学校进行了多次沟通，宣泄了一部分情绪。

服务对象的劣势：面对儿子去世，很多家人不理解，不出席葬礼，服务对象的支持网络薄弱，除了白虹的姐姐，基本无支持。

三、服务计划

（一）服务目标

① 帮助服务对象宣泄悲伤情绪。
② 增强服务对象对他人的信任感。
③ 缓解治丧过程中地方风俗带给服务对象的冲突。

（二）服务策略

社工通过定期走访、面谈，协助处理治丧事宜，与服务对象建立专业的信任关系，掌握服务对象动态，引导服务对象宣泄情绪，增强心理能量；真诚地与服务对象沟通，站在服务对象的角度处理问题，在服务过程中让服务对象感受到温暖，弥补服务对象在前期感受到的冰冷；实事求是地告知重庆地区殡葬风俗，解释风俗可能的由来，尊重服务对象自己的决定。

四、服务计划实施过程

第一步：协助服务对象处理治丧事宜，建立良好的信任关系。

服务对象在殡仪馆治丧的第一天，社工主动进入守灵厅堂进行自我介绍，认识服务对象，告知服务对象能获得的帮助。因服务对象的支持网络较薄弱，社工在治丧过程中给予了服务对象协助，如协助服务对象接待前来悼念的朋友等，与服务对象建立了良好的信任关系。

第二步：引导服务对象描述事件经过，建立心理现实，宣泄悲伤情绪。

信任关系建立后，社工关注服务对象身体和情绪的状态，引导服务对象描述儿子去世过程，"儿子上体育课时晕倒了""儿子明明就已经醒了，我还说不用急救""儿子因被强制进行急救去世了"，社工倾听服务对象的描述，同理其情感，不制止服务对象宣泄情绪。

第三步：真诚地与服务对象共同商议告别仪式，增强服务对象对温暖的感知，提升其对他人的信任感。

因服务对象考虑到儿子的同学只有假期有时间参加告别仪式，告别仪式定在第二天的下午，时间较为匆忙，社工同理服务对象的情感，"希望儿子的生命虽然短暂，但也有一个完整的结束"，真诚地与服务对象一起商议，怎样让程程的短暂一生可以在告别仪式上得以呈现。与服务对象共同布置守灵厅堂，让服务对象在过程中感受到他人的善意和温暖，修复服务对象感受到的"冰冷"，提升对他人和社会的信任感。

第四步：告知服务对象重庆地区殡葬风俗的解释，帮助服务对象进行适合自己的选择。

社工通过自我暴露和引用其他丧者家属在治丧过程中对殡葬风俗的选择，告知服务对象殡葬风俗是可以根据自己的情况选择的。同时，引导服务对象理解其他家人可能也会因为对殡葬风俗不同的理解做出不同的选择。

第五步：通过在告别仪式上设计书写"寄语卡"环节，引导服务对象对逝者告别。

社工通过将逝者生前充满笑容的生活照片打印布置厅堂，引导参加告别仪式的逝者的同学给逝者书写"寄语卡"，向逝者告别，同时以逝者口吻回信，与父母和参加告别仪式的人告别，陪伴服务对象一起看同学们给儿子写的寄语卡和生前照片，引导服务对象和逝者告别。

五、总结评估

殡葬行业的特殊性，决定了殡葬社工服务的特殊性，丧者家属在殡仪馆治丧的两天时间里，殡葬社工需要快速地与服务对象建立专业的信任关系，并根据服务对象的情况进行问题分析、需求评估、制订计划及介入。此案例，殡葬社工团队共计为服务对象服务时数约858分钟，服务成效显著。

服务对象在社工引导下，宣泄了压抑的悲伤情绪，认识到悲伤不需要被压抑，哭泣是可以接受的；服务对象在殡仪馆内和儿子做了告别，最后微笑着和社工一起看儿子生前的照片，诉说儿子的故事；服务对象对社工说："谢谢你们！我在这里感受到了温暖！"服务对象在治丧期间感受到了来自他人的善意和温暖，提升了其信任他人和社会的能力。

六、专业反思

面对丧者家属这一特殊服务群体，在殡仪馆时间短，需要处理的具体事务多，殡葬社工发现服务对象当下需求，及时解决服务对象面临的问题，快速与丧者家属建立信任关系的能力非常重要。在服务介入过程中，社工与服务对象共同探讨，制订计划，完成共同任务，同时不忘初心，以人为本，关注服务对象本人，也是个案成功的重要因素。

（注：本案例由重庆市冬青社会工作服务中心提供）

小　　结

本模块通过对殡葬社会工作中常用的几大实务模式，危机干预模式、生命教育模式、"全程陪伴"模式、悲伤抚慰模式和心理社会治疗模式的理论背景、具体开展情况的探讨，为殡葬社会工作者提供了在殡葬社会工作实务开展过程中可以参考和借鉴的实务模式流程、步骤和技巧等。

思考与练习

一、单项选择题

1. 创伤后应激障碍持续时间长，同时可能伴有下面哪些症状（　　）。
   A. 反复回忆、兴趣减弱、无希望　　　B. 反复回忆、兴趣减弱、有希望
   C. 偶尔回忆、兴趣减弱、无希望　　　D. 反复回忆、兴趣高涨、无希望
2. 下面选项中不属于危机干预步骤的是（　　）。
   A. 确定服务对象的问题　　　　　　　B. 保证服务对象的安全
   C. 与服务对象确定应对方式　　　　　D. 陪伴服务对象策划告别仪式
3. "全程陪伴"模式中的每日随访的主要内容是（　　）。
   A. 协助丧者家属处理治丧事宜，给予丧者家属情绪支持和心理陪伴
   B. 替丧者家属做治丧决定，给予丧者家属情绪支持和心理陪伴
   C. 协助丧者家属完成告别仪式，关注丧者家属的情绪和心理
   D. 与丧者家属商定告别仪式内容，给予丧者家属情绪和心理的支持
4. 悲伤抚慰模式的程序不包括（　　）。

A. 排除生理上的疾病　　　　　　B. 建立服务关系
C. 处理丧者家属的情绪问题　　　　D. 协助丧者家属办理治丧

5. 心理社会治疗模式的步骤不包括（　　）。
A. 初步接触　　B. 心理社会研究　　C. 问题诊断　　D. 建立专业关系

二、多项选择题

1. 下面哪些模式适用于经典危机干预模式（　　）。
A. 平衡模式　　B. 认知模式　　C. 心理社会转变模式　　D. 悲伤抚慰模式

2. 在实务过程中，生命教育模式常常以（　　）的方式开展。
A. 殡仪馆开放日　　B. 生命教育小组　　C. 生命教育进社区　　D. 生命教育进学校

3. 下面选项中属于悲伤抚慰模式的原则有（　　）。
A. 协助丧者家属承认失落
B. 帮助丧者家属认识并体验情感
C. 帮助丧者家属在失去逝者的情况下活下去
D. 给予丧者家属充分的时间去悲伤

4. 心理社会治疗模式的理论基础有（　　）。
A. 心理分析理论　　B. 人在情境中理论　　C. 人本主义理论　　D. 行为理论

5. 心理社会治疗模式关于人的假设有（　　）。
A. 人的行为是可以认知的，也是可以改变的
B. 人的行为是可以被预测的
C. 人的行为受到生理、心理、社会多种因素的共同影响
D. 人的早年生活经验会对现在或者未来产生重要影响

三、单项实训

服务对象张女士，45岁，家庭为三口之家，张女士、丈夫、儿子24岁，均为公务员。服务对象在上大学时，经母亲的朋友介绍与当时在上大学的丈夫认识结婚。因早年的成长经验对自己现在的生活有一定的影响。服务对象的原生家庭为再婚家庭，母亲的第一任丈夫在19岁时结婚，育有一子，离婚后，和服务对象的父亲结婚。父亲的第一任妻子因病去世，育有2个儿子。父母结婚后，生育了4个孩子，服务对象是最小的女儿。家庭中共有6个孩子。服务对象陈述母亲有严重的重男轻女思想。小时候经常被打、骂，对服务对象产生了严重的影响。服务对象在高中就开始出现了觉得活得没有意义的想法。服务对象说在母亲来家里住之前，对母亲一直有怨恨，觉得母亲在其小时候不应该打骂自己。2013年母亲在服务对象家住了1年多，期间服务对象和母亲发生冲突时，服务对象会向母亲诉说母亲之前对自己的打、骂，偶尔会故意气母亲，当时的母亲变得比较包容。母亲去世后，她对母亲又出现内疚和自责情绪。张女士陈述觉得活着没有意义，觉得自己是可有可无的存在，从高中开始就有这样的想法，觉得自己像空气一样。

分小组，根据案例的基本情况制订服务计划，并从五大实务模式中选择你觉得最适合的实务模式进行实务讨论和演练。

PPT课件

模块 9 殡葬社会工作的实务技巧

 学习目标

本模块从向丧者家属及殡葬从业者两大主要服务对象提供社会工作实务服务的角度，阐释语言类技巧及非语言类技巧的运用，以期帮助社会工作者在开展实务工作中运用沟通技巧来增长专业知识，达到有效帮助服务对象解决问题的目的，将社会工作专业价值观付诸实践。

9.1 对于丧者家属的实务技巧

9.1.1 实务技巧使用原则

（1）态度胜于技巧

对于丧者家属，亲人的死亡无疑是一种负面情绪的集合，既有死别的伤心、绝望、内疚，也有面对新环境的无助、孤独。社会工作者能为之提供的不仅仅是陪伴和疏导，还有葬礼咨询及葬礼结束后的跟进服务。主动、爱心、坚持，这些端正良好的态度是社会工作者提供高质量服务的开端，是能否精准使用实务技巧的关键。

（2）多听胜于多说

了解别人最好的方式便是倾听。社会工作者在接触丧者家属时，首先要做的就是给服务对象时间来宣泄自己复杂的情绪，这既可以帮助社会工作者了解服务对象，也可以帮助服务对象通过述说来缓解情绪压力。倾听在这一过程中尤为重要，过多的语言介入在初期往往不能起到预想的效果，甚至可能会起到反作用。

（3）同理胜于同情

生老病死是人的常态，但因为情感的纠葛使得这一过程变得复杂，尤其对于一些意外死亡的逝者、为他人奉献生命的逝者或年纪较轻的逝者，社会工作者也会受到情感的冲击，站在旁观者的角度，怜悯丧者家属，最终导致介入工作的失败。因此，在接触服务对象时，社会工作者应更多地使用同理心而非同情心，才能与服务对象建立专业关系，获得信任。

9.1.2 语言基础

语言是人类特有的一种非常有效的沟通方式。社工与服务对象有效工作的关键就在于沟通技巧的使用。语言的沟通包括口头语言、书面语言、图片或者图形。语言沟通可用于信息的传递、思想的传递和情感的传递。

(1) 语言沟通要素

语言沟通过程包括沟通主体（发送者）、沟通客体（接收者）、信息、信息渠道等基本要素。

① 主体/发送者　即信息源与沟通发起者，这是沟通的起点。

② 编码　即组织信息，把信息、思想与情感等内容用相应的语言、文字、图形或其他非语言形式表达出来，就构成了编码过程。

③ 信息通道　即媒介、信息的传递载体。沟通除了面谈外，还可借助电话、传真、电子邮件、手机短信等媒介传递信息。

④ 解码　即译码，是接收者对所获取的信息（包括中性信息、思想与情感）的理解过程。

⑤ 客体/接收者　即信息接收者、信息达到的客体或信息受众。

⑥ 反馈　接收者对信息的理解和态度，接收者向发送者传送回去的反应即反馈。

(2) 语音、语调

语音、语调包括了说话声音的高低、强弱、粗细、快慢以及各种语气。从沟通效果的角度看，语音、语调的确比文字重要。

语音、语调影响对方听觉接收效果，在引起情绪共鸣上有决定性的作用。例如，人们在表达高兴时，语速一般比较快，声强较高，声音响亮并伴有呼吸声；在表达悲伤时，语速稍慢，声强较低，声音较模糊且有共鸣声。

语音语调也可以传递说话者的态度情绪，是赞扬、支持、亲切、活泼，还是批评、反对、严肃、郑重等等。比如，表达爱的情绪，要气徐声柔，口腔宽松，气息深长；表达悲的情绪，要气沉声缓，口腔如负重，气息如尽竭。

社会工作者在注意自己说话的语音、语调外，也要倾听服务对象的语音、语调。比如，要注意服务对象整个句子的语势变化。语势包括波峰、波谷、上山、下山等类别。表示情绪亢奋时，语流运行采取由低向高的声调，句尾音强而向上扬起。这种语势常用于提出问题、等待回答、感到意外、情绪惊恐；中途顿歇，全句未完；发布命令，进行号召等。降调则表示情绪稳定，语流运行状态由高向低，句尾音弱而下降。它一般用于陈述句、肯定句、感叹句、祈使句等。

再如，服务对象的停顿和重音不同，传递的意义也不同。把握重音、停顿的关键，是找到重音和停顿的确切位置，这就需要明确讲话的重点，弄清话语主旨，真正把握每句话的表意重点。同一句话，由于重音、停顿的位置移动，阐述的意义就会发生变化。"我今天很痛苦。"如果重音在我，传递的是服务对象对自我的一种强调，如果重音在痛苦则表达的是一种情绪感受。与丧者家属交流时，社工的语音、语调要稍慢，吐字要清晰，声强较低，适时使用合理的非语言技术。

(3) 语言上的禁忌

语言上通用的禁忌也适合殡葬社会工作服务。如一些语句不适合使用：命令式"再努力些"，会令服务对象抗拒、逃避、自卫；说教式"你应该这样"，会令服务对象羞耻、内疚及不满；争辩式"事实是这样""你这样不对"，会令服务对象产生自卫、反驳及不敢坦言心声；批评式"都是你的错，才会导致今天的局面，你把事情搞砸了"，会令服务对象自卑及反抗；分析式"你都是因为怕才会这样做"，会令服务对象愤怒、不安及自卫；逃避式"我们不要说这些了"，会令服务对象感到被拒绝而不敢坦言；责问式"你为何不这样做"，会令服务对象觉得你对他或她不信任、不尊重。

此外，殡葬社会工作者服务的人群具有特殊性，因此，在语言使用上有一些区别于常态的要求。比如，通常适用于其他服务行业使用的送别用语"再见！""欢迎再来！""下次再来！"在殡葬社工服务中显然是不适宜的。社工在服务过程中，必须使用符合殡葬服务单位特殊性的礼貌用语。比较适合社工采用的送别用语有"请慢走""请走好""请保重""请多多保重"等。

9.1.3 澄清

澄清是一种社工识别服务对象的想法、感受和经历的技巧。当服务对象的信息太抽象或太模糊时，社工可以要求服务对象明确词语的意思，或者问题发生的频率和持续的时间。服务对象会假设社工理解他们的意思，因此不必再充分解释，除非社工要求澄清。例如，一个丧者家属可能会说他和家人在一起，社工可能想通过询问细节，弄清楚"在一起"确切包括了哪些活动；当服务对象提及"人们""他们""家人""我的朋友"等时，一定要明确服务对象的意思。服务对象可能会用"经常""有时候"或"有点儿"等修饰词，敏锐的社工就会去准确地理解这些词的意思。社工可以和服务对象一起核实他们对服务对象谈话的理解，以做进一步澄清。

澄清应被运用于服务对象正在谈论一种情境而社工还未充分了解的时候。相应地，社工必须尽可能清楚地回应，以便服务对象理解社工的真正意思。因此澄清是在社工与服务对象之间形成的一个互惠过程。社工可能曲解了服务对象的信息，对服务对象的情况形成了错误的理解或臆断，因此当社工不确定服务对象的信息时一定要澄清。比如可以询问："这是您的意思吗？"或"这是您想说的吗？"再者，社工可以让服务对象详细说明一个特定话题，或给出关于情境、行为或情感的具体例子。

(1) 澄清的作用

一是服务对象表达的那些模糊不清的观念、情感以及遇到的问题，社工想要明了服务对象的真实感受、真实事件；二是服务对象要弄清自己的所思所感，明白自己的真实处境，来改善自己的状态。

(2) 适用范围

① 将模糊问题澄清　服务对象用含糊的字表达其心理问题。如"我没有希望了""我恨死了"等。社工要设法将服务对象模糊的情绪和思想清晰化。

例如

服务对象：今天是我人生中最悲惨的一天。

社工：你能告诉我都发生了什么事吗？

服务对象：总之全都是不如意的事……所有不好的事都被我摊上了。

社工：那咱们一件件来说，好吗？

通过沟通，社工可把握服务对象所说的悲惨事情，能进一步了解服务对象的认知方式和行为特点。有时，服务对象觉得烦恼、苦闷，具体化询问后，或许会发现问题并没有自己预想的那么多，情况没有自己想象中糟糕。

② 将过分概括化的问题澄清　即以偏概全的思维方式，将个别事件上升为一般结论；对某一事件的看法发展成对某人的看法，把过去扩大到现在和未来。

例如，社工：你说逝者生前对你不好，在哪些事情上对你不好？能举些例子吗？

通过具体化分析，发现根源是过分概括化的思维。这是一种认知的偏差，需用认知疗法来改变其错误的认知。

③ 将概念不清的问题澄清　概念不清的解决方法是对概念进行解释、澄清。比如有些服务对象从网络或传媒上了解了一些词语，在没有真正了解其含义的前提下，就乱给自己贴标签、下定义，诸如"抑郁症""精神分裂症""被迫害妄想症"等。例如，服务对象声称自己得了幻想症，经常看到逝者，但经过诊断，服务对象只是太过悲痛和疲惫，产生暂时性幻象。

（3）注意事项

社工须专注地倾听服务对象的叙述，才能发现服务对象叙述中含糊不清的地方；有时候澄清技术搭配其他技术，更能贴近服务对象的感觉，让服务对象愿意进一步说明；如果服务对象的叙述有一个以上含糊不清的地方，社工可以选择关键性的部分，让服务对象具体描述该部分的细节；不要怕给服务对象留下"理解力不强""缺乏领悟力"的印象而不愿意提问，只是自己去猜测、判断。最简单、节省而有效的办法是做澄清反应，不要乱给服务对象贴标签，因为会对服务对象有暗示、强化、批评的作用，应谨慎。如"你是个悲观主义者""你的性格过于内向""我觉得你太自卑"。常用开放式提问来解决，如"你能说得更具体点吗？""你怎么知道的？""能给我举个例子吗？"

9.1.4 面质

面质是社工用以指出服务对象信息中矛盾的一种技巧。矛盾有两种形式存在：一是服务对象的行为与他（她）的陈述不一致；二是服务对象的真实内容与他陈述内容不一致。在面谈中，社工或许会对服务对象言语的与非言语的信息之间的明显脱节感到困惑，并且可能需要进一步探索服务对象的问题。希望提供一些见解，尽可能地促使服务对象改变。在使用面质技术时，社工应该以不判断、无威胁和非对抗的方式进行。如果不注重面质的方式，服务对象会很难接受或承认那些确定无疑的矛盾，因为有保全面子的考虑。与服务对象面质时，社工可采用以下两段式的表述形式："一方面你……但另一方面……""你说……但是你也说到……""你说……但是行动上你似乎……""我听到……但是我也听到……"。

为了在助人关系中有效地运用面质，社工首先必须与服务对象建立一个信任和安全的环境，以降低服务对象的戒备心理，减少服务对象的焦虑和"被攻击"的感觉。因此在进行面质之前，社工与服务对象建立起一段稳固的治疗关系非常重要。面质是一种必须使用的技巧，社工需要提供大量的支持。这种技巧帮助服务对象解决被他们回避的问题。面质也有助于从服务对象的观点中辨识服务对象的真实状况。

作为社工要始终牢记你的生活经历会影响你对服务对象及其境况的反应；一定要将自己的价值观、个人准则和信念置于助人关系之外；监控自己对服务对象的反应；如果发现自己对服务对象发怒（或态度粗暴），非常重要的点是与你的督导一起处理这种回应并讨论其可能的意义。在一段时间内，小规模面质可以对一些服务对象起到很好的作用。这些服务对象个体可能需要更多时间领会面质的长远意义。对促进长期模式或处理方式的有关问题进行面质，服务对象常常会产生恐惧或矛盾心理。要理解服务对象并不情愿立即进行改变，也不情愿用完全不同的方式做事或做不切实际的考虑。决定改变需要时间，发生改变也需要经历一段时间。

9.1.5 积极反馈技巧

在与服务对象的工作中,要时刻注意给予服务对象积极的反馈,以确保让其了解社工在认真倾听及对其的尊重。

(1) 反馈的态度

① 回应之前应确保社工自己所要表达的意思是经过认真考虑的,能让服务对象确实感受到自己的真诚和理解。

② 切忌盛气凌人、居高临下的姿态。回应时避免埋怨、指责或故意贬低服务对象。

③ 善用换位思考。反馈要针对服务对象的需求,站在服务对象的立场和角度上考虑问题,针对服务对象最为需要的方面给予回应。

(2) 反馈的时机

① 反馈要及时,但不一定是即时。一方面要保证反馈的时间在社工与服务对象双方的记忆中非常清晰;另一方面要给服务对象留有适当的思考时间,以促进沟通交流的良性发展。

② 通过观察服务对象言语中表达的情感或情绪,灵活选择反馈的最佳时机,避免在对方情绪较为激动时进行反馈。

(3) 反馈的语言

① 反馈的语言要确定、具体,便于服务对象理解。

② 尽量使用和善、委婉的语言,避免发生正面冲突。笼统、抽象或带有成见的语言对反馈是不利的。

③ 把反馈的重点放在最重要的问题上,确保服务对象能够理解和接受。

④ 当不满意所收到服务对象的反馈时,可以将社工自己的疑问反馈给对方,进行双向反馈。如安排的社工作业没有按时完成,可以要求服务对象对此做出信息反馈,并表达社工自己的反馈。

(4) 反馈的氛围

① 沟通双方应努力营造开放、友好的沟通氛围。

② 紧张的氛围会引发沟通双方的防御性行为和语言。

③ 积极、正面地回应对方,避免消极反馈的出现。

9.1.6 倾听技巧

从中国繁体字的"聽"可以看出,一个耳朵,两只眼睛,一心一意,将被听者视为王,才能构成"听",也就是社工实务中要做到的倾听。

(1) 听的层次

工作生活中,社工会听到各种各样的信息,但却不能一一全部接受,这是因为听是有层次之分的。

第一层次——心不在焉地听。倾听者心不在焉,几乎没有注意说话人所说的话,心里考虑着其他毫无关联的事情,或内心只是一味地想着辩驳。这种倾听者感兴趣的不是听,而是他们正迫不及待地想要说话。这种层次上的听,往往导致双方关系的破裂,是一种极其危险的倾听方式。

第二层次——被动消极地听。倾听者被动消极地听所说的字词和内容，常常错过了讲话者通过表情、眼神等体态语言所表达的意思。这种层次上的倾听，常常导致误解或错误的举动，失去真正交流的机会。另外，倾听者经常通过点头示意来表示正在倾听，讲话者会误以为所说的话被完全听懂了。

第三层次——主动积极地听。倾听者主动积极地听对方所说的话，能够专心地注意对方，能够聆听对方的话语内容。这种层次的听，常常能够激发对方的注意，但是很难引起对方的共鸣。

第四层次——倾听。倾听不是一般的"听"，而是用心去"听"，这是一个优秀倾听者的典型特征。这种倾听者在讲话者的信息中寻找感兴趣的部分，他们认为这是获取有用信息的契机。这种倾听者不急于做出判断，而是感同身受对方的情感。他们能够设身处地看待事物，总结已经传递的信息，质疑或是权衡所听到的话，有意识地注意非语言线索，询问而不是质疑讲话者。他们的宗旨是带着理解和尊重积极主动地倾听。

社会工作者在为服务对象提供服务时，要做到第四层次的倾听，才能保证服务质量。

(2) 倾听的含义

倾听是接受口头和非言语信息、确定其含义和对此做出反应的过程。倾听是一项技巧，是一种修养，甚至是一门艺术。要实现积极的倾听，首先就要做到耐心、专心、虚心。要保持心理高度的警觉，随时注意服务对象倾谈的重点。每个人都有他的立场及价值观，因此，社会工作者必须站在服务对象的立场，仔细地倾听他所说的每一句话，不要用自己的价值观去指责或评断服务对象的想法，要与服务对象保持共同理解的态度。

当服务对象向社工诉说时，社会工作者要使用并观察其肢体语言，注意非语言性的暗示。服务对象嘴巴上说的话实际可能与非语言方面的表达互相矛盾，社工要学习去解读情境。即使服务对象还没开口，他们内心的感觉，就已经透过肢体语言清清楚楚地表现出来了。社会工作者如果态度封闭或冷淡，服务对象很自然地就会特别在意自己的一举一动，比较不愿意敞开心胸。如果社会工作者的态度开放，那就表示他愿意接纳服务对象，很想了解服务对象的想法，服务对象就会受到鼓舞。开放的肢体语言包括：不要交叉双臂，手不要放在脸上，身体稍微前倾，常常看对方的眼睛，点头，并配以"是""嗯"等中性评价性语言，既能表示社工对谈话的认同，又能给服务对象以精神上的鼓励。当然，也可以使用重复话语的技巧，如运用"按我的理解，你的意思是……""你是说……"以及"所以你认为……"等句式来重述服务对象的观点。这种重复表明社会工作者在倾听并需要确认服务对象话中的含义。重复的重要性在于让社会工作者及时发现有无曲解服务对象的话语。此外，总结式的语言也很重要，社工可尝试利用"你主要是说……"和"如果我的理解没错的话，你认为……"等说法，让服务对象对社会工作者的总结做出反应，避免社会工作者先下主观结论，这在倾听的过程中更有价值。在倾听服务对象谈话的过程中，要认真揣摩服务对象要表达的感情和含义，努力理解他的内心世界，帮助社会工作者迅速找到能够与服务对象产生精神共鸣的话题和内容。"有动于中，必形于外"，当社会工作者内心的感情与服务对象达到共鸣时，表情会自然而然地随着谈话内容而发生变化，情感上会和对方产生交流，比如说到悲伤之处，社工会屏气凝神，让服务对象感受到社工的专注。这种积极的情感反馈自然会获得良好的倾听效果。

(3) 倾听的注意事项

① 注意观察服务对象的综合表现　确定沟通对象的主要观点，不仅需要关注服务对象阐述的文字内容，也需注意沟通对象在提出主要观点时使用的语音、语调、助声词及非言语

技巧等。例如，服务对象可能会就某一问题突然提高声音、说得更快、重复关键词或使用身体前倾，手握拳状肢体动作等等。

② 不急于鼓励服务对象开口　在使用倾听技巧时，有时会因为有些服务对象过于伤痛而哭泣不止或沉默不语，此时社会工作者不必急于鼓励服务对象开口，应该判断服务对象出现情况的原因，如果是因为对社会工作者的抵触或不信任，社会工作者应该用简单的词语介绍自己及工作任务；如果是服务对象情绪找不到合理宣泄口，社会工作者应该引导服务对象叙述逝去亲人的生平和自己的情感体验，帮助其宣泄情绪。但无论怎样都不要急于让服务对象开口，倾听他们的情绪是好的实务工作的开始。

③ 切勿盲目诊断　有一些社会工作者依托专业背景，在与服务对象接触中急于下诊断，导致服务对象的反感。社会工作者首先应该在确定知道服务对象完整的意思后再做出反应。有时服务对象停下来并不表示他们已经说完想说的话，让他把话说完整并且不插话，这是对服务对象的尊重。其次，倾听后要与服务对象共同协商、讨论，对有疑问或不能准确理解的问题再次沟通，积极反馈，达到准确接纳信息后，尊重服务对象自决。

④ 事后回顾，整理出重点　社会工作实务中除了要做好服务，积累经验也是非常必要的。因此，当社会工作者在面谈结束后，要回顾一下服务对象的话，整理出其中的重点所在。社会工作者必须删去无关紧要的细节，把注意力集中在服务对象想说的重点和服务对象主要的想法上，预估出服务对象的问题，并且在心中熟记这些重点和想法，并在适当的情形下给服务对象以清晰的反馈。

9.1.7　同理心技巧

在日常工作生活中，一些安慰他人的日常用语，如"别这样感情用事！应该理智一点！"，让人们从小养成更多关注事实而轻视情感的安慰模式。人们更注重的是所发生的事情，而不是包括你我在内的人的感受。人们学着习惯性地忽视它，甚至改变它。或者有的人虽然关注到感情了，但却以"别难过，至少你……"的方式同情他人。比如，对情绪低落的人，人们常说："开心点！至少你曾经拥有过"；对心灵受创的人，人们会说："别哭！至少你幸福过"。这样的同情并不能帮助他人。大部分社工也如常人一般接受抑制情绪的教育和观点，久而久之会使得社工对情感慢慢地陌生了，但事实上情绪并未消逝。情感是对某种情况或经验的自发性反应，大部分反应均来自人们的身体。虽然情感来了，无法控制，也不能制止，但仍然可以控制对感受的反应及态度。社工要承认情感的确存在于身体内，并用合理的方式帮助丧者家属宣泄出来。

同理心技巧是设身处地从丧者家属的角度去看和感受事物，并且正确地传达自己的了解，使其觉得被理解和接受，这是社工实务工作中贯穿始终的技巧之一，能给丧者家属带来巨大的支持力量。

(1) 同理心四步法

① 收听自己的感受　同理心的起始是先收听自己的感受，假如无法触及自己的感受，而想要体会别人的感受，就太难了。因此，首先社工必须能把自己调整到可以发掘自己感受的状态，调整自己的情绪。

② 表达出自己的感受　社工要在多次的实务演练中寻找到自己的风格，并选择一个适合自己且能被丧者家属接受的表达方式，将自己对服务对象的感受准确传递给服务对象。

③ 倾听服务对象的感受　只有自己的感受与表达方式不再干扰社工倾听服务对象后，

社会工作者才能开始练习体会他人的情感,才可以帮助社工找出服务对象感受的更多线索。

④ 用理解来回应服务对象的感受 最后,社工听到服务对象的感受就会发出准确的反馈,并能让服务对象感受到社工理解他的感受,且能体会他的情感,让服务对象感觉不再孤单。

因此,收听自己以找出自己的感受、表达它们、体会他人的情感并与之起共鸣,是同理心发生的四个过程。

(2) 同理心的层次

在进行社工专业面谈时,社工要回答是否理解服务对象表达的感受和含义,并做出反馈。这使社工能测量或显示自己对服务对象所说的经验、感受和含义究竟了解的有多准确。

第一层次:社工漠视内容和感受。第一层次是同理心的最低层次,其实根本不算是同理心。这个层次的社工不但不注意服务对象的语言和行为的表达,也根本不注意也不表示他听到了什么。他会漠视、争辩、否定服务对象所说的话。

第二层次:社工对服务对象表达的内容,会换用另一种说法,但是对情感却视而不见。属于第二层次的社工只对服务对象说话的内容和问题有所反应,但会忽略服务对象的真实感受。这种社工对别人的表面情感可能表示某种程度的知道,但表达的方式会减弱感受的意义。总之,属于第二层次的社工回答的,多半是比较不相关的部分,也就是谈话的浅表内容。

第三层次:社工对内容和感受都有改换说法的回答。属于这一层次的社工会对服务对象情感有所反应,故他的改换说法是可以和对方起交替作用的,因为他们其实是在重复对方的话。社工想要练成的就是这种改换说法的能力。他所做的表达会让人觉得自己的感受有了知音。社工不减低但也不增加服务对象所表达的,这是最基本的要求,服务对象对表达出来的内容和感受有所回应。

第四层次:社工能够收集所有的信号,然后以另一种说法回答。属于这种层次的社工对服务对象的感受了解的比他自己还要深入。他能够领悟所有的音调、字眼、表情、说话速度、姿态等等。社工能帮助服务对象进一步了解自己的感受,帮助他表达更深的情感和真意,而且还能继续演进。总之,第四层次的社工所说的话,能表现出他对服务对象所表达的有更深的了解,社工能做更多的反应,对服务对象没有说的话,以及所说的内容与含义以外的背景有所回答。无言之声就是在这层次出现的。服务对象可以用另一种方式表达,像字句、行动、语调、表情、沉默、矛盾等等,社工能将听到的事组合成另外一套完整的说法,然后再传递回去。这需要社工在大量实务中积累经验以达到此层次的同理心。

(3) 使用同理心技术注意事项

社工要走出自己的参照框架而进入服务对象的参照框架;用探索性的口气来表达,请服务对象修正;同理心的表达要因人、因地、因时、因环境而不同;要考虑服务对象的文化背景;在同理心过程中,要使语言和非语言结合;角色把握到位,进得去,出得来,保持中立。

9.1.8 提问技术

适当提问能引发丧者家属通过语言表达来追思逝者,宣泄情绪。

(1) 提问的流程

提问的流程包括提问、倾听和汇总。提问的目的是收集服务对象的个人与环境资料并对此加以讨论。倾听的目的是与服务对象建立良好的关系,鼓励服务对象敞开心扉并从中获取能帮助服务对象的资料。汇总是验证、探究服务对象的需求和解决方案，使社会工作者与服务对象达成共识。在提问的流程中要注意运用沟通技巧，提出问题、解释原因并进行阶段性总结。

(2) 问题的类型

提问的方式分为开放式提问及封闭式提问。从答案来划分，只有一个答案的问题是封闭式问题，有多种答案的问题是开放式问题。封闭式提问可以有效控制沟通节奏，有助于将谈话内容控制在某个范围内，同时有利于获得特定的信息，省时省力，便于统计。缺点是会抑制开放的讨论，可能会错过更重要的资料。例如，您是这周二有时间还是下周二有时间进行下次个案？开放式提问可以获得广泛、更深入的信息，帮助社会工作者更深入了解服务对象或问题的复杂性。缺点是使用过度会导致太多的信息，话题混杂，易浪费时间。例如：在之后发生了什么？你今天想谈些什么？你能再多告诉我一些吗？

(3) 提问的分类

① 针对性问题　针对性问题是针对某一技术性或专业性提出的问题。针对性问题能让社工获得细节，当不知道丧者家属的答案是什么的时候才使用，通过提出一系列有针对性的问题，就这些问题进行了解。

② 选择性问题　选择性问题也算是封闭式问题的一种，就是丧者家属只能回答"是"或者"不是"。这种提问用来澄清事实并发现问题，主要的目的是澄清事实。比如说："您通知其他亲属了吗?"丧者家属只能回答"是"或者"不是"。

③ 了解性问题　了解性问题是指用来了解逝者信息的一些提问。在了解信息时，要注意有的丧者家属会比较反感提的问题。

④ 澄清性问题　澄清性问题是指正确地了解丧者家属所说的问题是什么，了解丧者家属沟通真正的原因是什么，澄清问题。

⑤ 征询性问题　征询性问题是告知丧者家属问题的初步解决方案。例如，"您看……?"。

⑥ 服务性问题　服务性问题也是殡葬社会工作服务中非常专业的一种提问。一般来说，在丧者家属服务过程结束时，用以评估服务满意度时使用。

(4) 提问的注意事项

① 提问要有目的　提问是引导服务对象有方向地讨论和得到反馈的工具。通过提问，要收集信息、发现需求、征求意见、积极反馈。

② 提出的问题应紧扣主题　提出的问题要紧绕面谈的内容和主题，通过提问要把服务对象的谈话引入需要讨论重点的信息范围。

③ 提出的问题要少而精　太多的提问会打断服务对象的思路，扰乱其情绪。要根据谈话的内容、交谈双方的个人风格特点来确定提问的数量。

④ 问题表达要明确　提出的问题要明确、具体，不可带有诱导性。提问时语言精练、观点明确、抓住重点。

9.1.9　沉默技术

沉默技术是指社工咨询过程中，因为某些因素，服务对象无法继续所谈的内容而不再做出表述及反馈。社工因为知道某些重要的信息正在服务对象的内心运转，而允许服务对象沉默，让谈话暂时停顿，并且在服务对象沉默之后，询问服务对象沉默时发生的事。在进行殡葬社会工作中，时常会遇到服务对象的沉默表现，虽然社工与服务对象的外在互动暂时停下，可是就心理层面而言，社工咨询的进行并未中断，只是在沉默中进行。社工此时应仔细观察服务对象的非语言行为变化，并且等待服务对象开口表达。服务对象或完全沉溺在自己的内在世界中，或正思索着是否将令人难堪的经验坦诚说出，或正抽丝剥茧地查阅过往的经验，埋头苦思地想要理出头绪。由于社工允许服务对象沉默，使得沉默后所继续的谈话内容更能反映服务对象问题的重点。

（1）服务对象沉默的原因

第一，服务对象未完全信任社工，唯恐坦诚的表达会被社工耻笑或批评，因此犹豫不决，沉默不语。在这种情况下，如果社工按捺不住，催促服务对象实言相告，服务对象受到逼迫，厌恶感霍然而起，就会让防卫的外壳更加严密。有些社工忍不住沉默引起的尴尬，于是急促地丢给服务对象一个问题，希望借着服务对象的回应，解除沉默的僵局。服务对象正处于说与不说的犹豫，社工丢出的问题，让徘徊在嘴边的话语再次压抑下去，并且借着回答社工提出的问题，将社工的注意力转移。社工随意的一个问题，虽然让彼此都能喘了口气，但是也丢失了解决问题的先机。正确的做法是社工允许服务对象沉默，在一段时间后，如果服务对象仍然沉默不语，社工可以使用以下叙述，"刚刚有一段时间的沉默，不知道在这段沉默的时间里，您想些什么？"这样一问，服务对象只好放下犹豫的心思，据实以告。

第二，服务对象正在整理他的思绪，需要一段时间才能理出头绪。这时候，社工必须耐心等待。如果社工迫不及待，服务对象也就只好胡乱丢掷零碎的信息，满足社工的急迫需要。

第三，社工的问题，服务对象从未思虑过，因为不知如何回答，所以不知不觉沉默下来。就像以上两种情况一样，社工仍需耐心等待。如果从服务对象沉默的动作，实在难以判断服务对象沉默的真正原因，可以借鉴一个基本的处理规则，就是允许服务对象沉默，耐心等待服务对象开口。如果一段时间之后服务对象仍然沉默不语，就套用以上的话："刚刚有一段时间的沉默，不知道在这段沉默的时间里，您想些什么？"

总而言之，服务对象的沉默有其背后的意义，社工应当沉着应战，给予服务对象充分的沉默时间，然后以适当的问题，询问服务对象沉默时内心的所思与所感。

（2）服务对象沉默的类型

① 成长性沉默　这种沉默是服务对象在治疗中成长所必需的。当潜意识要进入到意识层面来时，服务对象需要时间来成长。体会情感需要时间，思考问题需要时间，表达感情需要时间，回忆往事需要时间，调整心情，从激烈的情绪中走出来需要时间。有时这种成长可以在语言表达时同时进行，有时则需要语言的中断。治疗的震动越大，成长的机会越大，就越需要停止语言，全身心去体会和捕捉。在一个治疗单元中，如果服务对象一直都在滔滔不绝或是眉飞色舞地长谈，或服务对象不出现较长时间的沉默，一般意味着工作只是停留在意识层面，治疗中没有什么问题值得服务对象去深思，没有什么现象让服务对象去感动，治疗的效果可想而知。因此，沉默往往是成长最重要的时候，适当的沉默是治疗成功的一个标尺。

② 症状性沉默　这是服务对象在治疗中不可避免要出现的沉默，因为它是症状的一种表现，如社交恐惧症、抑郁症等都有可能是沉默症状之一。服务对象的某种经历、情绪、观念不便于表达，或者不敢表达，生怕引起社工的反感或是批评。有时，是由于社工还没有取得服务对象的充分信任，使服务对象对一些东西欲言又止，外显为沉默。再有，服务对象的情结被击中，处于失语状态。因此，治疗过程中，服务对象的情结触发时，沉默就有可能

出现。

③ 策略性沉默　表现出前两种沉默时服务对象是被动的，是受潜意识驱使的。而策略性沉默却是主动的，受其意识支配的。当服务对象觉得社工不能解决自己的问题时，就会以沉默表示反抗；当社工的观点与他的不一致或是相抵触，他不好直接表达时，会以沉默表示拒绝；当社工对服务对象的经历、信念表示鄙视或是轻侮时，服务对象会以沉默表示愤怒；当服务对象过分依赖社工，不信任自己时，会示以沉默希望社工能接过话题，给予教育；当社工出于自己的好奇或是急躁，过早地想要服务对象披露创伤时，服务对象会刻意地报以沉默以回避话题等等。

(3) 沉默技术的适用时机

通常，社工在面对被动服务对象或接案时，常常会遇到服务对象沉默，这时社工应该主动与服务对象建立好专业的工作关系，给服务对象时间以思考。沉默技术可以使用在社工咨询的任何时刻、任何阶段。只要服务对象出现沉默反应，社工就可以使用沉默技术。但要注意的是，允许服务对象沉默，不代表放任服务对象置之不理，要在沉默期间仔细观察服务对象的肢体语言，适时进行介入。

(4) 注意事项

① 服务对象在沉默多长时间后，社工才能介入，这个问题没有固定的答案，必须依当时的状况而定。

② 服务对象沉默时，社工须仔细观察服务对象非语言行为的变化。

③ 新入职的社工，面对服务对象的沉默常会手足无措，不知如何是好，于是在慌乱中，就会随意丢给服务对象问题，这种做法会将谈话导引到无关的主题上。

(5) 沉默技术的功能

① 让社工有机会掌握服务对象未表达的重要信息　服务对象的沉默有其意义，如果社工给服务对象沉默的时间，服务对象在沉默之时，虽然无言以对，但沉默之后，却可能带来重要的契机。面谈显不出效果的原因之一，就是社工无法深入服务对象的内在世界，追溯盘根错节的源流始末，协助服务对象跳脱执迷与固着。如果服务对象沉默的时间被剥夺，咨询的进行就可能在不同的主题跳跃盘旋，无法拨开旁枝末节，直入咽喉要塞，探索原委始末。

② 给服务对象足够的时间整理思绪　有时候社工的问题，让服务对象哑口无言，因为服务对象需要时间整理、归纳，才能给社工答案。如果社工耐心等待，服务对象就有机会将零碎的信息串连，为无意义的想法重新批注，让峰回路转的惊人发现凸显。如果社工心浮气躁，无法耐心等待，在逼迫下，服务对象只得放弃原先绞尽脑汁的努力，匆忙地随意应付。于是，面谈的内容就会停留在断简残编中，拼凑不出整体的模样。

(6) 沉默的处理原则

① 遵从本质性沉默和工作性沉默　社工工作中非常重要的一个方面就是沉默，以沉默和敬畏面对服务对象本身，这其中主要的工作是高度共情，精确地进入到服务对象的身心世界，辨别和处理好移情与反移情，给服务对象以纠正性的情感体验。同时，社工要时时提防自己消极性的沉默。沉默一出现，第一个问题就是要问是不是自己的情结反应。其次，不要过分执着于沉默。

② 尊重成长性沉默、利用症状性沉默　社工在服务对象出现沉默时可能会紧张、慌乱，这时社工先要辨识是哪种性质的沉默。社工要知道沉默在治疗中是正常、必需的现象，对于成长性的沉默，社工不要慌乱，要给服务对象以足够的时间。社工可以给予高度的共情，这正是社工本质性沉默的运用时机。

9.1.10 非语言技巧

社工沟通的方式不外乎语言和非语言两种。通过词语，我们能传达信息，而通过肢体语言，我们可以传达出自己的思想和情感。

(1) 非语言沟通的方式

① 标记语言　用手势、代号等代替文字语言的特殊标记系统。

② 行动语言　包括那些不特别用于代表某种信号的所有身体运动，不但会显示身体的移动或完成某种动作状态，而且可以显露与此动作有关的其他信息。

③ 物体语言　人们有意无意地摆设的一些物体，其特定的形态也能十分准确地表达某种含义。

(2) 非语言沟通的含义

非语言沟通指的是在沟通环境中除去语言刺激以外的一切由人类和环境所产生的刺激，这些刺激对于交流的双方具有潜在的信息价值。或者说，非语言沟通是人类在语言之外进行沟通时的所有符号。概括地说，非语言沟通是不使用语言的沟通，它包括的信息是通过身体运动、面部表情、利用空间、利用声音和触觉等产生的。

(3) 非语言沟通的特点

① 沟通性　在一个互动环境中，非语言符号总是不停地沟通着。只要参与者双方开始进行沟通，自始至终都有非语言沟通在自觉或不自觉地传递着信息。

② 情境性　与语言沟通一样，非语言沟通也展开于特定的语境中，情境左右着非语言符号的含义。相同的非语言符号，在不同的情境中会有不同的意义。

③ 组合性　非语言沟通常以组合的方式出现。在非语言行为过程中，人们可以同时使用身体的各种器官来传情达意，因而在空间形态上具有整体性的特点。

④ 可信性　一方面，由于语言信息受理性意识的控制，出于自我保护的原因而说谎话。另一方面，一个人的非语言行为是其整体性格的表现以及个人人格特性的反映，最能反映和折射出服务对象最真实的想法。

⑤ 隐喻性　非语言表达同语言表达的明确性相比较，具有很大的隐喻性质。

(4) 非语言沟通的作用

① 表达情感　非语言沟通的首要功能是感情和情绪的表现，这个功能是通过情感表达实现的。

② 调节互动　调节动作被用于维持和调节沟通的进行。非语言暗示，如点头、对视、皱眉、降低声音、改变体位、靠近对方或离开对方，所有这些都调节着信息的传递。

③ 验证语言信息　当非语言传递的信息验证了语言信息时，沟通是最有效的。

④ 显示自我情况　非语言沟通帮助人们在他人面前恰如其分地表现自己的形象，也可帮助人们表现他们想在他人面前表现的形象。

⑤ 表示人际关系状态　非语言沟通有确定关系的作用。非语言暗示反映人际关系状态。

在整个沟通过程中，肢体语言的作用占 55%；讲话者的语音、语调也会影响交流，作用占 38%；而讲话者的用词作用，仅占 7%。肢体语言的表达常常是无意识的，和其他的任何交流方式一样，一个人传递给他人的肢体语言所表达的意思可能是不明确的，但它常常比词语更加直接。所以说肢体语言对于社工与服务对象的沟通至关重要。

(5) 表情

表情指人们表现在面部的思想感情,它是凭借眼、眉、嘴以及面部肌肉的变化等体现出丰富内容的信息。人们对现实环境和事物所产生的内心体验以及所取的态度,就是通常所说的感情,它经常有意无意地通过面部表情显示出来。表情最能反映出一个人的特性。在所有非语言沟通中,人们认识最趋一致的就是脸部表情,因为这是最显眼而且容易一目了然的神态。表情在面对面的口语沟通过程中是心灵的屏幕,能够辅助有声语言传递信息,表达人们的感情。因此,在实务工作中,社工要时刻观察服务对象的表情,以判断服务对象的情绪变化。此外,社工要对自己一些不利于良好沟通的面部表情加以控制,如嫉妒或不信任时会将眉毛上扬。得体的表情包括眼神、笑容、眉、嘴的诚恳坦率、轻松友好、落落大方、自然得体、由衷而发。

(6) 目光

① 目光的功能 爱憎功能、威吓功能、补偿功能、显示地位功能。

② 目光的具体运用 增强自觉的控制能力,要使眼神的变化有一定的目的,表现一定的内容:热情诚恳的目光,亲切;平静坦诚的目光,稳重;闪耀俏皮的目光,幽默;冷淡虚伪的目光,不悦;咄咄逼人的目光,不寒而栗。

③ 目光运用的时间 两个人的对话中,通常相互注视的连续时间占整个对话的 10%~80%。

(7) 手势

① 手势的含义 手势作为人体语言的一个重要方面,在沟通中起着不可多得的作用。手势,即以手的动作态势示意。手势语是通过手和手指语来传递信息,包括握手、招手、摇手和手指动作等。手势作为信息传递方式,是先于有声语言的。

② 手势的要求 明确精练,自如和谐,体现个性。

③ 手势的作用 人们常常用手势来代替语言行为,用来强调某一问题或通过这种非语言方式描述语言,给说话者提供缓解紧张的机会。

(8) 微表情技巧

微表情是一种持续时间仅为 1/25 秒至 1/5 秒的非常快速的表情,表达了人们试图压抑与隐藏的真正情感。比如,人们高兴时会嘴角翘起,面颊向上抬起,眼睑收缩,眼睛尾部会形成"鱼尾纹"。

(9) 抚摸

抚摸是非语言交流的特殊形式,在不适合语言表示关切的情况下,可用轻轻的抚摸来代替。有时出于专业需要,对服务对象产生一种无声的安慰。当服务对象产生负面情绪时,社工轻轻抚摸服务对象的手或额部,有时拍拍服务对象的背部,可以减轻服务对象的痛苦,消除孤独的感觉,同时还可以感受到社工的亲切。

9.1.11 文化融合技巧

殡葬风俗习惯属于民间风俗,是指在一个国家或民族中由广大民众所创造享用和时代传承的殡葬习俗的统称。殡葬风俗与习惯也可以简称殡葬习俗,它源于人类社会群体生活的需要,在特定的民族、时代和地域中不断形成、扩大、演变。纵观历史,殡葬风俗习惯来自于民众,传承于民众,深藏在民众的心里,规范着民众的殡葬行为。我国的殡葬风俗有鲜明的民族特点、地方差异。比如,汉族是中国 56 个民族中人口最多的民族,约占全国总人口的

90%。汉族的主要殡葬习俗是讲究殓殡厚葬，以丧礼哀泣死亡，以葬礼处理遗体，以祭礼悼念先人。汉族丧礼以哭表示悲哀，以丧服表示沉痛。安葬时，讲究入土为安。办理丧事举行吊唁祭奠活动。

在为丧者家属提供社会工作服务时，社会工作者除了要熟悉治丧服务流程和事宜，协助丧者家属办好治丧事宜，也要充分内化殡葬地方习俗意义，了解殡葬地方习俗来源，恰当地与殡仪馆殡葬礼仪进行结合内化，为丧者家属提供"科学的、合理的"解释。殡葬绕不开传统习俗，一些殡葬习俗具有一定的悲伤抚慰意义，而一些殡葬习俗却带有负面的引导。社工应充分了解殡葬习俗，内化殡葬习俗的意义，取其精华，去其糟粕，在服务过程中向丧者家属解释习俗背后的意义，让丧者家属选择是否遵从。实践中，保持价值中立和服务对象自决原则，详细解释和澄清服务对象的疑问，充分尊重服务对象的选择，往往能够有效化解治丧过程中产生的矛盾。

9.2 对于殡葬从业者的实务技巧

9.2.1 认同技术

认同是接纳的基础，是一种基本的沟通技巧，指在沟通中寻找共同的话题，接纳对方的某种看法。殡葬从业者受到传统文化对行业的认识局限，有时很难得到他人甚或家人的认同。因此，在对殡葬从业者进行社会工作服务时，要多使用认同技术。

认同技术常用的表达句子：①你说得很有道理；②我理解你的心情；③我了解你的意思；④感谢你的建议；⑤我认同你的观点；⑥你这个问题问得很好；⑦我知道你这样做是为了我好；⑧以"噢？""这样？""那之后？""还有呢？""然后呢？""事实上？""真的？"等回答，用"嗯""啊""我懂""我能体会""请继续""原来如此""有意思"表示认同；⑨重复谈话中的一两个关键词；⑩也可重复一段话的最后一句。

在使用认同技术时要配合相应的非语言技巧。比如交流时要有目光接触；身体前倾表示兴趣；不做多余的动作令对方分心；适当的手势；点头；有意的默不作声等。

9.2.2 鼓励技巧

(1) 先启发后鼓励技巧

在对服务对象给予鼓励之前，必须先对服务对象进行启发，使他们明白要求和规则，这样在采用鼓励方法时，服务对象才能获得自信和成就感。所以，鼓励最好的方法是启发。

(2) 适时鼓励技巧

鼓励要抓住时机。当服务对象取得进步时，社工应及时给予鼓励，因为这表示服务对象所取得的成果已得到了别人的承认。

(3) 适度鼓励技巧

鼓励要适度。鼓励要保持一定的频率，过频的鼓励会造成服务对象的压力或对鼓励的麻木。因此，控制好鼓励的频率才能保证鼓励对服务对象的效果。

(4) 注意事项

① 鼓励服务对象内容不能超出他的能力范围，要鼓励服务对象最少期望的改变。

② 采用优势视角，发现每个服务对象的独特之处，而不是以优衬差，什么事都拿其他人与服务对象相比较。

③ 过错时采用鼓励，不但让服务对象容易接受社工的鼓励，内心还会产生压力，这种压力会激发服务对象更加努力。

9.2.3 自我表露

自我表露即社工与服务对象交往时，自愿地在服务对象面前将自己内心的情感和信息真实地表达出来的过程。这一概念强调了实务沟通的双方关系，体现了个体表达自身感受和信息的主观意愿。自我表露可以适当地将社工自己类似的感受、经验、行为和服务对象分享，能够促进相互间的交流，通过交流增进感情、密切关系。通过自我表露，还可以进行心理调适，增进彼此的自信心等。适当的自我表露，不仅会拉近社工和服务对象的距离，增加同理心的真实性、示范作用，还可以使服务对象得到启示，增进对问题的了解。

(1) 自我表露的原则

① 不可使用假经验，对服务对象有益的内容才可表露，以对方为焦点，次数和时间不可太多、太长，否则会模糊焦点，造成压力，分散服务对象的注意力。

② 使用我开头（个人化）；分享不同深度的感受；中性字眼描述事件或情境；指明前者对他人或自己的影响，启发服务对象。

③ 服务对象要求分享个人信息、引发辅导、表态等问题时可以使用。

(2) 自我表露步骤

首先，一定的了解与信任是前提。比如，一个服务对象在失落悲伤的时候会去找一个自己的知心朋友或者家人、亲戚去倾诉，去表露。人在伤心的时候总想去倾诉，总希望得到其他人的理解与安慰，这是人类的本能需求。因此与服务对象建立专业信任关系是第一步。

其次，自我表露需要注意分寸。自我表露有两个基本维度：风险维度（一个社工如何限制他人对自己披露的信息做出反应）和表露维度（一个社工在表露过程中所包含信息的内容和暴露程度）。

最后，真正的表露不仅是一种倾诉，在倾诉下面是社工对事情的认识，人生的一种态度，也是对自己的一种反思。所以在使用自我表露时一定要做到谨慎、诚恳、客观、富有感染力。

(3) 自我表露的影响因素

社工和服务对象的个人特质（真诚、尊重、共情、保密等）、自我表露的内容（机密程度、积极的还是消极的等）、双方的关系（亲密程度、信任程度、双方是否都有表露的意愿等）、后果评估（是否造成不良后果、是否解决问题、是否担心等）、自我表露情境（表露场合、双方心理状态等）等因素。

(4) 不恰当的社工自我表露

尽管社工和服务对象可能在很多方面存在共同点，但是访谈的焦点应该集中在服务对象所关心的事情上。当社工分享了太多个人的信息，服务对象可能会把社工当作朋友而非专业人士。可以肯定地说，服务对象会对社工本人，对社工的想法和信念很好奇，会很自然地问社工很多私人问题（一部分也是为了缓解服务对象自己的紧张），试图更多地了解社工。这是很正常的反应，因为服务对象也在跟社工分享非常私密的信息。假如这种情况出现的话，作为社工，应该问问自己是什么激发了服务对象的兴趣，然后决定是否要与服务对象分享这些信息。分享个人信息时，注意对服务对象言语的以及非言语的反应进行及时评估。

恰当的自我表露的方法需要花很长时间学习。某种程度上在某些情况下自我表露很有必要并且是有益的。情谊、亲密感、信任以及彼此分享的理解都有治疗效果。坦率地告诉服务对象你会在恰当的时候分享自己的一些事情是一个很好的方法，但是只能在对服务对象有帮助的时候才分享，而不是为了满足社工自己的需要。仔细审视自己的意图，反思自己，"为什么我要分享这些信息？""我的这种自我揭露希望达到什么目的？"。

9.2.4 赞美技巧

赞美是对人类行为的一种激励和鼓舞。渴望得到别人的赞美，是人的心理需求。赞美是发现服务对象的优点，但不是发明服务对象的优点。赞美服务对象，仿佛用一支火把照亮他的生活，有助于信任关系的建立和专业关系的发展。尤其对于殡葬从业人员，获得社会的赞美显然是积极必要的，这代表着被社会认可和接纳。在小组活动和个案介入中，社工要从优势视角的角度出发，及时发现服务对象的可赞美之处，适度指出服务对象好的变化，增强服务对象的从业信心。

(1) 因人而异

人的素质有高低之分，年龄有长幼之别，因人而异，突出个性，有特点的赞美比一般化的赞美能收到更好的效果。老年服务对象总希望别人不忘记他"想当年"的业绩与雄风，同其交谈时，可多称赞他引为豪的过去；年轻的服务对象，可以赞扬他的创造才能和开拓精神，并举出几点实例证明他的确能够前程似锦；对于有地位的干部，可称赞他甘于奉献、廉洁清正；对于知识分子，可称赞他知识渊博、宁静淡泊……当然这一切要依据事实，切不可虚夸。

(2) 情真意切

虽然人们都喜欢听赞美的话，但并非任何赞美都能使对方高兴。能引起对方好感的只能是那些基于事实、发自内心的赞美。相反，你若无根无据、虚情假意地赞美别人，他不仅会感到莫名其妙，更会觉得你油嘴滑舌、诡诈虚伪。例如，当你见到一位其貌不扬的小姐，却偏要对她说："你真是美极了。"对方立刻就会认定你所说的是虚伪之至的违心之言。但如果你着眼于她的服饰、谈吐、举止，发现她这些方面的出众之处并真诚地赞美，她一定会高兴地接受。

(3) 详实具体

在日常工作中，人们有非常显著成绩的时候并不多见，因此，赞美服务对象应从具体的事件入手，善于发现别人哪怕是最微小的长处，并不失时机地予以赞美。赞美用语越详实具体，说明你对服务对象越了解。让服务对象感到你的真挚、亲切和可信，社工和服务对象之间的专业关系才会越来越稳定。如果你只是含糊其辞地赞美对方，说一些"你工作的非常出色"或者"你是一位卓越的领导"等空泛飘浮的话语，可能引起对方的猜度，甚至产生不必要的误解和信任危机。

(4) 合乎时宜

赞美的效果在于相机行事、适可而止，真正做到"美酒饮到微醉后，好花看到半开时"。当服务对象计划做一件有意义的事时，开头的赞扬能激励他下决心做出努力，中间的赞扬有益于服务对象再接再厉，结尾的赞扬则可以肯定成果。

(5) 雪中送炭

俗话说："患难见真情"。最需要赞美的不是那些早已功成名就的人，而是那些因被埋没而产生自卑感或身处逆境的人。殡葬从业者平时很难听到一声赞美的话语，一旦被人当众真诚地赞美，便有可能振作精神。因此，最有实效的赞美不是"锦上添花"，而是"雪中送炭"。此外，赞美并不一定总用一些固定的词语，见人便说"好……"，也要配合适当的肢体动作，如投以赞许的目光、做一个夸奖的手势、送一个友好的微笑等，也能收到意想不到的效果。

9.2.5 拒绝技巧

在实务工作中，服务对象有时会因为移情等因素向社工提出一些不合理或不符合工作内容的要求，此时，社工要使用拒绝技术来阻止这一行为。

(1) 直接拒绝

就是将拒绝之意当场明讲。采取此法时，重要的是应当避免态度生硬，说话难听。在一般情况下，直接拒绝服务对象，需要把拒绝的原因讲明白。可能的话，还可向服务对象表达自己的谢意，表示自己对其好意心领神会，借以表明自己通情达理。有时，还可为之向服务对象致歉。不妨采取自言自语的方法流露出内心思想，促使服务对象自己做出放弃的反应，不伤和气，又保全了面子。也可以采取先承后转法，是一种避免正面表述，采用间接地主动出击的技巧。即首先进行诱导，当对方进入角色时，话锋一转，制造出"意外"的效果，让服务对象自动放弃过分的要求。

(2) 婉言拒绝

就是用温和曲折的语言，去表达拒绝之本意。与直接拒绝相比，它更容易被接受。因为它更大程度上顾全了被拒绝者的尊严。社工要了解服务对象的特性和目的，试探对方的心理，然后发动心理攻势，让对方高兴，或反激对方自负等方法，使对方自我否定，放弃不合理的请求，拒人于无形之中。

(3) 沉默拒绝

就是在面对难以回答的问题时，暂时中止"发言"，一言不发。当服务对象的问题很棘手，甚至具有挑衅、侮辱的意味，"拔剑而起，挺身而斗"未必勇也。不妨以静制动，一言不发，静观其变。这种不说"不"字的拒绝，所表达出的无可奉告之意，常常会产生极强的心理上的威慑力，令服务对象不得不在这一问题上"遁去"。

(4) 回避拒绝

就是避实就虚，对服务对象不说"是"，也不说"否"，只是搁置此事，转而议论其他事情。遇上他人过分的要求或难答的问题时，均可一试此法。典型方法是移花接木法。服务对象提出甲事情，社工则换用乙事情去应付，从而巧妙地拒绝对方。

(5) 注意事项

① 拒绝的能力与自信紧密联系　缺乏自信和自尊的人常常为拒绝别人而感到不安，而且有觉得别人的需求比自己的更重要的倾向。不会拒绝让人们感到疲惫，感到压迫和烦躁。

② 保持简单回应　如果你要拒绝，坚决而直接。使用短语，如"感谢你，但现在不方便"或"对不起，我不能帮忙"。尝试用你的身体语言强调不，不需过分道歉。

③ 不要因拒绝感到愧疚，给自己一些时间　避免妥协，区分拒绝与排斥。拒绝请求是诚信的表现，需要注意的是拒绝请求并不是排斥一个人。社工有拒绝的权利，就像是服务对

象有权利要求助。

④ 看场合，再拒绝　私下拒绝，往往比当众拒绝好。有旁人存在，如果被拒绝，会使对方觉得很没面子，杀伤力太大。如果实在无法避开其他人，最好事后马上找机会，再与对方说明。

⑤ 表现友好，先肯定再拒绝　态度友善，先给予肯定再拒绝，能降低对方"被否定"的感受。与其说："我不同意你"，不如微笑着说："你做的很好，但是要是再完善一下那个部分就更好了"。

⑥ "贬低自己"胜过"否定他人"　比起单方面否定他人，社工可以表现谦虚、心有余而力不足的态度，适当贬低自己，平衡服务对象的期望落空的失落，同时记住"对事不对人"。与其说："我不能帮你"，不如换个方式说："我很想帮你，但这件事情我实在……"

9.2.6　职业微笑

殡葬从业者因为工作的需求，在岗位上不允许微笑。但在小组和个案服务中，社工要以专业的微笑来促进与服务对象友好、信任的专业关系的建立。

(1) 职业微笑的意义

职业化微笑通常指职业岗位的微笑技巧修养。社工服务仅有微笑是不够的，更重要的是要使服务发自内心，真诚地为服务对象服务。微笑是一种愉快心情的反映，也是一种礼貌和涵养的表现。

(2) 职业微笑的原则

① 要排除个人烦恼　一位优秀的社工脸上时常带着真诚的微笑。社工必须学会分解和淡化个人的烦恼与不快，时时刻刻保持一种轻松的情绪，把温暖和关心传递给服务对象。

② 要有宽阔的胸怀　社工人员保持愉快的情绪，心胸宽阔至关重要。接案过程中，难免会遇到出言不逊或情绪激烈的服务对象，社工一定要以宽广的胸怀去接纳和包容。

(3) 职业微笑的标准

首先——面部表情标准。

① 面部表情和蔼可亲，伴随微笑自然地露出 6～8 颗牙齿，嘴角微微上翘。微笑注重"微"字，笑的幅度不宜过大。上唇的位置应是露出上前牙和牙颈部牙龈 75%～100%，向上弯曲的曲线意味着嘴角比上唇中部的下界要高，上前牙曲线与下唇的平行；

② 微笑时真诚、甜美、亲切、善意、充满爱心。口眼结合，嘴唇、眼神含笑。

其次——眼神标准。

① 面对服务对象目光友善，眼神柔和，亲切坦然，眼睛和蔼有神，自然流露真诚；

② 眼睛要正视服务对象，不左顾右盼或心不在焉。微笑时要敢于正视对方，表现自然、自信和自尊，不能有羞涩之感；要平视服务对象，不可斜视；

③ 眼神要实现"三个度"。眼神的集中度：不要将目光聚集在服务对象脸上的某个部位，而要用眼睛注视于服务对象脸部倒三角区部位，即以双眼为上线，嘴为下顶角，也就是双眼和嘴之间。眼神的光泽度：精神饱满，具有亲和力，保持温暖的眼光，再辅之以和蔼的面部表情。眼神的交流度：迎着服务对象的眼神进行目光交流，传递对服务对象的敬意与善良之心。眼睛是心灵的窗户，心灵有了亲和的魅力，就自然会发出神采奕奕的眼光，就很容易形成具有磁性的亲和力的眼神，这样可以拉近社工与服务对象间的距离。

再次——声音语态标准。

① 声音要清晰柔和、细腻圆滑，语速适中，富有甜美悦耳的感染力。
② 语调平和，语音厚重温和。
③ 控制音量适中，让服务对象听得清楚，但声音不能过大。
④ 说话态度诚恳，语句流畅，语气不卑不亢。

最后，需要注意的几点：微笑，不要急于把牙都露出来，牙齿微露可以表示开朗真诚；上嘴唇不要有动作，随下唇轻微动即可，尽量保持嘴角微微上扬；不要扬眉瞪眼，应把眉毛放舒缓，再睁大眼睛（可以用手压住眉毛，睁眼练习）；不要人为有意识地把两腮的肉都堆起来，真正笑的肌肉是由神经组织协调完成的；微笑者要神态自若、双唇轻张、眉开眼笑、目光有神、热情适度、自然大方、规范得体；微笑的最佳时间长度，以不超过 7 秒为宜。

(4) 职业微笑的练习

第一阶段——放松嘴唇肌肉。

第二阶段——给嘴唇肌肉增加弹性。

形成笑容时最重要的部位是嘴角。如果锻炼嘴唇周围的肌肉，能使嘴角的移动变得更干练好看，也可以有效地预防皱纹。如果嘴角变得干练有生机，整体表情就给人有弹性的情感。伸直背部，坐在镜子前面，反复练习最大地收缩或伸张。

使嘴角紧张闭上张开的嘴，拉紧两侧的嘴角，使嘴唇在水平上紧张起来，并保持 10 秒。聚拢嘴唇使嘴角紧张，慢慢地聚拢嘴唇，卷起来的嘴唇聚拢在一起时，保持 10 秒。也可边张开嘴，边发出"E"的音，以达到嘴唇自然聚拢。

第三阶段——形成微笑。

这是在放松的状态下练习笑容的过程，练习的关键是使嘴角上升的程度一致。

第四阶段——保持微笑。

一旦寻找到满意的微笑，就要进行至少维持那个表情 30 秒的训练。

9.2.7 寻找共同点技巧

社工若能找到与服务对象的若干共同点，然后展开攀谈交流，后续的沟通一定会顺畅许多。寻找与服务对象相同点的方法，大致有以下几种。

(1) 听口音

听口音寻找共同点的方法很有效，但需要熟悉各地方口音，甚至能学会几句比较有标志性的话，当遇到有相关口音的服务对象时说上两句，很快能拉近彼此之间的距离。

(2) 问家乡

这是一种运用得比较广的方式。了解服务对象的家乡后，可以分以下两种情况进行沟通：若对那个地方熟悉，可与服务对象共同分享其家乡的特点、特色；若对那个地方不熟悉、不了解，则可以让服务对象谈谈他们自己认为不错的地方。

(3) 围绕事业，寻找话题的"闪光点"

任何一个对事业、对人生追求不怠的人，一旦与其谈起工作、人生方面的话题，就会神采飞扬起来。因此，能紧紧抓住这方面的一些"闪光点"去挖掘话题，定能取得良好的沟通效果。

(4) 围绕兴趣爱好，寻找话题的"共鸣点"

每个人都有自己的兴趣爱好，即使是再沉默寡言的人，只要谈起自己的兴趣爱好，也会变得口若悬河。在尚不了解对方的兴趣时，可先谈谈自己的兴趣爱好，抛砖引玉，然后在彼此的兴趣爱好里寻求共鸣点，以此增进了解和深化感情。

（5）围绕环境氛围，寻找话题的"着眼点"

环境氛围是一个动态变化、随意性较强而又具有丰富内涵的话题。一个善于观察事物、分析问题、处理矛盾的人，只要把寻找话题的着眼点放在环境氛围上，话题就会取之不尽、用之不竭。

（6）围绕社会生活，寻找话题的"兴奋点"

社会生活包罗万象，每个人在生活中总有一些体会最深切、最想说的话，最厌恶或最喜欢的人和事等等。如果在沟通中与服务对象出现"卡壳"情况，可选择对方最兴奋的地方去突破。例如：你最喜欢的季节是什么？你是否养过宠物？

综合案例

社会工作实务技巧在殡仪馆社会工作服务中的运用

何女士，45岁，无业，儿子15岁，因车祸去世，何女士夫妇从外地赶到殡仪馆辨认遗体，两人满面悲痛。悲伤和绝望让何女士身体瘫软无力，需要丈夫搀扶行走。值班社工发现了这一情况，主动接近夫妻二人，并提供了社工服务。

由于殡葬事宜的特殊性，在这里开展社会工作也具有特殊性。对于很多丧者家属尤其是那些非正常死亡者的家属来说，在殡仪馆办理丧葬的时候常会出现情绪失控、过度悲伤的场面。因此，社工通常要主动发现服务对象，并与他们建立专业关系。其次，社工要帮服务对象把悲伤的情绪宣泄出来，再给他们以温暖的抚慰。一是要使用同理心，表达对悲痛之情的同感，并使用沉默技术，安静等待服务对象宣泄情绪。在本案例中，社工先把夫妻俩扶到了休息室，让他们痛痛快快地哭出来，尽情宣泄悲伤。再次，社工使用反馈技术、认同技术和倾听技术，帮助服务对象回忆逝者生前的种种美好，减低服务对象的痛楚。在本案例中，何女士稍稍平静了一点，开始给社工讲她儿子以前的事情，给社工看手机里儿子的照片，社工则不时地给予回应，夸她儿子优秀，也顺势开导她要站在儿子的角度想，儿子肯定希望爸爸妈妈好好地活着。第四，社工使用抚摸技巧，给予服务对象力量和陪伴。在本案例中，社工一直抓着何女士的手，一直陪伴着这位母亲。最后，社工还要提供相关殡葬安排信息，协助服务对象处理好逝者后事。本案例中，社工陪何女士夫妇办理各种丧葬业务，和同事一起为逝者提供遗体服务，尽量把逝者的脸恢复到原来的样子。离去前，夫妻俩对社工一再表示感谢，社工也再次表达了希望他们好好生活的愿望。

小　　结

殡葬社会工作实务中，服务对象由于所生活的环境、文化素质、成长经历、经济状况等不同而千差万别，面对亲人逝世的看法和感受也不尽相同。这些高度的异质性给社工实务带来了挑战，但也让社工积累了大量丰富的实务经验，实践出不同的服务方法和技巧，并归纳出始终围绕以人为本开展社工服务的经验。社会工作者不仅要关注丧者家属的问题和需求，以丧者家属为本，理解其面临至亲去世的悲伤和治丧事宜的焦虑状态，接纳每个丧者家属面临亲人去世时表达悲伤情绪的不同方式和不同层面，也要关注殡葬从业人员的身心健康，并不断加强专业理论的学习，在实践中不断积累经验，提升专业服务能力。无论是个案、小组、社区三大直接方法，还是社会工作研究等间接方法，都可以使用相关的技巧来帮助服务对象达到事倍功半的解决问题的效果。

思考与练习

一、单项选择题

1. 提问的流程是提问、（　　）、汇总。
   A. 回答　　　　B. 质疑　　　　C. 澄清　　　　D. 倾听
2. 赞美技术不包括（　　）。
   A. 适度指出别人的变化　　　　B. 从否定到肯定
   C. 逐渐增强　　　　D. 锦上添花
3. 一般语速稍慢、平均基频稍低、声强较低、吐字较模糊的语调表达（　　）的情绪。
   A. 高兴　　　　B. 悲伤　　　　C. 愤怒　　　　D. 恐惧
4. 适合殡葬社工迎送的话是（　　）。
   A. 再见　　　　B. 很高兴认识您　　　　C. 您好　　　　D. 请您节哀
5. 面质使用时，社工可以采用（　　）。
   A. 具体是指什么？　　　　B. 我曾经也有这样的经历
   C. 你说……但你也说……　　　　D. 你说的意思是不是……

二、多项选择题

1. 沉默传递的信息可能是（　　）。
   A. 思考　　　　B. 有能力应付　　　　C. 探究情感　　　　D. 担心、害怕
2. 听的层次包括（　　）。
   A. 心不在焉地听　　B. 被动消极地听　　C. 主动积极地听　　D. 倾听
3. 澄清的使用范围有（　　）。
   A. 问题模糊时　　B. 问题过分概括时　　C. 问题概念不清时　　D. 任何时候
4. 社工实务技巧使用的原则（　　）。
   A. 态度胜于技巧　　B. 多听胜于多说　　C. 同理胜于同情　　D. 多做胜于启发
5. 同理心四步法是（　　）。
   A. 先收听自己的感受　　　　B. 表达出自己的感受
   C. 收听服务对象的感受　　　　D. 用理解来回答服务对象的感受

三、单项实训

根据下列案例陈述，假如你是社工，你该如何做？

案例背景介绍：小张，男，25 岁，参加殡葬工作两年，是一位遗体美容师，从小丧母，和父亲相依为命，他非常敬重自己的父亲，每次说起他父亲都是很自豪的样子。在他的父亲突发脑溢血去世后，他整个人就变了，沉默寡言，很消沉，工作经常出错，下班也不像以前那样直接回家，而是到网吧打游戏，直到很晚。小张领导发现这一情况后，要求小张约见单位社工。

PPT课件

模块 10
殡葬社会工作者的从业要求

学习目标

本模块立足于殡葬社会工作者的职业道德、价值观和伦理守则，使社会工作者了解在殡葬服务领域中的相关服务礼仪和从业要求，树立科学的殡葬社会工作理念，塑造良好的个人职业形象。

10.1 殡葬从业者的职业道德

10.1.1 职业道德

职业道德是所有从业人员在职业活动中应该遵循的行为准则，涵盖了从业人员与服务对象、职业与职工、职业与职业之间的关系。

(1) 职业道德的特点

职业道德随着社会的发展而变化，具有继承性、稳定性、职业性、实用性和从属性等特点。

(2) 社会主义职业道德

现阶段我国职业道德的一般规范要求包括爱岗敬业、诚实守信、办事公道、服务群众、奉献社会。

(3) 殡葬社工的道德修养

殡葬职业道德是以人道主义为基础的，是社会道德的一般性和殡葬行业的特殊性相结合所形成的道德规范。其内容包括以下几个方面。

① 给逝者以人道主义对待　殡仪馆是提供人生最后一次服务的场所，给逝者一种真诚体面的对待，使逝者安息，生者慰藉。这既是殡葬服务的行为要求，也是殡葬职业道德要求。

② 给丧者家属提供优质的殡葬服务　对丧者家属不热情、不耐烦、给脸色、索红包等都属于不道德行为。

③ 对丧者家属要真诚　所谓真诚就是在无人监督的情况下，凭道德的自我约束，做出善恶选择的行为。如对丧者家属自然怀有同情心，主动采取各种方式安慰丧者家属，时刻按照规章程序提供丧事服务，这都是殡葬的职业道德范畴。

(4) 社会工作者职业道德指引

2012年12月28日，中华人民共和国民政部发布《社会工作者职业道德指引》，内容如下。

① 尊重服务对象，全心全意服务　社会工作者应以服务对象的正当需求为出发点，全心全意为服务对象提供专业服务，最大程度地维护服务对象的合法权益。

② 信任支持同事，促进共同成长　社会工作者应与同事建立平等互信的工作关系。社会工作者应主动与同事分享知识、经验、技能，互相促进，共同成长。

③ 践行专业使命，促进机构发展　社会工作者应认同机构使命和发展目标，遵守机构规章制度，按照机构赋予的职责开展专业服务。

④ 提升专业能力，维护专业形象　社会工作者在提供专业服务时，应诚实、守信、尽责，积极维护专业形象。社会工作者应在自身专业能力和服务范围内提供服务。

⑤ 勇担社会责任，增进社会福祉　社会工作者应运用专业视角，发挥专业特长，参与相关政策法规的制定和完善，维护社会公平正义，增进社会福祉。

殡葬社会工作者既要遵守殡葬行业的职业道德，也要严格按照社会工作者职业道德指引要求开展工作。

10.1.2　价值观与伦理守则

(1) 我国社会工作价值观

价值观是基于人的一定的思维感官之上而做出的认知、理解、判断或抉择，也就是人认定事物、辨定是非的一种思维或取向，从而体现出人、事、物一定的价值或作用。

① 以人为本，回应需要　社会工作是一种帮助人解决困难、协调人与环境之间关系的服务活动，它与人的问题和需要息息相关。因此，社会工作者应该本着以人为本，为服务对象着想，用谦和的态度，真诚地对待服务对象的问题和需要，及时地回应他们，并通过专业服务来满足服务对象的需要。

② 接纳和尊重　各个阶段的社工服务，都应从内心真诚地对待所有服务对象，对服务对象采取宽容和尊重的态度。在实践中，接纳意味着社会工作者不因服务对象的年龄、性别、民族、生理及心理状况、宗教信仰、政治倾向等对他们产生歧视或拒绝提供专业服务。

③ 个别化和非评判　服务对象的个性与人格均不相同，社工要充分理解服务对象之间存在的差异。对于社会工作者来说，即使是提供同一类的专业服务，也要注意将服务对象看作是不同的个体，要充分考虑到个人特质对服务需求和服务模式的潜在影响。

④ 注重和谐，促进发展　在社会工作过程中，专业社会工作者要将和谐与发展作为自己的重要价值观。和谐的内容包括多个层面，涉及家庭关系和谐、人际关系和谐、群体关系和谐、干群关系和谐以及社区和谐等。发展则要求社会工作者要不断探索与总结新的理论经验和方法，不断提升社会行政与社会服务的水平，通过人性的、有效的社会行政与管理，落实社会政策，实施有效的、适当的社会服务，从而解决各种社会问题，满足不同人群的社会需要。

⑤ 平等待人，注重民主参与　社会工作的实践建立在专业的工作关系基础上，它要求社会工作者与服务对象相互理解与合作，形成有效的工作关系，共同面对问题，共同寻找问题的解决途径和方法。

⑥ 权利与责任并重　社会工作是一种服务过程，也是一种道德实践。社会工作者要将助人、满足困难人群需要和解决实际问题等放在第一位，在服务过程中实践专业承诺。

⑦ 个人的发展与社会发展结合　社会工作要帮助社会中有困难和有需要的人，通过提供必要的资源或服务来提升他们的自信心和能力，从而实现自立自强。

(2) 社会工作伦理与伦理困境

社会工作专业伦理是一整套指导社会工作从业人员正确履行责任和义务并预防道德风险的行为规范。社会工作专业伦理是从社会工作价值观中推导出来的，它来源于社会工作价值观并且与价值观保持一致，是社会工作价值观的具体化。

① 社会工作专业伦理的内容　在服务实践中，社会工作专业伦理是通过具体的环节和实践过程来体现的。社会工作专业伦理的内容主要包括以下几个方面。

首先，社会工作者对服务对象的伦理责任。社会工作者对服务对象负有不可推卸的伦理责任，实践活动必须以服务对象的利益为出发点，专业服务要注重体现尊重、保密和公平。具体表现：尊重并保护服务对象最佳利益；尊重服务对象的自决；保密原则；公平合理地收费。

其次，社会工作者对同事的伦理责任。社会工作是一个服务协作和注重团队努力的专业活动，非常强调同事之间的合作精神。在专业服务过程中，社会工作者彼此尊重、相互帮助。一是秉持忠实与忠诚的态度；二是团队内相互协助。

再次，社会工作者对服务机构的伦理责任。社会工作者主要受雇于各种社会服务机构，在特定的组织环境下开展专业服务。因此，如何处理好与服务机构的关系、在伦理上把握好责任和义务，是社会工作者专业实践中必须考虑的问题。具体而言，社会工作者对服务机构的伦理责任主要包括：遵守机构规定；落实机构服务宗旨；负责管理个案。

第四，社会工作者作为专业人员的伦理责任。社会工作是一门助人的专业，强调专业主义精神和为服务对象谋福祉的伦理义务。社会工作者作为专业人员，在对工作认知、专业能力培养、服务活动开展和促进专业知识发展等各方面都承担重大责任。具体表现为：适当的工作认知；专业能力的表现；提供专业服务；维持服务品质；公正与服务；专业知识的拓展。

第五，社会工作者对社会工作专业的伦理责任。社会工作作为一个专业群体，每一位社会工作者都对该专业的发展负有责任。同时，社会工作者的实践本身也在影响专业的社会评价与专业权威。因此，社会工作者有责任促进专业的权威及其发展。具体表现：保障专业的完整性；遵循专业的评估和研究。

最后，社会工作者对全社会的伦理责任。社会工作的核心目标是促进社会福祉的发展和促进社会进步。因此，社会工作者的职责和专业实践始终对社会有着不可推卸的责任和道义承担。每一个社会工作者都应在专业范围内各尽其责、尽心尽力，为推动社会变迁及发展、促进社会正义而不懈努力。具体表现在：促进整体社会福祉；鼓励公民参与；倡导社会与政治行动。

② 社会工作实践中的伦理难题　作为一种道德实践和专业实践，社会工作实践不是一种想当然的介入过程，而是在专业伦理或职业操守的指引下，面对现实问题而实施的助人活动。由于问题的复杂性，社会工作者在服务中不免会碰到一些伦理难题。

首先，保密问题。社会工作者有责任和义务有效保护服务对象的隐私使其不受伤害，这是社会工作伦理的基本原则。而在实践中，这一原则有时并不容易把握。因此，需要做审慎的思考和判断，从而避免出现任何伦理错误和失误。

其次，人情与法制及规定的冲突问题。我国是一个人情社会，也是一个熟人社会，人与人之间的关系在日常生活中异常重要。社会工作者在处理家庭、邻里等内部成员矛盾时，往往会遇到情、理、法之间的纠葛，如何正确和有效地区分人情、法制与规定的影响及后果，常常使社会工作者陷入困境。

再次，价值介入与客观性的矛盾。社会工作是一个价值主导的专业和职业，有很强的价值关怀。社会工作者也主动地将一系列价值观运用于助人的实践中，从而影响服务对象，帮助他们解决问题，提升他们的能力，最终改善服务对象的社会功能。然而，社会工作也是一种科学实践，需要通过有效的方法并结合可信的证据来实施服务计划。因此，社会工作者还应强调介入方法与资料等的客观性，尽量减少个人主观上的判断，并多倾听服务对象的声音与诉求，尊重服务对象的价值选择。

第四，社会工作者的个人利益满足与职业的社会责任之间的冲突。社会工作者也是普通的公民，也会遇到一些问题和困难，也需要通过一定渠道来满足需要。然而，由于职业上的要求与限制，社会工作者有时很难兼顾工作与个人的利益，这就要求社会工作者尽可能减少两者冲突导致的不利影响和后果。

最后，自我决定问题。社会工作实践中强调社会工作者尽力鼓励服务对象自我决定，目的是发挥服务对象的潜能，使服务对象在自助中成长和变化。然而，在一些特定情形下，社会工作者却要面对特殊的服务对象，由于生理、心理和其他原因，这些服务对象可能没有能力做决定，难以对自身的处境做出清晰的判断，需要通过专业社会工作者来代替其做决定。尽管如此，社会工作者还是要尽可能避免为服务对象做伦理决定。如果实在不能避免此种情形，社会工作者则需要与伦理专家和同事等商议，集体做出一个适当的伦理决定，以避免出现负面后果和风险。

③ 伦理难题处理的基本原则　拉尔夫·多格夫（Ralph Dolgoff）、弗兰克·M·洛温伯格（Frank M. Loewenberg）和唐纳·哈林顿（Donna Harrington）提出了一个伦理原则的优先次序。

第一，保护生命原则　在社会工作实践中，保护生命原则高于其他所有伦理原则。

第二，差别平等原则　社会工作者在实践中既要以平等的方式对待服务对象，同时又要注重服务对象的差异，在助人过程中充分把握好平等待人和个别化服务的理念。

第三，自由自主原则　社会工作者在实践中应充分保障服务对象的自由和自主，促进民主的专业关系的发展，从而提升服务对象的能动性和参与能力，保障服务对象的合法权益。

第四，最小伤害原则　社会工作者在做伦理决定和提供服务中要尽力保护服务对象的利益不受侵害，要最大可能地减少甚至预防伦理决定和服务可能对服务对象的身体、心理和精神造成的伤害，尽可能实现利益最大化。

第五，生命质量原则　社会工作者要本着通过专业服务来不断提升服务对象生活质量的精神，在直接服务和间接服务两个层面，通过社会服务和政策干预，满足服务对象的需要，不断提升服务对象的福祉，促进服务对象生活水平的提高和社会融入的程度。

第六，隐私保密原　社会工作者一旦与服务对象签订服务协议，就要在提供服务的各个环节始终遵守保护受助者个人隐私和有关信息的承诺，绝不能轻易泄露服务对象的私人信息以及同服务相关的隐秘信息，以保护服务对象的个人权益。

第七，真诚原则　社会工作者在服务过程中要坦诚对待服务对象，适当地做到向服务对象呈现自我，以建立相互信任的工作关系。

④ 伦理难题处理的一般步骤　20世纪90年代以来，国际社会工作界的伦理专家提出了伦理决定的一般步骤，供社会工作者在实践中参考。认识个案中的伦理问题，包括分析社会工作者自身的价值观、责任和义务；清楚识别任何个人、团体或组织影响伦理决定的境况；

正确认识伦理行动的各个过程以及参与其中的人,分析可能存在的利益和风险;深入了解支持或反对做出有关伦理决定的理由;向同事和适当的专家进行咨询;做出伦理决定并记录决定过程;监督和评估伦理决定。

10.2 殡葬社会工作者的从业规范

仪表指人们的外表,属于美的外在因素,反映人们的精神状态。仪表包括人的仪容、服饰、姿态和个人卫生等方面。殡葬社会工作者端庄的仪表既是对殡葬服务对象的尊重,也是自尊、自重、自爱的表现。在殡葬服务单位,殡葬社会工作者的仪表不仅能反映个人的精神面貌,同时也代表着殡葬服务单位的形象。

(1) 仪容规范

殡葬社会工作者在工作前,面部要洁净。男性社工应将胡须剃净,修剪鼻毛,保持面部干净清爽;女性社工应化素雅的淡妆,不可浓妆艳抹,不宜用色彩夸张和气味浓烈的化妆品。社工在工作前忌食异味食品,上岗前不能吃葱、蒜、韭菜、臭豆腐、榴莲等异味食品,要保持口腔清洁。保持手部清洁,经常修剪指甲,不应留长指甲或在手臂上刺字和文身等。女性社工不应涂有色的指甲油和在指甲上进行艺术彩绘。要勤洗澡换衣,身上不能有异味。

殡葬社会工作者在工作前头发要整齐、干净、清爽、秀美。男性社工的发型以短为宜,不得有头屑,不应剃光头,不应有新潮、怪异的发型,不应染彩色头发,或将头发烫得过于繁乱。头发长度的具体标准为:前发不覆额,侧发不掩耳,后发不触领,不留长发、大鬓角和小胡子。女性社工前发不过眼,长度不过肩部,不梳披肩发型。如果是长发,可将其束起来,宜选用黑色、藏蓝色无任何花色图案的发饰,避免使用色泽艳丽、形状怪异的发饰。

(2) 服饰规范

殡葬社会工作者在工作前要按单位规定穿好工作服。因殡葬服务工作的特殊性,社会工作的工作服必须考虑客观环境、场合的要求,工作服的颜色要与殡葬服务单位的环境相适合,必须合身,熨烫平整,干净无污,纽扣齐全、无破损。通常,西服式工作服比较常见,穿着时要注意三色原则,即全身衣着颜色尽量在同一色系,不能超过三种颜色。灰、蓝色衬衫,衬衫下摆要塞进裤腰内,领口、袖口扣好;佩戴领带,领色与花色要与工作服、衬衫相协调,领结应位于衬衫V字区中心,领结饱满、周正;如使用领带夹,应夹在衬衫第三和第四颗纽扣之间;上衣外面有口袋时不宜装过多东西。不能穿外观不够整洁、布满褶痕、遍布污渍、充斥异味的工作服。女性社会工作者不宜穿短裙子上岗。

殡葬社工在工作前要按单位的规定穿好鞋袜,宜穿黑色皮(布)鞋,皮鞋表面必须清洁光亮,布鞋表面必须清洁。不能穿有破损的皮(布)鞋,不能穿有破洞、挑丝或补过的袜子。男性社会工作者袜子应与鞋的颜色相协调,一般为黑(蓝、灰)色;女性社会工作者的袜子宜与肤色相近,袜口不能外露。

社会工作者工作前要按单位规定佩戴服务牌。正确佩戴方式有两种:一是将服务牌端正地别在左胸处;二是将服务牌端正地挂在胸前。不应将服务牌随意别在领子上、裤子上或将其套在手腕上,更不应将服务牌戴得歪歪扭扭,不能佩戴破损、污染、掉字或模糊不清的服务牌。

社工在工作中不宜佩戴色彩艳丽、夸张的耳环、戒指(结婚戒指除外)、胸花、手镯、手链、项链等。可佩戴手表（色彩艳丽、大的装饰手表除外）。佩戴的首饰要同色同质，不能超过三件。

（3）仪态规范

仪态是指人的身体呈现出来的各种姿态，又可称体态语言。仪态语言包括站姿、行姿、蹲姿、坐姿和手势动作及表情神态。

① 目光神态　关于目光，社工应注视服务对象的面部倒三角区，以表示社工的诚意，但时间不宜过久。社工用目光注视服务对象时，如与他们交谈时间较长，以注视服务对象的整个面部为宜；当社工站立服务又与服务对象相距比较远时，应以注视殡葬服务对象的全身为宜；与服务对象用站姿谈话时，要注意保持0.8～1米的间隔，目光注视服务对象的面部时，保持表情自然，不应注视服务对象的头顶、胸部、臀部、大腿或身体有缺陷的部位，否则将失敬于殡葬服务对象。社工用目光注视服务对象时，还应注视服务对象的其他部位，比如在递某些文件时，应注视服务对象的双手。

② 面部表情　在服务行业里，通常服务从业者都是面部表情轻松、愉悦，笑迎八方。但在失去亲人和朋友的殡葬服务对象面前，殡葬社会工作者的微笑就很可能被曲解为幸灾乐祸和不近人情。由此可见，微笑服务在殡葬服务单位是不宜提倡的。面对殡葬服务对象，社工的面部表情应该是既要和蔼可亲，又要宁静肃穆，目光中还要闪现出深沉的悲痛。面对生离死别的场面，社工一个充满同理的眼神，或许能更快地架起双方心灵沟通的桥梁。如果说社工的面部表情是内心情感的流露，那么即使不用语言说出来，社工的表情仍然会告诉殡葬服务对象，社工的服务态度是怎样的。因此，在殡葬服务过程中面部表情的作用是不可忽视的。

③ 站姿　站姿是人最基本的姿势，是一种静态的美。优美的站姿能衬托出一个人的气质和风度。社工在工作时，掌握标准的站姿要注意以下几个方面。一是社工处于自然站立时所采用的正确姿势就是基本站姿。基本站姿为站直，头正，颈直，嘴微闭，双脚与肩同宽、自然分开，双眼平视前方，略微挺胸、收腹，双肩舒展，肩平，两臂自然下垂，手指并拢且自然微屈，中指压裤缝，两腿挺直，膝盖相碰，脚跟并拢，两脚尖张开夹角度成45°至60°，身体重心落在两脚正中，身体不倚不靠，从整体上产生一种精神饱满的体态。二是社工为了维持较长时间的站立或稍事休息，标准站姿的脚姿可以有变化，两脚分开，两脚外沿宽度以不超过两肩的宽度站立。以一只脚为重心支撑着站立，另一只脚稍微休息，然后两脚轮换。男士的左手可以搭在右手上，女士的右手可以搭在左手上，垂放于腹前并稍微上提，注意肩膀向后自然打开，注意收腹，同时要保持良好的精神状态。

④ 行姿　行姿是站姿的延续动作，行走是人生活中的主要动作，行走往往是最引人注目的体态语言，也最能表现一个人的风度和活力。行姿是一种动态的美，最能体现社工精神面貌的姿态就是行姿。从行姿就可以看出社工是愉悦还是悲痛，是富有进取精神还是失意或懒散等等。社工在行走工作时，正确的行姿是：上身基本保持站立的标准姿势，要抬头，目光要平视，要头正颈直，挺胸收腹，两臂自然下垂，手掌心向内，并以身体为中心前后自然摆动，前摆向里折35度，后摆向后约15度，腰部放松，腰背笔直，腿部伸直，脚步要轻并且富有弹性和节奏感。起步时，身子稍向前倾，重心落在前脚掌，膝盖伸直，脚尖向正前方伸出。行走时双脚踩在一条线上。女性社工还要步履匀称、轻盈、端庄、文雅，显示出温柔之美。

⑤ 蹲姿　蹲姿是由站姿或行姿变化而来的相对于静态的仪态语言。社工在整理工作环境时、给予殡葬服务对象帮助时、拾捡地面物品时，可采用蹲姿。高低式蹲姿的基本特征是

双膝一高一低。采用高低式蹲姿，要求社工下蹲时，左脚在前，右脚稍后，左脚应完全着地，小腿基本上垂直于地面，右脚掌着地，脚跟提起，这时右膝低于左膝，右膝内侧可以靠在左小腿内侧，左膝高而右膝低的下蹲姿态。女性社工下蹲时应靠紧两腿，男性可以适度地分开。

⑥ 手姿　所谓手姿，就是社工在工作中借助于手势动作辅助解释问题或支持某种说法时采用的动作。双手自然垂放是社工站立服务时的常用手姿，也是基本的手姿。这类手姿具体包括以下几种形式：一是双手指尖朝下，掌心向内，手臂伸直贴于两裤线处；二是双手伸直后自然相交在小腹前，掌心向内，一只手上一只手下相握；三是一只手自然垂放，另一只手略为弯曲，掌心向内，放在小腹前；四是一只手掌心向外背在背后，另一只手略为弯曲，掌心向内，放在小腹前；五是一只手自然垂放，另一只手掌心向外背在背后。

⑦ 坐姿　在殡葬服务岗位上，社工正确的坐姿应该是端坐，腰部直挺，胸前挺，双肩自然放松，坐在椅子的三分之二部位，双腿并拢。男社工可垂腿开膝，上身和腿、大腿和小腿都成直角，小腿垂直于地面，双膝分开，但是分开的幅度不要（超）过自己的肩宽。女社工要求大腿并紧后，向前伸一条腿，并将另一条腿屈后，两脚脚掌着地，双脚前后要保持在一条直线上，双脚内收。

入座要求：社工要在殡葬服务对象之后入座，从座位的左侧入座。入座时要动作放轻，先侧身走近座椅，背对着站立，右腿后退一点，以小腿确认一下座椅的位置，然后随势坐下。必要时，用一只手扶着座椅的把手。入座后，社工的手臂摆放有三种形式：一是将双手放在两条大腿上，双手各自扶在一条大腿上，也可以双手叠放后放在腿上，或者双手相握后放在腿上；二是双手放在一条腿上，侧身和殡葬服务对象交谈时，通常要将双手叠放或相握地放在自己所侧方向的那条大腿上；三是放在身前的桌子上，把双手平扶在桌子边沿，或是双手相握置于桌上。有时，也可以把双手叠放在桌上。

离座要求：社工离开座椅时，身边如果有殡葬服务对象在座，应该用语言或动作向对方先示意，随后再站起身来，应该从左侧离座。当与殡葬服务对象同时离座时，要注意起身的先后次序，社工应该稍后离座。起身缓慢，起身离座时，最好动作轻缓，不要弄响座椅，或将椅垫、椅罩弄得掉在地上。

（4）语言规范

社工在接待殡葬服务对象时，既要注意服务态度，又要讲究接待方法。民政部办公厅印发的《殡仪馆职工服务规范》对殡葬社工的服务用语进行了严格的规定，明确提出了语言文明，服务周到。做到"三声四心"，即"来有应声，问有答声，去有送声；接待热心，服务细心，解答问题耐心，接收意见虚心"的上岗要求。社工在服务过程中必须要做到口齿清晰、语气正确、语调柔和。

① 合理称呼　称呼是指社工在服务时，对殡葬服务对象采用的称谓语。社工在接待服务过程中，对殡葬服务对象必须采用恰当的称呼。称呼恰当包括三方面内容：一是要区分称呼对象；二是要考虑称呼习惯；三是称呼要有主次。

区分称呼对象是指社工在接待服务时，殡葬服务对象会因年龄、性别、民族、宗教信仰、职业等因素有一定的差异，因此，在具体称呼殡葬服务对象时，社工应因人而异，有所区别。社工对殡葬服务对象可用泛指性的尊称，比如，"女士""先生"等；如果知道了殡葬服务对象的姓名、职务、职业或职称时，可用姓氏加职务、职业或职称的方式进行称呼，比如，"张经理""王厂长"等；殡葬服务对象如果年龄较大，可采用非正式按辈分的称呼，比如,"大爷""大妈"等称呼;也可以用姓氏加辈分的方法称呼,比如,"张大爷""刘大妈"等。以上都是对健在的人们的称呼。对于去世的故人一般称之为"逝者""故人"等;台湾地区对去世的人称"故先生""故夫人"等。

考虑称呼习惯是指社工在接待服务时,服务对象会因地方风俗、语言习惯、文化程度等因素有一定的差异,要在称呼时加以充分的考虑。比如"女士""先生""夫人""小姐""同志"等这类称呼,用来称呼城市人或海外华人可以采用。但是,用来称呼办理丧事的农民,他们听后未必顺耳,采用"大爷""大妈""大姐""大哥"等称呼较为合适,这样会使办理丧事的农民备感亲切,认为社工把他们当成了亲人。如果用"张大爷""刘大妈""王大哥"等称呼城市的白领或海外华人,他们听后可能会被理解成社工在与他们套近乎。

称呼要分主次先后。社工面对多位殡葬服务对象时,要分清主次,具体做法有两种。一是由尊而卑。社工在进行称呼时,要先长后幼,先女后男,先疏后亲,先职务高后职务低。二是由近而远。社工在进行称呼时,要先对接近自己的殡葬服务对象进行称呼,然后依次向远距离殡葬服务对象进行称呼。

② 问候用语　殡葬服务中不宜使用"你好!"或"您好!",社工在这种特殊的时间和特殊的地点问好,显然是不合适的,那么适合社工采用的问候用语是"请您节哀!"。

③ 殡葬服务迎送用语　社工见到殡葬服务对象,既不能"欢迎光临",也不能"不胜荣幸",更不能"见到您很高兴",社工应使用"请您节哀!我是这里的社工,我能为您提供什么帮助?请您吩咐!""请慢走""请走好""请保重""请多多保重"等。

④ 雅词的使用　用词文雅是指社工在服务过程中,要选用谦恭、敬人、文明、高雅的词语。文雅的用词主要包括两方面内容:一是用敬人之语;二是不讲忌讳之语。敬人之语是社工在接待服务时,使用向殡葬服务对象表示恭敬的专门用语。敬人之语主要是由礼貌服务用语、文明服务用语和自谦用语等组成。社工在工作中必须常用、多讲一些敬人之语。讲敬人之语要做到言行一致,表里如一。比如,对一个人的死亡,要称"去世""逝世""谢世""过世""长眠""百年""故去",对"尸体"要称"遗体"。忌讳之语是指社工在服务过程中,禁止使用的某些用语。忌讳之语主要包括两个方面:一是不尊重服务对象的用语;二是对殡葬服务对象使用的不恰当用语。不尊重服务对象的用语是社工在接待服务对象时,触犯了他们的个人忌讳,尤其是身体条件、健康情况等某些忌讳。无论是古代还是现代,对去世的人都不宜直呼"死人",要使用较为隐讳的敬人之语。

(5) 社工接待室的布置要求

社会工作接待室是以满足社会工作者面向殡葬服务对象开展心理咨询、个案辅导和小组活动等工作需要的用房。一般包括咨询接待室/区、个案咨询室、小组活动室和档案室/区。布置的总体要求:一是用房要有明显标识;二是外环境要清静,没有嘈杂的噪声,不会影响社会工作者与服务对象之间的交流;三是室内光线要充足、空气新鲜、温度适宜,使工作者与服务对象在一种身体舒适、心情轻松的环境下进行会谈;四是室内墙壁、地板、窗帘使用温馨色调,例如橄榄绿、米黄等;五是家具要简单实用(室内的家具布置简朴,避免空间过分空旷或狭小。如沙发使用高密度海绵、包裹性强、贴身舒适、回弹力好,便于起身;椅子采用布艺面料,防水防渗,易清扫、易搬运,会谈桌椅以社工与服务对象成45°角的斜对为宜,要有一定绿色植物适当的点缀);六是房内设计要设有地板或地毯、屏风等,最好是能保障个人隐私的单间,并且最好不要和接待室或会客室相连,最好能有隔音设备,使服务对象能放心地说话。

综合案例

殡葬社会工作者的从业要求在实务中的运用

小王,女性社工,在殡仪馆工作三年。近期在殡仪馆接触到一位失独的母亲,并为其开展个案工作。本来约好今天早上 8 点为服务对象提供心理辅导,但早起后发现自己的孩子高烧不退,丈夫又出差不在家。小王感到左右为难。

在实际工作中,社工经常会遇到一些伦理困境,如保密问题、情理法问题、价值中立还是价值介入、个人利益和社会责任、自决原则和知情同意。本案例中社会工作者小王碰到的是个人利益与社会责任之间冲突的伦理难题。

小 结

殡葬社会工作的职业道德、价值观和伦理,对殡葬社会工作起着关键作用,它是殡葬社会工作实践的灵魂,是殡葬社会工作者的精神动力。它以人道主义为基础,充分体现了热爱人类、服务人类、促进公平、维护正义和改善人类与社会环境关系的理想追求,激励和指导着殡葬社会工作者的具体工作。在殡葬社会工作实务中,社工良好的个人仪容仪表能展现社工的专业素质和殡葬单位的形象。

思考与练习

一、单项选择题

1. 社会工作者应以( )的正当需求为出发点,全心全意为服务对象提供专业服务。
   A. 同事　　　　　B. 机构　　　　　C. 社会　　　　　D. 服务对象
2. 属于殡葬社会工作者服饰礼仪要求的( )。
   A. 红色衬衫　　　B. 黑色皮鞋　　　C. 衣扣可不扣　　D. 女性社工可穿短裙
3. 殡葬社会工作室的桌椅摆放以( )角为宜。
   A. 45 度　　　　　B. 60 度　　　　　C. 30 度　　　　　D. 90 度
4. 按照伦理难题处理的基本原则,最先要( )。
   A. 保护生命　　　B. 差别平等对待　C. 自由自主原则　D. 最小伤害原则
5. 对于一个人的死亡,下列不是雅词的是( )。
   A. 去世　　　　　B. 长眠　　　　　C. 过世　　　　　D. 死了

二、多项选择题

1. 社会工作者伦理内容包括( )的伦理。
   A. 对服务对象　　B. 对同事　　　　C. 对机构　　　　D. 对社会
2. 实践中面临的伦理困难题包括( )。
   A. 保密问题　　　　　　　　　　　B. 人情与法治及规定的冲突问题
   C. 价值介入与客观性的矛盾　　　　D. 自我决定的问题
3. 社会工作者职业道德指引规定( )内容。
   A. 尊重服务对象　全心全意服务　　B. 信任支持同事　促进共同成长
   C. 践行专业使命　促进机构发展　　D. 勇担社会责任　增进社会福祉
4. "三声四心"包括( )。
   A. 来有应声　　　B. 问有答声　　　C. 接待热心　　　D. 去有送声
5. 下列属于殡葬社工仪容要求的是( )。
   A. 工作前忌吃异味食品　　　　　　B. 不涂艳甲

C. 头发不得繁乱　　　　　　　　D. 女性社工可化淡妆

三、判断

1. 殡葬社会工作者不可以留长指甲和涂艳甲。（　　）。
2. 服务对象离开时，殡葬社工可以说"欢迎下次光临"。（　　）。
3. 殡葬社工的目光应注视服务对象整个面部。（　　）。
4. 主动采取各种方式安慰丧者家属，属于殡葬职业道德。（　　）。
5. 殡葬社工有义务保护服务对象的隐私，使其不受伤害。（　　）。

PPT课件

参考文献

[1] J. William Worden. 悲伤辅导与悲伤治疗心理卫生实务工作者手册 [M]. 李开敏等译. 新北：心理出版社，2011.
[2] 朱眉华，文军. 社会工作实务手册 [M]. 北京：社会科学文献出版社，2006.
[3] 李迎生. 社会工作概论 [M]. 第2版. 北京：中国人民大学出版社，2010.
[4] 王思斌. 社会工作概论 [M]. 第2版. 北京：高等教育出版社，2006.
[5] 宋林飞. 社区社会工作 [M]. 北京：社会科学文献出版社，2002.
[6] 甘炳光，胡文龙，冯国坚，梁祖彬. 社区工作技巧 [M]. 香港：中文大学出版社，1997.
[7] 李迎生. 社会工作概论 [M]. 北京：中国人民大学出版社，2004.
[8] 郑杭生. 社会学概论新修 [M]. 北京：中国人民大学出版社，1994.
[9] 王思斌. 社会工作概论 [M]. 北京：高等教育出版社，1999.
[10] 顾东辉. 社会工作评估 [M]. 北京：高等教育出版社，2009.
[11] 杨艳杰. 危机事件心理干预策略 [M]. 北京：人民卫生出版社，2012.
[12] 高刘宝慈，区泽光. 个案工作理论与案例 [M]. 香港：中文大学出版社，1997.
[13] 梅陈玉婵. 老年社会工作 [M]. 第2版. 上海：格致出版社，2017.
[14] 王思斌. 社会行政 [M]. 北京：高等教育出版社，2006.
[15] 琳达·卡明斯，朱迪斯·塞维尔，劳拉·培德瑞克. 社会工作技巧演示 [M]. 上海：格致出版社，上海人民出版社，2015.
[16] 全国社会工作者职业水平考试教材编写组. 社会工作综合能力（中级）[M]. 北京：中国社会出版社，2017.
[17] 郑轶. 个案工作实务 [M]. 北京：中国轻工业出版社，2014.
[18] 黄耀明. 社会工作叙事治疗模式介入失独家庭重建的哲学渊源、方法和个案实践 [J]. 社会工作与管理，2015（02）：16-21.
[19] 任嘉威. 殡葬社会工作介入殡葬从业人员心理调适研究 [D]. 合肥：安徽大学，2017.
[20] 郭林. 现代殡葬的转型与社会生态建设研究 [J]. 社会学评论，2013（12）.
[21] 张丽丽. 中国殡葬社会工作及其服务体系建构 [J]. 社会福利，2013（9）.
[22] 崔炜，李倩倩. 社会工作介入殡葬服务的角色定位与路径选择 [J]. 长沙民政职业学院学报，2012（12）.
[23] 尹阿梦. 论社会工作介入农村殡葬改革——以皖北G县Y村为例 [D]. 合肥：安徽大学，2016.
[24] 张兴荣. "空心村"老人问题的社会工作介入研究——以三明市M村为例 [D]. 福州：福州大学，2014.
[25] 陶书毅. 殡葬服务体系中社会工作的介入空间研究 [J]. 社会福利，2011（11）.
[26] 陈玉婷. 社会工作介入殡葬活动的理论基础及其途径 [J]. 长沙民政职业学院学报，2012（6）.
[27] 徐晴晴. 城市发展中的邻避困境及解决之道 [D]. 济南：山东大学，2013.
[28] 刘松丽. 社会工作方法在机构养老供给中的应用研究——以山东省城镇养老机构为例 [D]. 苏州：苏州大学，2014.
[29] 王求是. 心理咨询中沉默的处理与运用 [J]. 教育导刊（上半月），2010（4）.
[30] 廖义琴. 我在殡仪馆做社工 [J]. 中国社会工作，2017（33）.
[31] 胡玲. 别，如秋叶之静美——社会工作整合性介入殡葬服务探索 [J]. 中国社会工作，2019（10）.
[32] 刘博维. 中国家文化与社会工作伦理冲突研究 [J]. 市场论坛，2018（8）.
[33] 李娜. 体语符号与跨文化交际 [D]. 哈尔滨：黑龙江大学，2005.
[34] 曹宇. 专业社会工作方法在养老院的应用研究——以包头市幸福养老院案例为例 [D]. 呼和浩特：内蒙古师范大学，2013.
[35] 徐萌萌. 浅谈儒家思想对我国社会工作的影响 [J]. 大庆社会科学，2018（4）.
[36] 贺亮明. 从非语言沟通角度谈护患关系 [J]. 丝路视野，2018（23）.

[37] 康纯佳.大学生自我表露内容、对象、方式、功能认识的调查研究[D].烟台：鲁东大学，2008.
[38] 刘梦晨.浅谈逻辑学和社会工作专业伦理[J].美丽中国，2018（32）.
[39] 舒登芝.常见非语言交流的形式及意义[J].中外健康文摘·医药卫生版，2006（4）.
[40] 黄昕.浅析沟通过程模式[J].全国商情·理论研究，2013（23）.
[41] 安华平.咨询师的自我表露在咨询中的运用[J].少儿科学周刊（教学版），2013（10）.
[42] 黄昕.团队沟通障碍解析[J].科学导刊（电子版），2013（22）.
[43] 张敏.社会工作服务中的沉默研究[D].武汉：华中科技大学，2015.
[44] 林磊.论本土化社会工作价值体系的建构[J].河北青年管理干部学院学报，2012（1）.
[45] 张晓伟.社会工作在现代殡仪行业中的介入分析[D].济南：山东大学，2013.
[46] 李洁.生态系统视角下殡葬职工职业认同的提升[D].西安：西北大学，2015.
[47] 李杨.过程化殡葬服务模式初探[J].长沙民政职业技术学院学报，2011（2）.
[48] 侯国凤.社会工作在殡葬改革中的介入空间初探[J].中国社会报，2012（5）.
[49] 江治强.用生命教育倡文明新风——济南殡葬系统践行和弘扬社会主义核心价值观的探索与启示[J].中国民政，2017（7）.
[50] 胡又文.殡葬企业员工压力的社会工作干预研究——以重庆F殡葬企业为例[D].重庆：重庆大学，2015.
[51] 孙红.询者中心疗法用于哀伤心理辅导——附典型案例分析[J].中国全科医学，2009（19）.
[52] 赵赴.摆脱政府、市场与文化三方失灵的困局——城市殡葬墓园行业的治理研究[D].上海：复旦大学，2012.
[53] 赵向红.城市失能老人长期照料问题的应对之策[J].贵州社会科学.2012（10）.
[54] 吴优优.优势视角下失独家庭社会支持网络的社会工作介入研究——基于杭州市X区失独服务项目[D].武汉：华中农业大学，2015.
[55] 周生超.社区贫病群体康复压力的社会支持项目评估——以"助困心理阳光之城"项目为例[D].上海：复旦大学，2013.
[56] 徐呢哂.广州市家庭综合服务中心评估机制的探究[D].上海：复旦大学，2013.
[57] 江怡.2010年社会工作师社会工作综合能力考试试题与参考答案[J].中国社会工作，2014（9）.
[58] 黄艺红.吉林省社会服务的需求与供给状况研究[D].中国社会科学院博士后出站报告，2012.
[59] 江怡.2010年助理社会工作师社会工作综合能力考试试题与参考答案[J].中国社会工作，2014（13）.
[60] 李驰婷.社会服务组织自治的条件和困境的研究——以X社会工作服务机构为例[D].昆明：云南大学，2014.
[61] 黄慧.试析民族社会工作在西部少数民族农村地区发展中的运用[J].重庆社会主义学院学报，2010（3）.
[62] 朱桦.游戏治疗方法在单亲家庭子女成长小组中的应用——以"阳光计划"项目为例[D].苏州：苏州大学，2015.
[63] 刘壮壮."路径、模式创新"与乡村的振兴：现状和发展——基于社会工作专业视角的分析[J].青年时代，2019（14）.
[64] 成元君.2015年社会工作师《社会工作综合能力》应试攻略[J].中国社会工作，2015（12）.
[65] 丁美方.2018年助理社会工作师《社会工作综合能力》应试攻略[J].中国社会工作，2018（3）.
[66] 潘玉婷."西部地区随迁老人社区融入社会工作服务示范项目"的评估研究[D].兰州大学，2017.
[67] 万仞雪，林顺利.社会工作评估活动理论取向之反思[J].黑龙江社会科学，2014（2）.
[68] 徐晓荣.浅谈小学科学教师的"倾听"角色[J].小学教学研究（理论版），2011（4）.
[69] 姜超.助力孤儿学生健康成长——吉林省孤儿学校社会工作发展记[J].中国社会工作，2019（10）.
[70] 张宗巧.浅谈如何教育当代人树立正确价值观[J].山西青年，2019（11）.
[71] 谢敏.社会工作介入流浪乞讨人员社会救助中的伦理困境[J].理论月刊，2018（8）.